W0372190

ENCYCLOPÉDIE DE LA WEB CULTURE

TITIOU LECOQ / DIANE LISARELLI

ENCYCLOPÉDIE DE LA WEB CULTURE

ROBERT LAFFONT

Création graphique et dessins :
Olivier Marty / IP-3

Illustrations des pages 42-43, 69, 130-131, 158-159, 218, 224-225 :
Florent Guerlain - Datagif

© Éditions Robert Laffont, S.A., 2011.
ISBN 978-2-221-12829-9

AVANT-PROPOS

Longtemps nous nous sommes couchés de bonne heure. Mais ça, c'était avant que l'on passe nos nuits sur Internet.
Omniprésent et difficilement dispensable, qu'il s'agisse de réserver un billet de train, d'organiser une révolution, de draguer des cousines ou de visiter le British Museum, ce non-lieu qu'est Internet a radicalement changé notre vie.

Loin des approches habituelles entre points de vue techniciens, doux mépris, enthousiasme béat et méchants stéréotypes, ce livre se propose d'explorer la culture web telle qu'elle est aujourd'hui, au terme d'un processus de démocratisation d'une dizaine d'années. Oui, l'outil internet a donné naissance à une culture à part entière, avec ses propres codes, son langage, sa tournure d'esprit. Oui, Internet, c'est autre chose que la gratuité, le piratage ou un jouet pour adolescents attardés. C'est un monde dont il faut forcer l'accès, notamment parce que l'un de ses fondements, l'idée d'anonymat, en fait un des rares exemples de phénomène culturel sans porte-parole identifiable, ceux qui pourraient l'incarner refusant en général de jouer ce rôle.

D'où cette encyclopédie. Outil millénaire pour le partage des connaissances, a priori à mille lieues de la virtualité du « réseau » (comme disent les plus de quarante ans), ce livre veut prouver qu'il est possible de parler d'Internet sur papier, de se passer des liens et des vidéos en évitant les clichés et de développer un discours analytique sur ce que beaucoup considèrent simplement comme un vaste bordel.
Pour cela, il s'agit de convoquer l'esprit de du Net sur le fond comme sur la forme.
Entre humour absurde, langage visuel, blagues de mauvais goût et flux d'informations ; entre dynamitage du spectacle de masse, anachronismes, copier-coller et lecture rhizomatique, voici le meilleur et le pire du Web des dix dernières années.
Un best-of pour les familiers de cet univers, une initiation pour les néophytes.
Parce que l'esprit d'Internet est tout à la fois passionnant, incongru, drôle, atroce et poétique, « beau, pour reprendre Lautréamont, comme la rencontre fortuite d'une machine à coudre et d'un parapluie sur une table de dissection » - avec des chats mignons en plus.

ANIMAUX

Au-delà du culte de l'animal mignon autrefois réservé aux préado-lescentes et aujourd'hui universellement pratiqué, Internet abrite un bestiaire pop venu sérieusement concurrencer la mythologie grecque.

LE CULTE DU MIGNON

Parmi les bruits que l'internaute solitaire peut parfois laisser échapper en surfant, on note une certaine récurrence de « aww » ou de « oooooh » balbutiés à la vue de photos ou de vidéos d'animaux mignons. Tendance lourde sur Internet, le « cute » est devenu un fond de commerce pour de très nombreux sites, au premier rang desquels le bien nommé Cute Overload.

Créé en 2006 par une trentenaire salariée chez Apple*, Cute Overload est depuis devenu une institution. Concrètement, il y est question de photos (et parfois de vidéos) attendrissantes mettant en scène grosses ou petites bêtes de tous poils. De quoi réchauffer le cœur de l'internaute trop habitué au mauvais esprit caractéristique du Web. Les heureux propriétaires de poissons exotiques, hamsters ou lionceaux peuvent ainsi donner à leurs animaux préférés leur quart d'heure de célébrité sur le site. Toutefois, l'animal fétiche de la mythologie internet est, sans conteste, le chat.

LE CHAT : ROI DE LA JUNGLE INTERNET

La période de gloire de cette petite boule de poils se situait jusqu'alors autour du IIIe millénaire avant Jésus-Christ, du côté de l'Égypte. Il a fallu attendre l'époque moderne et l'avènement d'Internet pour que ces créatures retrouvent leur statut d'animal sacré, déclassant d'un mouvement de patte dédaigneux les chiens, jusqu'alors superstars du petit et du grand écran (Lassie, Beethoven, Croc Blanc, Mabrouk, les 101 Dalmatiens).

La démocratisation du haut débit et des appareils photo numériques a eu pour conséquence l'inondation des plateformes de partage de vidéos ou de photos home made de chats de compagnie dépassant parfois la barre du million de vues. C'est sur ce succès que de nombreux sites ou blogs ont alors surfé. Pour n'en

citer qu'un : le blog wetcats.blogspot.com dont la collec' de photos de chats mouillés a d'ailleurs fait l'objet d'un livre à succès.
Jusque-là, le phénomène peut s'apparenter à une petite niaiserie, déclinaison 2.0 des posters de chats d'une prépubère ou des calendriers qui égrènent des photos de chatons mignons dans une chaussette de Noël (pour le mois de décembre) ou au milieu de géraniums (avril). C'était sans compter les nerds et leur contribution historique en la matière : le LOLcat.

QU'EST-CE QU'UN LOLCAT ?

Il s'agit d'une image de chat accompagnée d'une légende incrustée (le plus souvent écrite en majuscules blanches cernées de noir, police Impact) en anglais écorché, de manière à faire dire n'importe quoi au chat sur la photo. Apparus sur le site 4chan* en 2005, les LOLcats s'immiscent dans la sous-culture populaire au début de l'année 2007 avec l'apparition du site I Can Has Cheezburger ? lancé par Cheezburger Network*.
De là, une infinité de possibles : sur le site, le LOLbuilder permet à quiconque de créer son LOLcat en respectant toutefois quelques règles du genre (pour exemple : les images du type « I has a XXX » doivent montrer un chat en possession d'un objet, alors que celles du type « Invisible XXX » montrent des chats interagissant avec un objet invisible).
En clin d'œil à l'Égypte ancienne, des figures divines coexistent chez les LOLcats. Parmi elles, le chat du plafond (Ceiling Cat, traditionnellement bien placé pour regarder son maître se masturber) et le chat du sous-sol (Basement Cat) qui sont devenus les équivalents respectifs de Dieu et Satan. Parmi les divinités mineures mais toutefois récurrentes, on recense le I can has Cheezburger, le Monorail Cat ou le Invisible bike.

BREF BESTIAIRE

Au côté du chat, d'autres animaux étranges (ou pas) viennent agrémenter la mythologie Internet, symbolisant comme leurs ancêtres de la Grèce antique quelques perversions et sentiments propres à l'homme.

Le chien : conseil et dépression

Le même*Advice Dog (voir page suivante) est le premier d'une longue série à laquelle chaque internaute peut apporter sa pierre via des générateurs en ligne. Il donne à voir une photo ou un dessin d'animal sur un fond coloré et encadré de propos thématiques à portée humoristique. L'Advice Dog, chiot sur un fond arc-en-ciel, a coutume de donner des conseils peu appropriés et / ou ridicules.
Exemple d'Advice dog : « Économise de l'argent / Tue des putes ».
Dérivé d'Advice Dog, Depression Dog donne à voir sur un fond gris un chien piteux, la truffe vers le sol et le propos déprimant.
Exemple : « Dire : je vais bien / Réaliser que personne n'a demandé ».

Le loup : courage

Courage Wolf est un loup hargneux donnant des conseils menant immanquablement au succès et / ou au regonflage temporaire d'ego.
Exemples : « La peur est un réflexe / La confiance est un choix ».
« Ce n'est pas un viol / Si tu cries : SURPRIIIISE ».

Le dinosaure : philosophie

Philosoraptor est censé inspirer l'internaute par ses réflexions existentielles et profondes. Il donne à voir sur un fond vert un dinosaure se grattant le menton.
Exemple : « Si je pouvais avoir tout ce que je voulais dans la vie / Est-ce que je voudrais encore un bol de Choco Pops ? »

Le pingouin : maladresse

Socially Awkward Penguin est un petit pingouin sur fond bleu peu à l'aise dans ses relations sociales. C'est le même préféré du nerd inadapté.
Exemples : « Sarah est en ligne, je dis : Salut / Sarah est hors ligne ».
« Dire au revoir à quelqu'un dans la rue / Marcher dans la même direction ».
« Poster les paroles d'une chanson en statut Facebook* / Se tromper ».

Le requin : confiance en soi

Suite à la publication d'un webcomic créé par un certain Chris Vangompel et mettant en scène un requin chantant : « I am a shark, I'm a shark. Suck my dick. I'M A SHAAARK », le requin est devenu symbole de confiance en soi et d'entrain. D'où l'ajout de « suck my dick » ou « I'm a shark » sur des photos de requins la bouche ouverte partout sur l'Internet.

L'ours : pédophilie

Pedobear* : à l'origine créé au Japon pour se moquer des dessins animés représentant de très jeunes filles en tenues aguichantes, Pedobear est devenu un personnage récurrent d'Internet qu'il squatte pour évoquer avec beaucoup de cynisme et d'ironie la pédophilie. Ainsi apparaît-il constamment ajouté sur des photos d'enfants dans toutes sortes de situation. Une source inépuisable de gags dénoncée par de nombreux organes autoproclamés gardiens du politiquement correct.

ANONYMAT

Toc, toc. C'est qui ?

Entre anonymat total et déclaration d'état civil, le Web est majoritairement situé dans une zone grise, faite de sites et de blogs où l'on peut s'inscrire sous un pseudo type « gentil arc-en-ciel » avec comme adresse mail « grosselibelluledégueulasse@hotmail.fr ». Sur Facebook* en revanche, l'internaute est généralement inscrit sous son identité civile. Jusqu'à présent, toutes ces identités coexistent sans problème : rien n'empêche M. Dupont d'être inscrit sur Facebook, d'aller pourrir les commentaires* du nouvelobs.com sous le pseudo jaguardesforêts et de tenir un blog sous le nom d'Aristide Brillant. Mais le débat sur la fin de l'anonymat ressurgit régulièrement. Si en 2005, le mythe de l'Open ID (la possibilité de se connecter à tous les sites web à partir d'une seule adresse mail et d'une seule identité) suscitait la curiosité, en 2011, le débat a pris la forme d'une opposition entre Mark Zuckerberg et Christopher Poole. Soit Facebook versus 4chan*. Le choc des titans.

MARK ZUCKERBERG ET LA FIN DE L'ANONYMAT

Pour Mark Zuckerberg, fondateur de Facebook, l'internaute se comporte de façon plus responsable, modérée et sincère s'il écrit sous son vrai nom. C'est dans cette logique que Facebook propose désormais aux éditeurs de sites et blogs un système obligeant l'internaute à se connecter via son profil Facebook pour commenter un article. Avantage clair : les sites en question ont depuis noté une nette augmentation de la qualité des commentaires. En outre, dès que l'internaute laisse un commentaire sur un site, cela apparaît sur sa page Facebook et peut inciter ses amis à aller consulter l'article en question, générant ainsi plus de pages vues pour le site.

Enfin, l'anonymat est moins rentable en termes économiques. Avec la vraie identité des inscrits, qui renseignent leur âge, leur lieu de résidence, leur emploi et leur situation familiale, les sites ont la possibilité d'identifier clairement leur audience. Or une audience se monétise. Et dans un futur proche (voire immédiat), plus elle sera précise, plus cher elle vaudra.

Ainsi un lecteur qui fait l'effort de commenter est un lecteur dont l'identité a de la valeur. La question n'est plus simplement le nombre de pages vues ou de visiteurs uniques mais celle de savoir qui sont ces visiteurs, s'ils ont un gros pouvoir d'achat et s'ils sont susceptibles d'acheter tel ou tel produit.

CHRISTOPHER POOLE : « NOUS CROYONS AU CONTENU PLUTÔT QU'AU CRÉATEUR. »

Christopher Poole (aka Moot, fondateur de 4chan) soutient quant à lui que la fin de l'anonymat bride la créativité : l'internaute, à découvert, n'ose plus vraiment déconner. D'après lui, l'anonymat total et l'absence d'archives sur 4chan ont été déterminants pour la créativité propre au site. Dans le schéma Facebook, l'intérêt de Zuckerberg n'est pas que l'utilisateur crée quoi que ce soit, mais plutôt qu'il partage du contenu marchand préexistant. Le succès de 4chan repose précisément sur l'inverse. L'important, c'est le contenu, la création collective et anonyme d'images, vidéos, blagues, mèmes*. Personne n'en est propriétaire et ne cherche à en tirer un profit personnel. Ils sont faits « for the lol* ». Participer à un mème sous son propre nom semble ainsi inconcevable, ne serait-ce que par peur de faire un bide et d'être ridicule. Un Web sans anonymat, c'est donc un Web sans mème.

Pour répondre aux inquiétudes sur l'anonymat-ça-autorise-n'importe-quoi, Moot a testé une nouvelle formule sur son site canv.as. On s'y inscrit via son profil Facebook, mais il est possible d'y poster (c'est-à-dire d'y laisser des commentaires) anonymement. Cette formule mixte permet d'éviter les dérapages. Reste à savoir si elle n'est pas déjà trop contraignante pour le public. (Pour l'instant, canv.as n'a pas encore pris son envol.)

LIGNE DE FRACTURE

Les révolutions arabes ont elles aussi posé la question de l'anonymat. En février 2011, un sénateur de l'Illinois a ainsi demandé à Mark Zuckerberg d'autoriser l'anonymat pour protéger des dissidents de régimes oppressifs. Demande rejetée par Facebook, arguant du pire argument possible :

« L'ANONYMAT EST TROP DANGEREUX, AVEC TOUS LES PÉDOPHILES QUI TRAÎNENT DANS LE MONDE. » EN RHÉTORIQUE CLASSIQUE, ARISTOTE APPELAIT CET ARGUMENT LE POINT MARC DUTROUX.

Aux États-Unis, une vraie fracture se fait jour sur cette question. Du côté des anti-anonymats qui souhaitent une concentration des identités numériques*, Mark Zuckerberg est soutenu par des journalistes spécialistes du sujet, comme Jeff Jarvis, qui insistent sur la nécessité de responsabiliser les internautes. Dans le clan de Christopher Poole, la chercheuse danah boyd (sans majuscules) a déclaré : « Zuckerberg et sa clique pensent peut-être qu'ils savent ce qui est le mieux pour la société et les individus. Je désapprouve complètement : ils savent ce qui est le mieux pour la classe privilégiée. » Selon elle, l'important c'est que le choix continue d'exister parce que poster sur Internet sans anonymat est un luxe que tous les internautes ne peuvent pas se payer. Soit pour des raisons politiques, notamment dans les pays dictatoriaux, soit pour des raisons économiques dans un monde où les employeurs surveillent de plus en plus l'activité en ligne de leurs salariés.
En France, la question n'est que rarement abordée, même si certains députés reviennent de temps à autre à l'idée de proposer la fin de l'anonymat, en reprenant le même argumentaire que Mark Zuckerberg. L'anonymat inciterait à faire n'importe quoi, il faudrait assagir le Web, le civiliser, le moraliser, responsabiliser les internautes. Mais si cette question de l'anonymat venait à être véritablement abordée en France, il serait intéressant d'observer la ligne de démarcation qu'elle engendrerait dans le monde politique. L'enjeu sous-jacent serait évident : quel espace de liberté un gouvernement est-il prêt à laisser à ses citoyens ?

ANONYMOUS

C'est une des caractéristiques du Web que de pouvoir agir sous un anonymat plus ou moins complet (selon ses compétences en informatique).

Quand on participe anonymement à un forum*, notamment sur 4chan* qui est en langue anglaise et qui a vu naître le mouvement des Anonymous, le message que l'on écrit est signé « Anonymous ». De ce simple Anonyme est né un groupe d'hacktivistes (cyber-pirates-activistes) nommé les Anonymous.

SYMBOLES

Le masque que portent les Anonymous sur leurs photos révèle une partie de leur idéologie. C'est une double référence : référence pop-culture à la BD (puis au film) des Anglais Alan Moore et David Lloyd *V pour Vendetta* ; référence aussi à Guy Fawkes, représenté sur le masque, un catholique anglais du XVIe siècle qui avait en tête de faire exploser le palais de Westminster pour débarrasser le Royaume-Uni de son élite dirigeante. V symbolise le peuple qui punit ses dirigeants et récupère un pouvoir qui lui a été confisqué. Repris par les Anonymous, le masque est devenu aujourd'hui l'emblème du peuple d'Internet.

Autre image utilisée par les Anonymous pour se représenter sur le Web : l'homme d'affaires sans visage. Le costard-cravate devient le vêtement symbole de l'anonymat moderne. Cet accoutrement de l'Anonymous est aussi un pied de nez (pour ne pas dire un foutage de gueule) à l'égard des colporteurs du cliché du « geek* » ou du « hacker », gros binoclard en jogging.

Les revendications écrites des Anonymous finissent par la formule : « We are Anonymous. We are legion. We do not forgive. We do not forget. Expect us. » (« Nous sommes anonymes. Nous sommes légion. Nous ne pardonnons pas. Nous n'oublions pas. Comptez sur nous. »)

L'organisation n'en étant pas une, le masque de Vendetta et les autres symboles peuvent être récupérés par n'importe qui. Le principe d'Anonymous est d'être tout le monde et personne à la fois. Parler des Anonymous comme d'un groupe structuré et homogène n'a donc pas de sens. C'est même contraire à sa définition originelle. C'est pourquoi on trouve de tout et du n'importe quoi dans les actions labellisées Anonymous. C'est ainsi que, lors de l'arrestation de Julian Assange, porte-parole de WikiLeaks*, certains Anonymous lançaient des opérations pour soutenir le site et d'autres prônaient la destruction de WikiLeaks pour avoir la paix.

TYPES D'ACTION

1/ Actions contre toutes les lois anti-téléchargement illégal. Cette guerre est une saga à la *Dallas* opposant les Anonymous à l'industrie musicale et cinématographique.
Ex. : le YouTube porn day. Lorsque YouTube décida de retirer des vidéos de musique à cause de l'éternel problème de droits d'auteur, en représailles, le 20 mai 2009, une opération a été lancée qui consistait à remplacer toutes les vidéos « familiales » (par exemple les clips du groupe pour jeunes filles Jonas Brothers) par des extraits de films pornos. L'opération est depuis reproduite annuellement.

2/ Actions de soutien politique.
Lors du Printemps arabe, les Anonymous ont apporté leur soutien aux manifestants au nom de la liberté d'expression, notamment en attaquant les sites gouvernementaux tunisiens et égyptiens.

3/ Activisme. Ex. : le projet Chanology. En janvier 2008, une vidéo de Tom Cruise en plein délire scientologue est retirée de YouTube par l'Église de Scientologie. Les Anonymous prennent ce prétexte pour lancer une opération anti-scientologie. Ils attaquent les sites de l'Église à coups de DDOS (technique qui consiste à lancer un nombre maximum de requêtes vers le site qui sera saturé et « tombera », c'est-à-dire ne sera plus en ligne). Cette technique est parfois considérée comme le pendant virtuel des sittings au cours desquels des manifestants bloquent l'accès à des bâtiments. L'attaque est suivie, en février et mars 2008, de manifestations réelles d'Anonymous en tenue (costume et / ou masque) dans les pays où la secte est la plus influente.
Si la scientologie est la première cible des Anonymous, c'est parce qu'elle leur rappelle la dictature fasciste qui contrôle le monde dans la BD d'Alan Moore : censure, manipulation, escroquerie.

4/ Gestes « for the lulz ». Autre attaque, loin de l'action politique organisée : le bombardement, sur un forum dédié à l'épilépsie, d'animations flash justement soupçonnées de déclencher des crises du mal sacré en raison de leur vivacité. Certains qualifieront ce geste de lulz caractérisé, d'autres de blague de mauvais goût.

Désormais, le label Anonymous a été récupéré pour les actions plus sérieuses et politiques, dans une mouvance proche de WikiLeaks. Les tenants du lulz, du bordel généralisé et de la joie de vivre, se sont regroupés sous d'autres noms, comme Lulzsecurity, un groupe de hackers qui a sévi en mai-juin 2010, avant de s'autodissoudre.

APPLE

Sise dans la ville sainte de Cupertino (Ca), Apple Inc. est une entreprise multinationale américaine fondée sur la vie et les enseignements de Steve Jobs.

Pour prêcher la bonne parole, Apple a ouvert trois cents temples à travers le monde : les Apple Stores. Les fidèles se reconnaissent en ce qu'ils détiennent la quasi totalité des reliques et des produits phares de la marque parmi lesquels les ordinateurs Mac, les systèmes d'exploitation (Mac OS X et iOS) ainsi que les logiciels (iTunes, iWork) et les objets de culte : iPod, iPhone, iPad. Les premières mentions d'Apple remontent au dernier millénaire, quand Steve Jobs et Steve Wozniak créèrent l'ordre à Cupertino, le 1er avril 1976. Apple compte aujourd'hui un peu plus de 40 000 employés pour un chiffre d'affaires de 65,23 milliards de dollars. Elle est la société high-tech à la plus forte capitalisation boursière, devant Microsoft et Google*. Paradoxalement, et à la différence de ces dernières, la marque ne pâtit pas de la réputation de grande et méchante boîte capitaliste. Un exploit dû à l'enseignement de Steve Jobs et son approche marketing fondée sur l'innovation et l'esthétique des produits. Le slogan de la marque de 1997 à 2002, « Think Different », a réussi à faire passer Apple pour un phénomène, voire une philosophie, plutôt qu'une multinationale cupide.

STEVE JOBS

Gourou sympa d'Apple, Steve Jobs – qui n'a qu'à peine croqué la pomme – porte les stigmates du gros nerd : no look (jean, col roulé, vieilles baskets) et lunettes.
En 1996, pseudo-martyre, il fut forcé à quitter la firme par John Sculley qu'il avait lui-même débauché de Pepsi-Cola pour devenir CEO d'Apple Computer Inc. en 1995. Réembauché en décembre 1996, Jobs devint à son tour CEO de la société en 1997, poste qu'il quittera en août 2011 pour raisons de santé.
Apple s'impose, selon un classement du magazine *Fortune*, comme la société la plus admirée dans le monde en 2008, 2009 et 2010. En 2011, des neurologues découvrent en faisant passer des IRM à des fans d'Apple que ses produits font s'illuminer chez eux les zones du cerveau qui s'égayent chez les croyants quand on leur montre des images religieuses.
Dans la foulée, l'évêque de Buckingham note que l'architecture des Apple Store fait clairement référence à l'architecture des Églises : sol en pierre, arches, petits autels...
Enfin, lors de la présentation de l'iPad, Steve Jobs lui-même reprend à son compte une phrase du *Wall Street Journal* :

« La dernière fois qu'il y a eu autant d'excitation autour d'une tablette, il y avait des commandements gravés dessus. »

LES HÉRÉTIQUES

Toutefois, la marque est sujette à controverse de la part d'insoumis qui critiquent les conditions de travail de ses ouvriers ainsi que ses pratiques commerciales et environnementales.
En avril 2011, par exemple, six ouvriers de l'usine chinoise géante Foxconn, qui travaille pour Apple, ont tenté de se suicider suite aux cadences infernales et à la pression exercée sur eux. Dans la ligne de mire : les conditions de travail qui semblent se dégrader à mesure que le nombre de commandes d'iPad 2 augmente. Le délai d'attente pour un produit est en effet passé de six à deux semaines – au détriment de la sécurité ? En mai 2011, c'est une explosion qui a eu lieu dans l'enceinte de l'usine, provoquant la mort de trois ouvriers.

I'M A MAC / I'M A PC

Série de pubs comparatives devenues cultes aux États-Unis, la campagne d'Apple « I'm a Mac / I'm a PC » tourne en dérision les utilisateurs de Microsoft personnifiés par un acteur quinquagénaire au physique pataud et habillé comme un VRP dépressif des eighties. À l'inverse, le Macboy est lui jeune, beau, dynamique, décontracté, élégant et sarcastique. Cette opposition vient incarner la guerre intestine voire éthique qui règne entre Apple et Microsoft et, plus généralement, entre les possesseurs de Macs et de PC.

*

Notre Père qui est dans la matrice
Que ton login soit sanctifié
Que ton routeur suprême vienne
Que ta volonté soit faite sur le Web comme IRL
Donne nous aujourd'hui ta Maj de WoW
Pardonne-nous notre noobisme
Comme nous pardonnons aussi
Aux noobs qui nous ont wipé
Et ne nous soumets pas à Bill Gates
Mais délivre-nous de Windows
Car c'est à toi qu'appartient Apple,
Blizzard et NcSoft
Pour les serveurs des serveurs.
Entrée

*

ASCII Art

L'ASCII Art consiste à dessiner des images à l'aide des caractères typographiques standards.

Sortes de calligrammes de l'ère informatique, les œuvres en ASCII Art tiennent leur nom bien moins poétique de l'American Standard Code for Information Interchange (soit « Code américain normalisé pour l'échange d'information »), la norme de codage informatique qui permet à l'ordinateur de reconnaître les caractères.

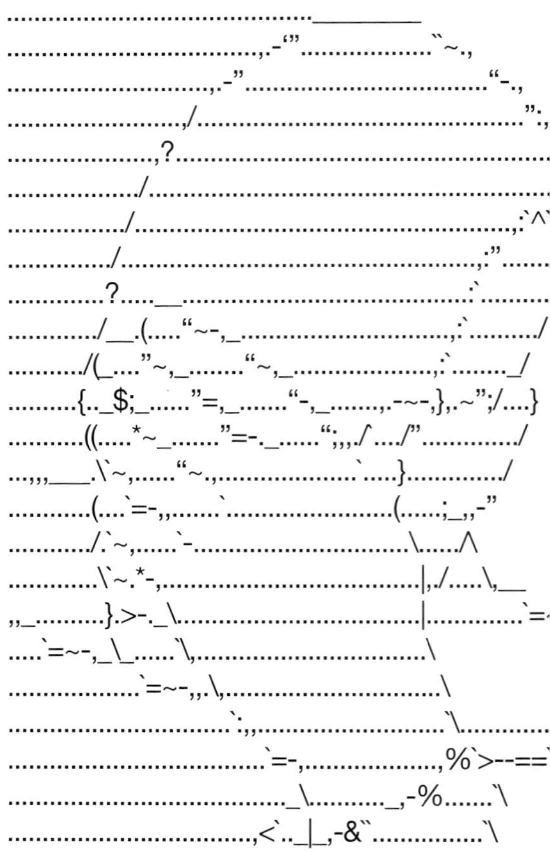

PRATIQUE ANCIENNE NÉE AVEC LES PREMIERS ORDINATEURS DANS LES ANNÉES 1960, L'ASCII ART EST DEVENU UN SPORT INTERNATIONAL SUR INTERNET OÙ IL BRILLE PAR SON MINIMALISME ET SON ASPECT RÉSOLUMENT KITSHOS.

Pour les paresseux et ceux qui ne tiennent pas à passer trop de temps à recompter des points-virgules, bref les faux artistes, il existe de nombreux générateurs en ligne capables de convertir une image ou un texte en ASCII Art.

ASL ou ASV

Sigle formé par les mots
« Age / Sex / Location » ou en français « Âge / Sexe / Ville ».

Le terme « ASL » est une invitation à se présenter. Il est notamment utilisé par les pédophiles pour cibler les filles et garçons de moins de 15 ans sur les chatrooms. Introduction d'une conversation, il permet d'en savoir plus à peu de frais sur le, la ou les participants. Caractéristique de la première époque de du Web, lorsque les gens parlaient en ligne à des inconnus sans avoir aucune idée de leur apparence physique, il est désormais utilisé au second degré comme un terme dépassé et clairement destiné à la drague douteuse. En effet, utiliser « ASL » au cours d'une conversation, c'est n'être pas assez intéressé par son interlocuteur pour formuler de vraies questions et/ou être trop occupé à mater du porno.

Y - Salu

X - Coucou

Y - Sa va ?

X - ASL ? moi : 21/M /Paris

Y- 53/F/Épinal »

X- s'est déconnecté

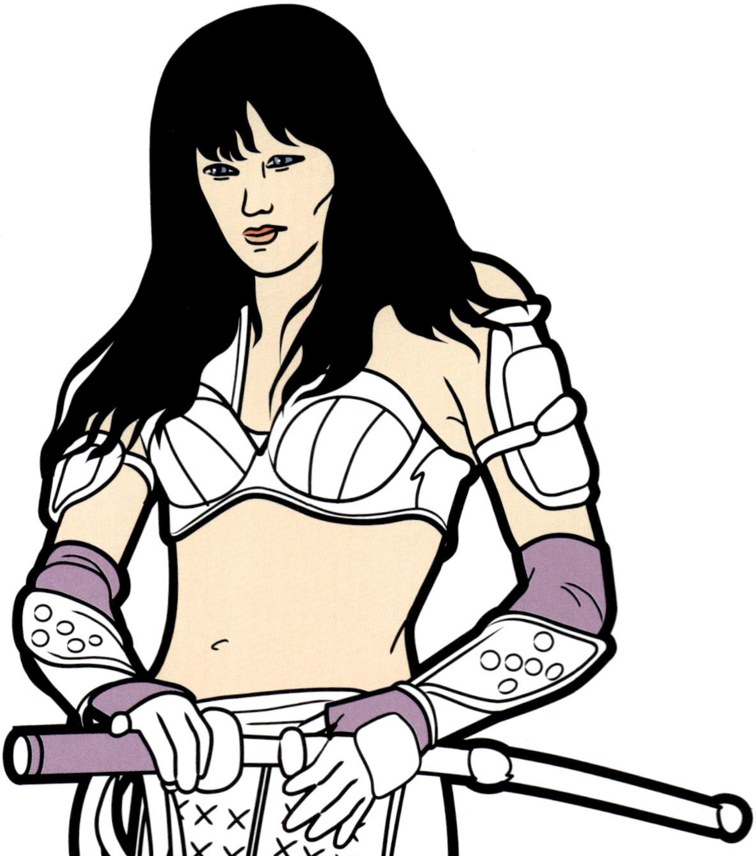

AVATAR

Dans la religion hindoue, l'avatar est l'incarnation d'une divinité sur terre. Sur Internet, l'avatar de Jean-Claude s'appelle Esméralda.

Au XXe siècle, dans la théologie du jeu vidéo, l'avatar désignait le personnage qui vous représentait au sein de l'univers virtuel. C'est ainsi que Jean-Claude, 54 ans, devenait Esméralda, une pulpeuse jeune femme pourvue d'une dizaine de nattes de deux mètres de long et d'une armure violette. À l'époque, l'avatar marquait la conscience d'un écart entre le moi réel et l'identité numérique*.
Avec le développement des forums* et des réseaux sociaux, les habitués de Second Life et consorts ont pris l'habitude de désigner sous le terme d'avatar leur photo dite « de profil* », faisant naître une confusion volontaire entre identité civile et numérique.

BLOGOSPHÈRE

La blogosphère désigne l'ensemble des blogs du World Wide Web.
Ce qui fait beaucoup.

Elle réunit toutes sortes de communautés : des blogs BD aux blogs persos en passant par les blogs de filles, les photoblogs ou les audioblogs. En raison des très (trop ?) nombreux blogs présents sur Internet, on ajoutera plutôt un adjectif au mot « blogosphère » pour la qualifier spécifiquement. On parlera alors de « blogosphère mode » ou « blogosphère adolescente ».

DOIT-ON S'EN RÉJOUIR OU S'EN INQUIÉTER ? LA FRANCE EST LE PREMIER PAYS BLOGUEUR AU MONDE.

Quelle que soit la communauté qu'elle touche, la blogosphère est un monde à part, régi par des dynamiques de groupes (leadership, réseaux, amitiés, embrouilles) que ne peuvent pas vraiment comprendre ceux qui n'en sont pas.

HISTORIQUE DES BLOGS

Les premiers blogs sont apparus à la fin des années 1990 au Canada. Il s'agissait de sortes de carnets de bord recensant des pages web jugées dignes d'intérêt par les auteurs. Au fil des années, le phénomène a pris une ampleur considérable avec le développement des plateformes gratuites d'autopublication et d'hébergement (blogger, overblog, skyblog…) au point de devenir une pratique courante au milieu des années 2000. Le blog remplit une fonction d'autoreprésentation (voir Identité numérique*). Même si la grande majorité des blogs ne sont pas monothématiques, qualifier son blog de « blog perso » ou « blog cuisine », c'est se placer directement dans un certain genre de stéréotype.

Le weblog

Forme la plus ancienne du blog, il réunit une compilation de liens pertinemment commentés. Il est souvent collectif et spécialisé dans la webculture. En tant que tel, il est tenu par des gros geeks* qui parlent d'URLs IRL* (adresses web dans la vraie vie).
boingboing.net

Le blog cuisine

Le blog cuisine est en général tenu par une MILF (Mother I'd Like to Fuck) qui s'ennuie dans son ménage et décide d'embrasser son destin de philanthrope en partageant avec le monde ses recettes perso, pour le meilleur et pour le pire. Il est souvent agrémenté de photos très peu apétissantes des plats réalisés.
audreycuisine.fr

Le blog BD / dessin

Tenu par un dessinateur de BD dont la créativité déborde assez pour trouver l'énergie de poster régulièrement de nouvelles créations, souvent drôles, les blogs BD surfent sur la tendance des webcomics américain.
bouletcorp.com/blog
penelope-jolicoeur.com
xkcd.com
smbc-comics.com

L'audioblog

C'est le blog du passionné de musique qui a la rage contre les magazines papier spécialisés et a décidé d'embrasser un destin de défricheur lettré. Il poste, au mépris de la loi, ses morceaux préférés sur son blog et met un point d'honneur à les décrire en des termes poétiques qui n'ont rien à voir avec la musique mais qui parlent souvent de cœurs brisés et de bonnes meufs.
Exemples : Fluokids, La Frange ou Stereogum aux States.

Le blog boulot

Certains blogs traitent du domaine professionnel du blogueur qui se fait alors expert ou spécialiste. Si on met de côté les journalistes, les corps de métier les plus représentés sont les profs **excusemeteacher.canalblog.**com, les médecins **jaddo.fr** et les avocats **maitre-eolas.fr**

Le blog de techos du Net

Ultraspécialisés dans le hardware, les réseaux sociaux ou le référencement, les blogs de techos du Web peuvent être tenus par des développeurs ou des marketeux reconvertis. Parce qu'ils apportent des informations que la presse traditionnelle ne couvre pas, ils ont beaucoup de visiteurs – ce qui est la moindre des choses pour des gens spécialisés dans l'Internet.
mashable.fr ou **.com**

Le blog de voyage

Le blog de voyage est un blog méticuleusement tenu, dans l'unique but de faire chier ses amis.

Le Tumblr

Le Tumblr (prononcer [Teumbleur]) est la plateforme de blog en vue chez les jeunes hipsters* (comprendre « branchouilles ») qui peuvent y poster des photos qui les inspirent (souvent des filles nues), des captures d'écran de films de la Nouvelle Vague ou des courts textes sur comment c'est dur la vie.

Le vlog

Blog vidéo à l'usage de ceux qui ont atteint un stade plus avancé de l'exhibtionnisme et aiment se mettre en scène devant leur webcam.

Le blog familial

Très premier degré, le blog familial est créé par les séniors d'une grande famille pour partager la vie de leur sous-section avec le reste de l'entité. Il met en général la honte à tous les enfants en racontant par le menu des journées randos hyperchiantes.

Le livejournal / deadjournal

Le **livejournal.com** ou « LJ » et son pendant maléfique **deadjournal.com** sont des formes de blogs adolescents très populaires aux États-Unis où chacun peut exprimer son amour des photos sépia et son malaise sur un layout (une mise en page) couleur pastel. Ancêtre du réseau social, cette plateforme de blog antérieure à MySpace* (elle a été créée en 1999) a constitué une des premières vraies communautés du genre.

Le blog beauté

Tenu par une blogueuse qui aime les articles sponsorisés et les cadeaux des marques, le blog beauté a pour essence les tutoriaux beauté du style : « Comment se maquiller comme Brigitte Bardot », sans toutefois préciser « quand on ne lui ressemble pas du tout ».

Le blog perso

Blog hyperperso où l'auteur peut exprimer ses anecdotes quotidiennes, ses angoisses, sa douleur. Le blogueur tenant un blog perso est en quête d'introspection et, à ce titre, souvent dépressif.

Le skyblog

Le skyblog aujourd'hui déserté fut jadis la plateforme de blog la plus célèbre de France. Il réunissait une catégorie de population spécifique appelée « kikoolol * ». Le kikoolol y racontait sa vie palpitante de collégien à base de photos ainsi légendées : « sa sé mon meilleur ami il é troooobooo jtaime xD ptdr ». Repensons avec émotion au meilleur skyblog du XXIe siècle, **miam-les-fruits.skyrock.com** : « moi franchement je trouve que les ju de fruits c trop trop bon et vous sérieux franchement moi kan jen boi jallusine de trop telemen cer bon alors dukou g décidé de faire un blogue consacrée au jus de fruis! »

MENTION SPÉCIALE : LE BLOG MODE

Le blog mode est tenu par une fille qui, quel que soit son âge, est un peu restée bloquée à l'adolescence. Légèrement égocentrique, elle prend un plaisir certain à décrire quotidiennement ses tenues.

« Il n'y a pas de mode si elle ne descend pas dans la rue », disait Coco Chanel, qui aurait peut-être mieux fait de se taire au regard des milliers de blogs mode qui squattent aujourd'hui Internet et revendiquent cette citation comme instance légitimante suprême. Car si jadis les jeunes filles se fantasmaient en star de ciné, chanteuse ou mannequin, aujourd'hui, il n'est plus besoin de raquer des leçons d'art dramatique au cours Florent pour s'assurer un minipublic et pouvoir se la raconter au quotidien. Il suffit d'ouvrir un blog mode, de bien se débrouiller et d'atteindre le statut de blogueuse mode. Un métier pour les plus chanceuses, qui ont réussi à monnayer leur blog via des partenariats avec des marques ou des médias. Mais aussi et surtout une attitude, une allure générale, une disposition d'esprit particulière et un compte en banque qui va bien.

La blogueuse mode « adoooore » Londres où elle peut aller « shopper » chez Urban Outfitters ou Topshop tout en se gavant de cupcakes. À Paris, elle passe son temps entre Saint-Germain et Le Marais, greffée à un appareil photo numérique pour prendre des milliers d'(auto)portraits censés faire découvrir à son lectorat sa « tenue du jour ».

CE QU'ELLE APPELLE SON « UNIVERS » EST UN MONDE AU PREMIER DEGRÉ DONT L'ESTHÉTIQUE RESSEMBLE À UN MIX ENTRE GOSSIP GIRL, AMÉLIE POULAIN ET UNE PUB BATA.

Entre charmante futilité et vacuité abyssale, la blogueuse mode et son budget fringues astronomique se révèle souvent odieuse malgré elle. Ce qui ne pose pas de problème majeur tant que son activité se limite à son propre blog – car comme le dit l'adage populaire contemporain : « T'as qu'à pas cliquer si t'aimes pas. »

Malheureusement, la blogueuse mode squatte maintenant aussi les médias (surtout féminins) qui trouvent en elle une bonne occasion de se rapprocher de leur lectorat sans trop d'effort. Mis à part quelques exemples plutôt réussis (Garance Doré en tête), le phénomène de la mise en scène de soi et de sa petite vie bourgeoise se révèle dans sa globalité assez consternant. À ce propos, Coco Chanel disait aussi : « La mode, c'est quelque chose au bord du suicide. »

MOUE BOUDEUSE / INSPIRÉE
CHEVEUX AU VENT
TRUCS À BASE DE FROUFROU
POSITION DES JAMBES DITE DU FLAMAND ROSE
IT-BAG

COMMENT GAGNER DE L'ARGENT AVEC SON BLOG ?

Grand classique des requêtes Google, cette question amène d'emblée une réponse claire : on ne gagne pas sa vie avec un blog – à moins d'être dans le 1% des stars de la blogosphère. Ceci étant, les encarts de pubs permettent tout de même de gagner un peu de sous. Le petit blogueur se contentera des Google Ads (les pubs insérées automatiquement par Google). Au niveau supérieur, il pourra demander à une régie publicitaire de lui trouver des pubs mieux rémunérées.
Mais ce qui rapporte le plus aux blogueurs, ce sont encore les « billets sponsos ».
Exemple : une marque de cosmétiques demande à l'auteure d'un blog de partir en week-end spa en Espagne. Elle s'y fera papouiller avec leurs derniers produits – tous frais payés. Et on ne lui demande absolument rien en échange… si ce n'est d'écrire un commentaire* (ou « post ») pour raconter son week-end forcément ex-tra-or-di-naire.
Face à la tentative de corruption de la marque, quatre possibilités s'offrent à la blogueuse :

1/ envoyer un mail de refus absolument hilarant, tellement caustique qu'elle le publie sur son blog (montrant ainsi à ses lecteurs qu'elle n'est pas à vendre) ;

2/ accepter et au retour raconter son week-end sur son blog : « pas mal mais franchement si ça avait été payant, j'y serais pas allée parce que le massage à la crème de caviar de lama ça sent un peu » ;

3/ accepter et raconter son week-end formidable en précisant qu'elle a été invitée en échange de ce post ;

4/ accepter et au retour faire un post pour raconter son week-end formidable, en répétant plusieurs fois le nom de la marque.

Cette dernière option est celle qui rapporte le plus. Elle est également illégale. Les blogueurs sont tenus par la loi de mentionner tous les cadeaux qu'ils reçoivent. Ainsi, quand une marque les paie directement pour qu'ils vantent ses mérites, les blogueurs doivent préciser qu'il s'agit d'un billet sponsorisé, c'est-à-dire tout simplement d'une pub qu'ils rédigent eux-mêmes.
Le cas de conscience des billets sponsos scinde la communauté des blogueurs en deux clans irréconciliables.

ANDRÉ BRETON A INVENTÉ LE BLOG AVANT L'INTERNET

À son apparition, dans les années 2000, le blog était synonyme de modernité. Nouveau support = nouvelle écriture. Mais il est temps de révéler la vérité.

LE PREMIER BLOGUEUR S'APPELAIT ANDRÉ BRETON. SON BLOG INTITULÉ NADJA A ÉTÉ PUBLIÉ EN 1928.

1/ Les photos

Nadja est l'un des premiers récits à mélanger textes et photos. « J'ai commencé par revoir plusieurs des lieux auxquels il arrive à ce récit de conduire ; je tenais, en effet, tout comme de quelques personnes et de quelques objets, à en donner une image photographique qui fût prise sous l'angle spécial dont je les avais moi-même considérés. » Figer le présent, c'est ce que fait la photographie en général, c'est ce que tente Breton dans son livre, et c'est ce que vise également chaque blog perso. Il ne s'agit pas de rechercher une perfection artistique, un produit fini, mais de cristalliser un moment.

Dans les blogs, la photo sert (outre à assouvir des tendances exhibitionnistes évidentes) à éviter les descriptions de lieux et à refléter le regard du blogueur. Ce qui est mis en avant, c'est la subjectivité de l'image, avec une volonté de rendre palpable le regard qui est derrière l'appareil – parfois de manière explicite quand le reflet ou l'ombre du blogueur apparaît dans la photo. Le but du blogueur qui intègre des photos est bien de faire partager cet « angle spécial » dont parle Breton.

2/ Le temps

La liaison de Breton avec Nadja dure d'octobre 1926 à janvier 1927, il rédige la plus grosse partie du texte en août de la même année. Mais le temps d'écrire le livre, la vie continue. Breton arrête la rédaction de son récit pendant quatre mois. Quand il s'y remet, Nadja, internée, n'est plus d'actualité : il a rencontré une certaine Suzanne, il est fou d'elle. Les dernières pages de *Nadja* ne s'adressent qu'à Suzanne. Breton ne respecte donc pas un plan d'ensemble préétabli, il inclut ce qu'il vit d'inattendu dans le livre, quitte à abandonner son héroïne en chemin. « Alors que Nadja, la personne de Nadja est si loin… » L'écriture et la vie sont intimement liées dans un rapport de simultanéité.

C'est le rythme de la vie que recherche également le blog. L'une de ses caractéristiques est son rapport au temps, sa contemporanéité avec le quotidien du blogueur. Comme Breton qui refusait de dissocier sa vie et son écriture. Ce rapport au temps explique aussi que nombre de blogs tournent court. Ils sont trop liés aux aléas de la vie de leur auteur. Une vie pas toujours palpitante.

3/ La non-relecture

À cause de cette simultanéité écriture/vie, s'ébauche dans *Nadja* le principe de la non-relecture (même si Breton corrigea des tournures syntaxiques bien des années plus tard, en 1962). « Si je relisais cette histoire, de l'œil patient et en quelque sorte désintéressé que je serais sûr d'avoir, je ne sais guère, pour être fidèle à mon sentiment présent de moi-même, ce que j'en laisserais subsister. Je ne tiens pas à le savoir. » Parce que c'est le Breton d'août 1927 qui a écrit, que le Breton de décembre 1927 n'a pas à le corriger et qu'il ne s'intéresse d'ailleurs même plus à cette histoire. « Je laisse à l'état d'ébauche ce paysage mental. »
De même, un blogueur ne va pas corriger un vieux post. Ce qui l'intéresse, c'est le présent, sa Suzanne à lui. La non-relecture n'est pas une paresse. Elle est indissociable de la volonté de fixer le présent. La seule relecture que s'autorisent beaucoup de blogueurs a pour but de commenter ses textes anciens. En arrière-fond, cette attitude présuppose que l'individu évolue sans cesse en une succession de « moi » qui s'aboliraient les uns après les autres. La seule continuité existante devient alors précisément le blog qui représente cette succession. Exactement l'inverse d'une autobiographie qui recrée les événements a posteriori.

4/ Le mélange des genres

Breton utilise des blancs typographiques pour marquer qu'il passe à autre chose, un découpage qui rappelle celui des posts. Finalement, le texte ne trouve sa cohérence que *dans* son auteur. Anecdotes, réflexions personnelles, souvenirs, se mêlent sans plan préparé. « Il n'y a que quelques jours, Louis Aragon me faisait observer que l'enseigne d'un hôtel… » Ce fil de la pensée implique aussi un style polymorphe. Il s'agit avant tout de retranscrire le plus fidèlement possible le vécu. Dans les blogs et dans *Nadja*, on retrouve des phrases nominales, des formules lapidaires, des phrases interrompues par « etc. » ou « … », la multiplication des parenthèses – notamment pour commenter –, l'emploi des italiques pour insister, l'utilisation des capitales : « La beauté sera CONVULSIVE ou ne sera pas. »

La différence fondamentale entre Breton et le blogueur, c'est que l'écriture de Breton est l'expression d'une démarche théorisée, réfléchie, consciente – au point d'en devenir un manifeste. Le blogueur, de son côté, utilise les mêmes outils stylistiques et narratifs que Breton mais la plupart du temps sans y réfléchir et avec légèrement moins de talent.

Page de droite : André Breton, auteur de *Nadja* (1928), premier blog du monde.

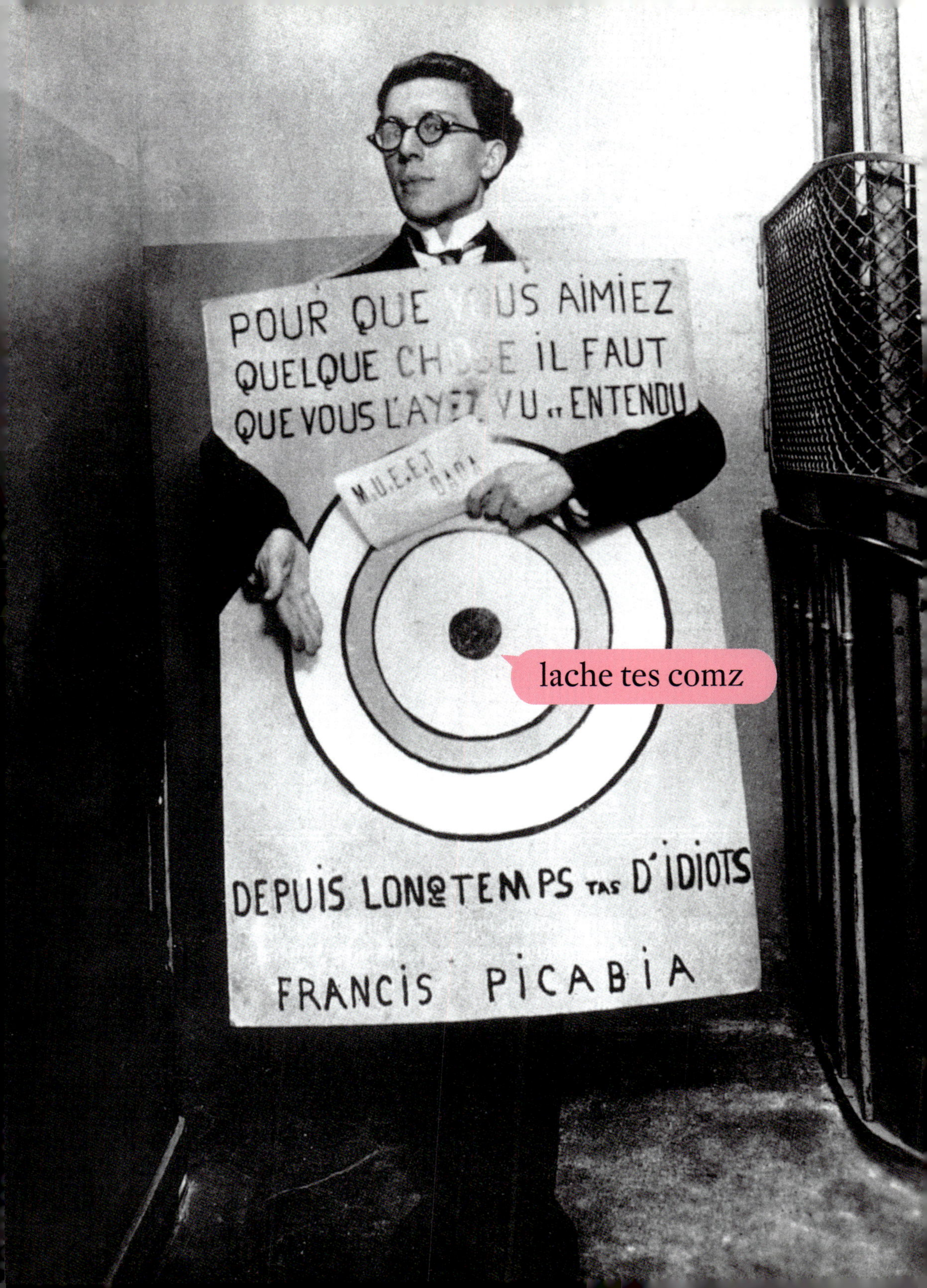
POUR QUE VOUS AIMIEZ
QUELQUE CHOSE IL FAUT
QUE VOUS L'AYEZ VU ET ENTENDU
DEPUIS LONGTEMPS TAS D'IDIOTS
FRANCIS PICABIA
lache tes comz

BUZZ

Mot interdit.

Suite à un concours organisé en 2010 par le secrétaire d'État à la francophonie, l'équivalent français de buzz est désormais « ramdam ». La même année pourtant, le terme « buzz » entrait dans le *Larousse* : « Forme de publicité dans laquelle le consommateur contribue à lancer un produit ou un service via des courriels, des blogs, des forums* ou d'autres médias en ligne. Par extension : Rumeur, retentissement médiatique, notamment autour de ce qui est perçu comme étant à la pointe de la mode (événement, spectacle, personnalité, etc.) »

À en croire les médias, aujourd'hui tout « fait le buzz », si bien que plus rien ne le fait. « Buzz » est un mot pratique pour journaliste paresseux qui l'emploie à outrance dans des articles ou des chroniques intitulées « Internet se déchaîne sur XXX » ou « Le Web s'enflamme pour XXX ». Insérer ici n'importe quel sujet qui sera oublié demain.

En pratique, le principal intérêt de l'entrée du mot dans la langue française se limite aux points qu'il peut faire gagner à celui qui le posera sur un plateau de Scrabble (à l'aide de la lettre joker). L'intéressé fera alors le « buzz » auprès de ses amis.

CAPTCHA

Y a-t-il un être humain derrière la Machine ?

Pour lutter contre les spams* automatiques qui polluent les boîtes mails mais également les forums* et les commentaires*, certains sites demandent à l'internaute voulant s'exprimer de passer un test censé s'assurer que derrière l'ordinateur se trouve bien un être humain.

LE NOM

Derrière un nom qui claque et qui ressemble à un vrai mot avec une possible étymologie latine, il n'y a en fait qu'un acronyme qui reprend les initiales de Completely Automated Public Turing Test to Tell Computers and Humans Apart, soit en français, « test public de Turing complètement automatique ayant pour but de différencier les humains des ordinateurs ». Mais on peut également l'interpréter comme « capture characters » (soit captures de lettres).

LA TYPOLOGIE

1/ Old school

Certaines captcha sont basées sur des questions telles que « Quelle est la couleur du cheval blanc de Henri IV ? » ou des opérations de calcul « 8 + 1 = ? ». Mais, très facilement détournables par des logiciels, elles ont tendance à être abandonnées.

Question éliminatoire

Pour prouver que vous êtes humain, résolvez le problème suivant :

Q. Calculez :

$$\frac{dy}{dx} - 2\,x\,y = x^2 - x$$

R. ____________

obligatoire

Note : si vous ne connaissez pas la réponse à cette question, rechargez la page pour en avoir une autre.

2/ Classique

Dans les captchas classiques, il s'agit de recopier une succession de lettres et de chiffres. Pour que les robots n'y parviennent pas, ces caractères sont vaguement floutés, barrés, de travers.

EXEMPLE DE CAPTCHA

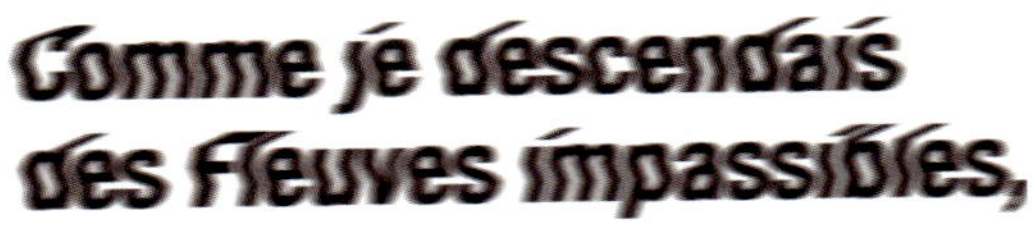

L'OCR COMPREND

(fillll§%&&l%IIE5il$a$%,

OCR : Reconnaissance optique de caractères (Optical character recognition).

3/ Les reCaptchas

Elles sont constituées de deux mots. L'un des deux, en général le premier, est une captcha classique, en fait la seule qui permette de différencier l'humain du robot. L'autre est tirée d'un livre en train d'être numérisé. Comme la numérisation des livres anciens est problématique pour les ordinateurs qui ne parviennent pas toujours à reconnaître les lettres, les entreprises comme Google* ont trouvé un moyen de faire d'une pierre deux coups. En les proposant en captcha, ils ont une main-d'œuvre gratuite pour décrypter les ouvrages.

Certains internautes, agacés par ce principe, ont lancé un mouvement de sabotage de la numérisation. Le principe est simple. Puisque le deuxième mot de la captcha ne peut pas être reconnu par l'ordinateur, autant écrire n'importe quoi. Mais comme pour être validé, ce second terme doit avoir été tapé par plusieurs internautes différents, la liste des mots suggérés comme réponse est limitée à : fag (pédé), nigger (nègre) et goatse (voir Goatse*). Le but de l'opération est d'espérer qu'un jour quelqu'un lira dans un bouquin numérique :

« SHERLOCK GOATSE FAGGED PROFESSOR MCNIGGER ».

Les captchas ont donné lieu à des jeux de collages pour faire surgir un sens inattendu de l'assemblage de deux mots, comme des sortes de cadavres exquis numériques.

CARAMAIL

R.I.P.

CHATROULETTE

Chatroulette est un site de chat (voir IM) vidéo créé par un Russe de 17 ans. Freakshow le plus apprécié du Net en 2010, le site est depuis tombé dans l'oubli.*

Jadis qualifié de « plus grosse révolution depuis YouTube » par certaines voix influentes du milieu, le site permet à n'importe quel possesseur de webcam de chater en direct avec un parfait inconnu (random stranger, selon le vocable consacré). Objectivement, l'anonymat est total. Visuellement, l'internaute se retrouve confronté à son image et à celle de son interlocuteur, placées l'une au-dessus de l'autre dans la fenêtre de chat. Le principe est simple : une fois débarqué sur chatroulette.com, un simple clic sur « start » met l'internaute face à l'un de ses congénères. La discussion peut s'engager, à moins que l'un des deux décide de cliquer sur le bouton « next ». Passer d'un graphiste de Philadelphie à une étudiante coréenne devient donc possible en une petite pression du doigt. Mettre fin à une discussion (écrite ou orale) passionnante pour tomber sur un vieux monsieur avec une bouteille de bière dans les fesses aussi.
Comme la roulette russe, Chatroulette à son lancement est un jeu un tout petit peu pervers. Les hommes bite à la main y sont légion et les messages implorant les demoiselles de découvrir leur poitrine pullulent.

SHOW TITS FOR HAÏTI

Classiques du genre, les « show tits » pour une cause aléatoire (du tremblement de terre d'Haïti à l'anniversaire de Bob Marley) s'imposent alors comme le leitmotiv du site. Aujourd'hui encore, la majorité des utilisateurs excelle dans les blagues potaches voire salaces et il est fréquent de tomber sur de jeunes membres de fraternités américaines réunis dans le seul but de tourner en dérision leurs interlocuteurs. Les soldats de l'armée US en costume militaire viennent aussi s'y détendre après une dure journée

de guerre. Le défouloir parfait pour une soirée entre potes autour d'alcool bon marché.
Le site se révèle sous d'autres aspects quand son utilisation en est solitaire. Traîner quelques heures sur chatroulette en solo nécessite un oubli de soi mêlé à une certaine dose de démence. La porte poussée, il est pourtant difficile de s'arrêter. Le zapping humain, fascinant, peut alors laisser place à de réelles discussions de plusieurs heures, de celles qui n'arrivent jamais dans la vie. Parler de la politique d'Obama et de Kanye West avec un étudiant de Pennsylvanie, du génocide arménien avec un Turc ou de ses problèmes familiaux avec un adolescent boutonneux tout droit sorti des *Beaux Gosses* version italienne semble étrangement naturel.
Et couplée aux mots, l'image de son interlocuteur laisse découvrir, tranquillement assis sur un canapé, des fragments de vie. Il est rare que deux chatrouletteurs échangent leurs noms (ce point est réservé aux plus valeureux voire aux plus inconscients). La règle étant de ne plus jamais revoir ou entendre celui ou celle avec qui on a partagé une certaine part d'intimité.

Le bouton « next »

Outil d'humiliation ultime, le bouton « next » permet de mettre fin à la conversation pour en lancer une autre, routine inhérente aux règles du jeu. Se faire « nexter » rappelle ainsi de tristes sentiments déjà éprouvés IRL*.

TROU DU CUL DE L'INTERNET

Pendant ses premiers mois d'existence, chatroulette était un réservoir à freaks. Puis sa population s'est diversifiée. De 3 000 connectés par soir au début de l'année 2010, le site a multiplié par dix sa fréquentation en deux mois. C'est précisément ce qui lui donnait de l'intérêt. Au zénith de sa gloire, le phénomène était tel que des stars comme Katy Perry ou Perez Hilton* invitaient leurs fans à (tenter de) les rejoindre sur le site. Aujourd'hui le site n'est plus fréquenté que par un petit millier de personnes.

Mais Chatroulette reste le royaume des nerds*. L'internaute lambda y va pour rire, frissonner et tomber plus ou moins volontairement dans le panneau des fakes*, ces fausses vidéos ou images donnant à voir des scènes plutôt surprenantes. Pour les internautes professionnels, remplacer sa propre image par n'importe quelle vidéo grâce à un petit logiciel est un jeu d'enfant. Le choix est alors large, des pornos zoophiles à des vidéos de stars pour midinettes.
Mais le plus pervers – ou le plus drôle – reste l'utilisation de films ordinaires destinés à piéger l'internaute trop naïf. Une vidéo d'une jeune fille fixant l'écran peut ainsi pousser le premier pigeon venu à faire n'importe quoi en échange d'hypothétique tits. Derrière la prétendue webcam, un petit rigolo

qui n'hésitera pas à faire des captures d'écran pour les mettre en ligne sur des sites dédiés à cet effet (par exemple : chatroulolz.tumblr.com).

CHATROULETTE VEND SES HOMMES NUS

Le problème n° 1 de Chatroulette, surtout depuis le retour de bâton, est de trouver un moyen pour gagner de l'argent. Le problème n° 2 du site sont ces fameux messieurs tout nus qui agitent leur pénis flétri devant la webcam. Le créateur du site a trouvé un moyen de transformer son problème n° 2 en solution du problème n° 1. Il a mis en place des contrats avec des sites « pour adultes » afin d'y rediriger les utilisateurs signalés pour nudité. Un deal qui lui rapporterait 100 000 dollars par mois. On vous laisse faire le calcul du ratio phallus/dollar.

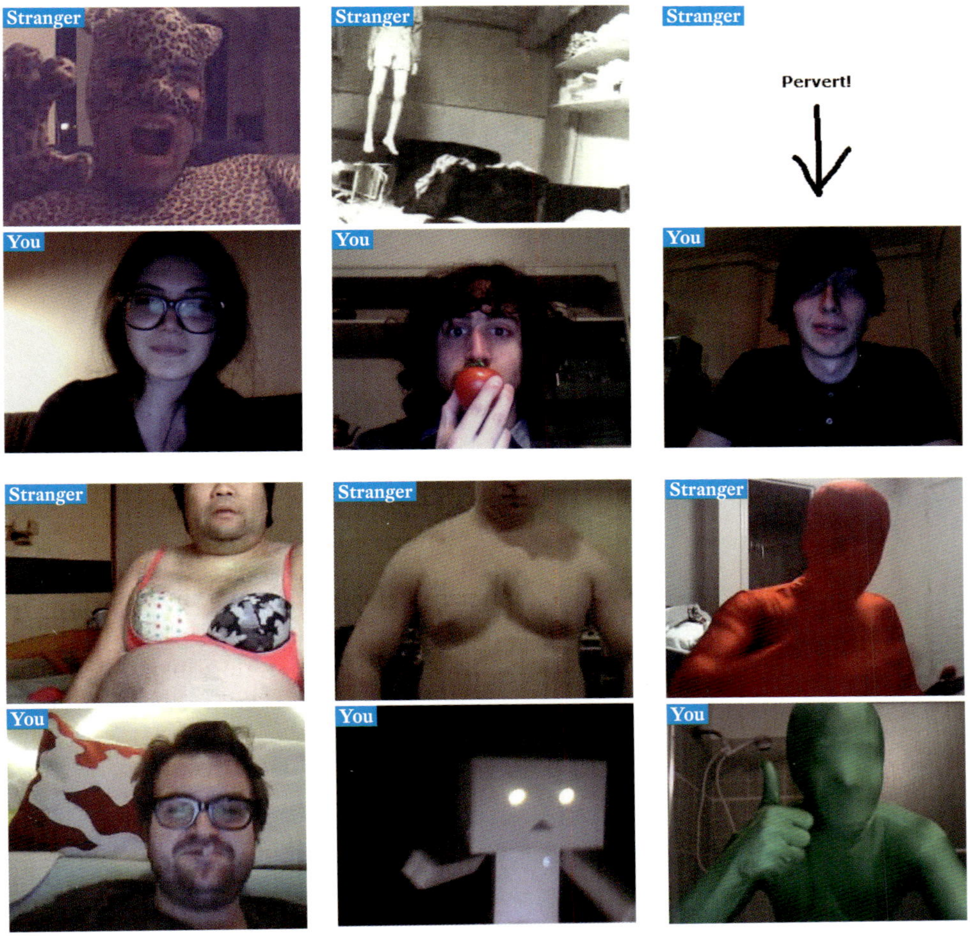

CHEEZBURGER NETWORK

L'Empire du lol.

Cheezburger Network est une société propriétaire d'une trentaine de sites leaders sur la culture internet. Ses fleurons : I Can Has Cheezburger, référence en matière de LOLcats (voir Animaux*), fondé en 2007 pour surfer sur la vague du mème* de 4chan* et qui propose à chacun de créer sa propre image du genre grâce à un outil en ligne (appelé le LOLbuilder). Mais aussi FAILblog (voir FAIL*) ou GraphJam, un site de datavisualisation où chacun peut créer ses propres camemberts ou diagrammes.
À sa tête se trouve un dénommé Ben Huh (ce n'est pas un pseudo) qui a déclarait en janvier 2011 : « La première génération du Web était principalement composée de sites d'e-commerce et d'informations. La seconde génération se concentre plus sur la créativité et l'expression. Elle signe la naissance de la webculture. »
I Can Has Cheezburger réunit plus de plus de 16,5 millions de visiteurs par mois. Ce succès impressionnant a permis une levée de fond de 30 millions de dollars, destinée à lancer de nouveaux sites et embaucher des ingénieurs. Objectif : devenir le premier groupe de sites d'humour mondial. Ben Huh, qui déclarait à *Wired* en 2010 avoir déposé plus de 1 000 noms de domaines, est déjà à la tête de gros mastodontes de l'humour internet. Dernière acquisition en date : Know Your Meme, géniale et très complète base de données en matière de mèmes, revendiquant plus de 3 millions de visiteurs uniques par mois, rachetée en mai 2011 pour « une somme à sept chiffres ».

CHUCK NORRIS

Chuck Norris > Dieu

Chuck Norris est un acteur roux connu pour ses rôles de héros à l'américaine. Il est aussi une des seules personnalités mainstream à être devenue un mème* de grande ampleur, à travers les Chuck Norris Facts, sortes d'aphorismes modernes qui ont aujourd'hui largement dépassé le prisme d'Internet pour envahir les cours de récré et les conversations courantes. « Sa virilité exacerbée, sa maîtrise des arts martiaux,

ses méthodes radicales pour résoudre les problèmes (à coups de poing, coups de pied circulaires et autres bottages de cul) et sa toute-puissance en font l'être le plus puissant de cette planète (et a fortiori de l'univers) loin devant Dieu, Superman ou autres Hulk », apprend-on sur le site français dédié au phénomène, chucknorrisfacts.fr.
L'origine du phénomène est un mème anglophone né sur somethingawful.com et devenu un site créé en 2005 (chucknorrisfacts.com) par deux amis également auteurs d'un livre (*The Truth About Chuck Norris : 400 Facts About the World's Greatest Human*, New York, Gotham Books, 2007). S'il a intenté un procès à la suite de la publication du bouquin, Chuck lui-même s'est finalement déclaré content du phénomène.
En Inde, le même genre de blagues a été adapté pour des acteurs locaux à savoir des certains Rajinikanth et Javan.

CHUCK NORRIS FACTS

Chuck Norris a déjà compté jusqu'à l'infini. Deux fois.
Certaines personnes portent un pyjama Superman. Superman porte un pyjama Chuck Norris.
Chuck Norris donne fréquemment du sang à la Croix-Rouge. Mais jamais le sien.
Chuck Norris ne se mouille pas, c'est l'eau qui se Chuck Norris.
Chuck Norris et Superman ont fait un bras de fer, le perdant devait mettre son slip par-dessus son pantalon.
Chuck Norris peut gagner une partie de Puissance 4 en trois coups.
Jésus-Christ est né en 1940 avant Chuck Norris.

Et la préférée de Chuck lui-même :
On a essayé de tailler le portrait de Chuck Norris dans le mont Rushmore, mais la pierre n'était pas assez dure pour reconstituer sa barbe.

En 2008, Chuck Norris a même prêté main-forte à un homme politique américain, Mike Huckabee, dans une de ses vidéos de campagne pour l'investiture républicaine. Le clou : « Chuck Norris doesn't endorse. He tells America how it's gonna be. » (« Chuck Norris ne soutient personne. Il explique à l'Amérique comment les choses vont se passer. »)

CLOUD

Nuage informatique.

L'image évoque de jolies données numériques s'envolant dans les nuées et tourbillonnant au rythme des taquineries du vent. En réalité, le cloud est hébergé dans des serveurs qui consomment énormément d'énergie, alignés à l'abri d'immenses bâtiments en pleine nature. En des temps préhistoriques, le document word sur lequel on écrivait ses rêves était stocké sur un ordinateur dans le dossier « Perso ». À l'ère du cloud computing, ce document, écrit par exemple sous un Google doc (docs.google.com), n'est plus enregistré sur un PC mais dans le nuage informatique. Résultat, l'utilisateur peut y accéder de n'importe quel poste connecté à Internet.

En conséquence, l'ordinateur n'est plus qu'un outil permettant d'accéder au Web et au nuage. Cette évolution explique l'apparition de nouveaux ordinateurs portables moins puissants, les netbooks, et des tablettes comme l'iPad. Ce qui compte alors ce n'est plus la capacité de mémoire de la machine mais la puissance du réseau web et sa non-saturation.

N B : pour plus de sécurité, il est préférable de posséder deux exemplaires des documents précieux, sur l'ordi et dans le cloud. Les plus paranos peuvent les enregistrer aussi sur une clé USB. (En revanche, il est permis d'oublier définitivement les cédéroms.)

COMIC SANS MS

Comic Sans MS est une police de caractères créée par Vincent Connare (ce n'est pas un pseudo) pour Microsoft en 1995.

Spécialiste des typos destinées aux enfants, c'est en constatant qu'un logiciel de son entreprise utilisait la police Times New Roman pour faire parler un chien dans une bulle que Vincent Connare décide en 1994 de créer une nouvelle police plus appropriée et plus funky, imitant l'écriture manuscrite des BD. Non retenue pour l'occasion, la Comic Sans MS est tout de même devenue une police de base de Windows 95.

«Utiliser la Comic Sans MS, c'est comme venir en déguisement de clown dans une soirée habillée.»

Adorée par les enfants de moins de 12 ans, cette police tout en rondeurs qui fleure bon le carton d'anniv en couleurs vives fait l'objet depuis 1999 d'une campagne active de dénigrement : bancomicsans.com. Ce mouvement rallie tous ceux qui la trouvent mal conçue, mal dessinée et, plus généralement, inélégante et inappropriée pour ne pas dire vulgaire.
La typographie n'étant plus aujourd'hui un sujet réservé à un petit corps de métier, la haine de la Comic Sans MS s'est diffusée sur Internet où l'utiliser revient à enfreindre toutes les règles* de bon goût en vigueur. Ainsi, en 2010, le *Time Magazine* la classait dans les 50 pires inventions du monde. Le 1er avril 2011, Google la mettait au centre de son poisson d'avril annuel : taper le nom de n'importe quelle police dans la barre de recherche donnait une page des résultats entièrement en Comic Sans MS.

VERS UNE RÉHABILITATION ?

En 2011, une étude menée par des chercheurs de l'université de Princeton arrivait à la conclusion qu'un texte écrit dans une police difficile à lire améliore d'une manière manifeste la mémorisation et l'apprentissage à long terme. Ainsi, une expérience menée dans une classe de Chesterfield (Ohio) montrait qu'un groupe ayant reçu des cours mis en forme avec des polices difficilement lisibles (au premier rang desquelles la Comic Sans MS en italique suivi de la Monotype Corsiva ou la Haettenschweiler) avait mieux mémorisé les cours dans toutes les matières, excepté la chimie.
La Comic sans MS viendra-t-elle bientôt remplacer la Times New Roman, l'Arial ou l'Helvetica dans les écoles pour le bien des générations futures ?

DES CHIFFRES ET DES LETTRES

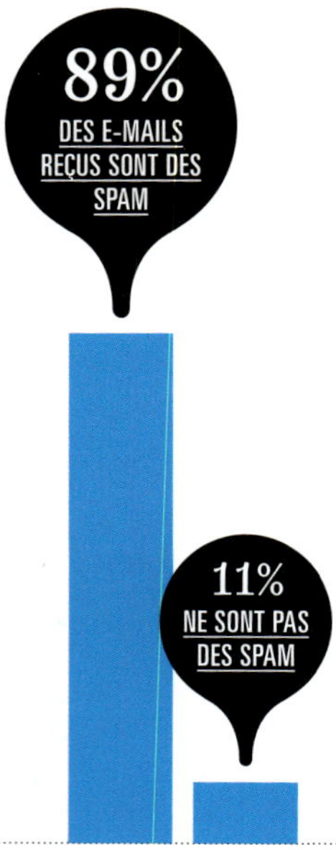

SUR L'INTERNET

Il y a plus de recherches sur Justin Bieber que sur Jésus

119 MILLIONS DE TWEETS SONT PUBLIÉS CHAQUE JOUR

SUR YOUTUBE

35 h de vidéos sont uploadées chaque heure

2 MILLIARDS DE VIDÉOS SONT VUES CHAQUE JOUR SUR YOUTUBE

RÉSEAUX SOCIAUX

→ NOMBRE D'INSCRITS

1. **Facebook** 600 millions
2. **Twitter** 200 millions
3. **MySpace** 130 millions
4. **Linkedin** 90,1 millions
5. **Friendester** 90 millions
6. **Foursquare** 6 millions

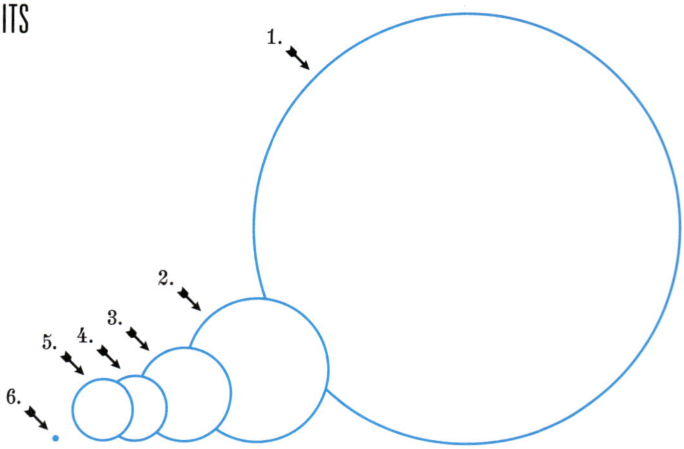

3 000
photos sont uploadées chaque minute sur Flickr

2 millions d'utilisateurs publient leurs photos via Instagram

Les blogueurs utilisent en moyenne **5 sites sociaux** pour partager leurs écrits

1 PERSONNE SUR 11 EST SUR FACEBOOK

IL VOUS FAUDRAIT PLUS DE 1 000 ANS POUR REGARDER TOUTES LES VIDÉOS DISPONIBLES SUR YOUTUBE

17 h 33
C'est le temps moyen passé par les internautes sur Facebook chaque mois

LE MARCHÉ DES SITES DE RENCONTRES GÉNÈRE 4 MILLIARDS DE DOLLARS DE PROFIT PAR AN

130
C'est en moyenne le nombre d'amis qu'a un utilisateur sur Facebook

Les dix vidéos de chats les plus vues sur YouTube totalisent plus de **410 millions** de vues

L'iPhone est l'appareil photo le plus utilisé sur Flickr

14
C'est en millions le nombre d'articles sur Wikipédia toutes langues confondues

COMMENTAIRES

Les commentaires sur Internet ont en théorie une fonction hautement démocratique car ils offrent à chacun la possibilité de réagir, d'analyser et de compléter une information donnée. En pratique, ils constituent une des formes les plus abouties du déversement de haine incontrôlé.

SUR LES SITES D'INFO : DU COURRIER DES LECTEURS AUX COMMENTAIRES

Jadis le journaliste recevait des courriers qui précisaient ou corrigaient des faits dont il avait fait mention dans son article. Ces lettres, et notamment celles qui revêtaient un caractère quelque peu insultant, restaient dans la sphère privée. Le passage du courrier des lecteurs au champ des commentaires a fait économiser de l'énergie (écrire une lettre, aller à la poste) et de l'argent (timbre) à ceux qui désiraient ajouter une pierre à l'édifice de l'information ou qui ont perpétuellement besoin de déverser leur bile pour se sentir vivants. Ainsi, aujourd'hui, le moindre accès de haine même pas drôle est communicable en quelques clics. Et tant pis pour les journalistes qui l'ont bien cherché en pratiquant l'une des professions les plus détestées des Français.

Ainsi, le commentateur haineux des sites d'information en ligne peut être vu comme une version post-moderne des Érinyes (ou Furies) de la mythologie grecque. Son destin ? Semer querelles et disputes afin de punir les auteurs d'articles tout au long de leur vie jusqu'à les rendre fous.

Comment bien répondre aux commentaires hargneux sur l'Internet ? En n'y répondant pas.

SUR LES BLOGS : DU LÂCHAGE DE COMS

Contrairement au journaliste qui redoute l'effusion de commentaires sous ses articles, le blogueur recherche le nombre pour prouver (à lui-même surtout) sa popularité. D'où certaines pratiques étranges de blogs adolescents (les skyblogs, voir Blogosphère*) où l'on peut parfois lire des invectives telles que « lâche tes com », autrement dit : « Que penses-tu de ce que j'ai écrit ? Je t'invite à me le faire savoir ci-dessous. »

COMMENT RÉDIGER UN COMMENTAIRE IRRITANT ?

- Ne poster qu'un mot, si possible dévalorisant ou inspide : « nul », « OK ».
- Multiplier les fautes d'orthographes.
- Insulter l'autre *ad hominem* et pourquoi pas mettre en cause sa sexualité.
- Répondre quelque chose qui n'a absolument rien à voir avec le sujet en se raccrochant à un simple mot contenu dans l'article.
- Évoquer la théorie du complot.
- Préciser qu'on a eu la flemme de lire les commentaires précédents voire même l'article mais donner tout de même son avis.
- Rabaisser insidieusement l'auteur ou les autres commentateurs avec une remarque condescendante.
- Commenter uniquement pour faire de la pub à son propre blog/site/plateforme de porn.
- Préciser que cet article vous a terriblement déçu et que vous ne reviendrez jamais sur ce site qui était quand même vachement mieux avant.

MANIFESTE DU COMITÉ CONTRE LES COMMENTAIRES SUR INTERNET

(EXTRAIT)

« À l'heure de ce qu'il est désormais convenu d'appeler le " Web 2.0 ", il est notable que sur la quasi-totalité des sites web où les commentaires sont acceptés, la stupidité, l'inculture, l'analphabétisme et même la violence règnent. Tout le monde peut maintenant s'ériger en petit chef prodigueur de conseils foireux, d'encouragements mielleux et de remontrances pleines de morgue.
En lieu et place de ces forums bien dispensables, nous pourrions par exemple investir le temps économisé dans des fonctionnalités utiles et pertinentes comme des gifs animés de panda ou des modules de donation Paypal pour lutter contre la faim dans le monde. Tout le monde y serait gagnant.
Il semblerait pourtant que les gens préfèrent vomir leur immonde bave sur des articles écrits par de pauvres journalistes qui n'ont rien demandé au lieu de lutter contre la faim dans le monde, alors que des enfants meurent au même moment. Tout le monde n'a pas les mêmes priorités. »

COMMISSION DE TERMINOLOGIE ET DE NÉOLOGIE

« Mal nommer les choses, c'est participer au malheur du monde. »

Albert Camus ne connaissait pas la Commission spécialisée de terminologie et de néologie de l'informatique et des composants électroniques (CSTIC pour les intimes), cette noble assemblée en charge de trouver des équivalents français aux anglicismes qui pénètrent sournoisement notre belle langue via le Web. Bien que cette Commission soit toute jeune (créée 1996, dans le cadre de la loi Toubon pour limiter le recul du français), son fonctionnement n'est pas sans rappeler l'ORTF ou les belles heures de la bureaucratie soviétique.

FONCTIONNEMENT

Il faut environ un an pour que la Commission traite un mot. Ses trente-six membres se réunissent tous les deux mois et étudient quatre termes par réunion. On imagine les débats passionnés qui ont amené à remplacer le mot « chat » par « dialogue en ligne », quand certains auraient tué pour le remplacer par « tchate ». Au terme de ce processus, les propositions sont publiées au *Journal officiel* par arrêté ministériel et l'emploi de ces mots devient obligatoire dans les administrations françaises et les services publics.
Le résultat est beau comme un accident de chemin de fer.

TERMINOLOGIE

Tous les mots qui suivent, et bien d'autres merveilles, sont consultables sur ordiphone ou ordinateur individuel sur le site franceterme.culture.fr, lancé sur la toile d'araignée mondiale par Christine Albanel en mars 2008.

MOT TRADUCTION EXEMPLE

BLOG **BLOC-NOTES** T'as l'adresse du ciel bloc-notes de Sandy ?

BUG **BOGUE** Foutredieu, mon ordinateur individuel a une nouvelle fois bogué.

COOKIE **TÉMOIN DE CONNEXION** Tu reprendras bien un peu de témoins de connexion ?

HACKER **FOUINEUR** La police a procédé à une perquisition chez de dangereux fouineurs. Les ordinateurs de ces fouineurs ont été saisis.»

HOT LINE **NUMÉRO D'URGENCE** Je vais craquer, Internet marche toujours pas, je vais faire une crise de nerfs. J'ai envie de me fracasser la tête contre le mur… Appelle le numéro d'urgence pour qu'ils envoient une ambulance.

JOYSTICK **MANCHE À BALAI** Chéri, où est-ce que t'as mis ton manche à balai?

PC **PERSONAL COMPUTER** **ORDINATEUR INDIVIDUEL** Foutredieu, mon ordinateur individuel a une nouvelle fois bogué.

PHISHING **FILOUTAGE** ATTENTION, le site auquel vous tentez d'accéder est suspecté de pratiquer le filoutage.

POP-UP* **FENÊTRE INTRUSE** Rhâââ… Catin de fenêtre intruse de merde !!

PROXY **SERVEUR MANDATAIRE** … euh… rien du tout en fait.

SMARTPHONE **ORDIPHONE** T'as eu quoi pour Noël ? Un ordiphone. Ah bon ? C'est quoi, une variante de l'ordinathan ?

SPAMMING* **ARROSAGE** Voulez-vous cesser de m'arroser de pourriels ?

TAG **BALISE** Sur Facebook* Ondine m'a encore balisée sur une photo de soirée arrosée.

WEBCAM **CYBERCAMÉRA** Enlèv ton pull & mé ta cybercaméra.

WIFI **ACCÈS SANS FIL À INTERNET** T'as le code pour l'accès sans fil à Internet ?

WORLD WIDE WEB **TOILE D'ARAIGNÉE MONDIALE** Je m'ennuie, du coup je fais de la glisse sur la toile.

COMMUNITY MANAGER

Le GO d'Internet.

Un community manager est un jeune homme ou une jeune femme heureux d'avoir trouvé un travail pas trop compliqué et très bien payé. Il est le principal représentant des « nouveaux métiers » qui se sont développés avec le tout-Internet et la prise de conscience des séniors de leurs lacunes en la matière. Sa mission consiste à fédérer pour une société les échanges entre internautes au sujet de la marque en question. Sorte de Gentil Organisateur de club de vacances croisé avec un marketeux, le community manager est sensé fidéliser et animer une communauté de clients ou de fans sur Internet. Concrètement, le community manager passe sa vie sur les réseaux sociaux (Facebook* et Twitter* en tête) pour relayer les plans coms de l'entreprise, engager et modérer les dialogues avec les consommateurs. Il a un profil de commercial ou de journaliste et est censé « faire parler » de la marque au maximum sur le Net.
Le choix du community manager peut se révéler délicat. Ainsi, au printemps 2011, Marc Jacobs a confié cette mission ô combien essentielle à un stagiaire. Ce dernier, n'ayant pas particulièrement apprécié son séjour dans l'entreprise, décida la veille de son dernier jour de stage de se venger. Sur le compte Twitter officiel de Marc Jacobs, sont alors apparus des tweets indiquant « je déteste ce travail », « mon chef est un tyran », « je vais piquer une paire de chaussures pour me dédommager ».
En langage Internet, ça s'appelle un bon gros FAIL*.

EMPLOI DU TEMPS DU COMMUNITY MANAGER

CURATION

Un nouveau mot pour une très vieille activité.

En anglais, le mot « curator » désigne les conservateurs de musée et commissaires d'exposition. Appliqué au Web, la « curation » désigne le fait d'organiser une sélection de liens internet sur un sujet donné.

Le terme est apparu en France au début de l'année 2011, provoquant une certaine hystérie dans les milieux du marketing. La magie de cette lexie, c'est de nommer une activité qui existe depuis que le Web est Web et que le lien est lien. En effet, sur Internet, le contenu est d'abord mis en ligne, ce qui donne une impression de bordel non organisé, et ce n'est qu'après qu'il est filtré par les internautes qui en font ou non un contenu populaire.

Cette curation, ou sélection faite par des gens qui préfèrent passer leur vie derrière un écran plutôt que d'aller se promener en forêt, est très légitime. C'est ainsi que ces êtres qui aiment bien faire partager des vidéos de chats ou des infos insolites à leurs amis ne sont plus des branleurs de geeks* mais des curateurs, ce qui a nettement plus la classe.

PROBLÈME DE TRADUCTION

« Curation » a été directement transposé en français, comme souvent pour les termes des marketeux qui affectionnent particulièrement l'anglais. Ce dont ils n'ont, semble-t-il, pas eu conscience, c'est que le mot « curation » existe déjà en français et qu'il signifie « traitement des plaies ». Cette superposition de sens pourrait pousser des académiciens à s'assommer avec leur Littré.

LA CURATION, UN MÉTIER D'AVENIR ?

2011 a vu l'émergence de phénomènes absurdes comme des stages de curation et des offres d'emploi de curateurs. Pour mieux comprendre cet étrange concept, laissons la parole aux professionnels : « Sur le discours des marques, nous en sommes au début en termes de marketing social. Que ce soit du brick and mortar ou autre, aujourd'hui elles ont une page facebook*, un twitter* et elles payent un content/community manager* pour animer le tout. Plutôt que de se concentrer

sur ses messages corporate, une marque peut parler de sujets liés à son domaine d'intervention : le sport, la nourriture, etc. En devenant curateur, la marque crée une affinité avec ses clients et se fait une image de marque à moindre coût. »
En termes moins jargoneux, les marques, pour avoir l'air sympa, font faire des revues du Web sur des thématiques qui les concernent. Les curateurs sélectionnent des liens pour des marques qui rémunèrent ce service. Autrement dit, la curation est une nouvelle forme de publicité masquée.

CYBER BULLYING

Ou comment pourrir la vie de quelqu'un sur Internet.

Le cyber bullying, qui désigne en bon français le « harcèlement virtuel », est principalement le fait d'adolescents teigneux (mais pas seulement, comme en a tristement fait l'expérience Megan Meier*). En général, ce harcèlement passe par la création d'une page Facebook* type « Pour ke Kevin de 5ème B sachète un masque passk'il est vraiment tro moche ». Les élèves de l'école « likent » la page et y laissent des commentaires* d'insultes sur ledit Kevin, qui pendant ce temps pleure seul, chez lui, devant son ordinateur.
Les cas de cyber bullying révèlent moins la dangerosité d'Internet qu'une vérité trop longtemps cachée : l'adolescent est un petit monstre en puissance et le collège est ce qui se rapproche le plus de l'enfer sur terre. L'adolescent aime humilier ses camarades. La principale différence qu'apporte ici Internet, c'est qu'avant, après une longue journée de brimades au collège, Kevin rentrait chez lui et essayait d'oublier.

DÉSORMAIS, LE SOUFFRE-DOULEUR PEUT CONTINUER À PROFITER DES INSULTES SUR SON PROBLÈME D'ACNÉ EN DIRECT DE SON CANAPÉ.

En 2011, le cyber bullying est devenu la nouvelle marotte des médias qui nous offrent de nombreux reportages avec force visages floutés. Comprendre : « Internet pousse nos enfants à s'entretuer. » En réaction, le ministre de l'Éducation, Luc Chatel, a passé au printemps 2011 un accord avec Facebook pour obtenir une plus grande coopération du site dans ce genre de cas. Les élèves harceleurs seront bientôt signalés à Facebook qui pourra supprimer leur compte. Dans les cas les plus graves, les familles des victimes ont déjà la possibilité de porter plainte. C'est alors l'Office central de lutte contre la cyber-criminalité qui prend le relais. Toutefois, en matière de cyber bullying, les petits Français n'ont, jusqu'à présent, pas été très inventifs. Outre-Rhin existe un site – isharegossip.com – entièrement consacré à balancer des saloperies sur les autres élèves, sur le modèle de la série *Gossip Girl*. Il permet aux ados de partager en tout anonymat les rumeurs et potins de leurs lycées. Le site recense tous les établissements scolaires du pays, en fonction de leur région, et pour chacun, il est possible de laisser un commentaire afin de faire savoir à la face du monde que Jenifer suce dans les toilettes pour 5 euros ou que Wolfgang tète encore les seins de sa mère. Isharegossip.com connaît un énorme succès auprès des lycéens, au point d'inquiéter les autorités qui le surveillent de près. Ainsi, deux lycées ont dû fermer pendant quelques jours parce que des sources anonymes avaient annoncé que des élèves se préparaient à une tuerie type Columbine dans ces établissements.

DAVID HASSELHOFF

DOCTISSIMO

Le site de référence de la confrérie des hypocondriaques francophones.

Le succès de Doctissimo s'explique principalement par la possibilité de se diagnostiquer un cancer du larynx généralisé alors qu'on a simplement un aphte. C'est également le forum* le plus fréquenté de France, avec environ 150 000 messages postés par jour (soit 104 messages par minute…).

ORIGINE

8e
Site français le plus visité en France

12,39 minutes
Temps passé sur le site par visite (c'est pas mal).

37 907 760
Total des visites pour février 2011.

Les fondateurs de Doctissimo ne sont pas de jeunes geeks* fraîchement sortis d'un IUT informatique : le site a été créé en mai 2000 par Laurent Alexandre, chirurgien et urologue, diplômé de Sciences Po, HEC et l'ENA. Dès les années 1990, Alexandre croit dur comme fer au secteur de la médecine sur l'Internet et multiplie les tentatives avant de trouver la formule gagnante avec Doctissimo. Les deux autres cofondateurs sont Claude Malhuret (ancien directeur de Médecins sans frontières, ancien ministre de la Santé et maire de Vichy depuis 1989) et Cédric Tournay (ancien élève de Sciences Po). Doctissimo démarre mollement et doit affronter l'éclatement de la première bulle internet. Mais le succès vient vite. Au point qu'en février 2008, Lagardère Active Digital acquiert 53,4 % du capital pour 70 millions d'euros. Un investissement qui a dû se révéler fructueux puisqu'en juin de la même année, le groupe passe à l'OPA et prend le contrôle de Doctissimo à hauteur de 97,59 % du capital. En 2011, Doctissimo enregistre une moyenne de 8 millions de visiteurs uniques par mois.
Depuis, Laurent Alexandre a déménagé à Bruxelles et lancé une société qui propose un décodage personnalisé du génome. Claude Malhuret est toujours maire UMP de Vichy et Cédric Tournay est devenu P-DG de Dailymotion.

DE LA SANTÉ À L'ANGOISSE

Doctissimo se définit comme un site « consacré à la santé et au bien-être ». Dans les faits, il est surtout dédié « aux maladies et aux angoisses ». Le glissement n'est pas que sémantique. Si Laurent Alexandre avait conçu le site comme une plate-forme d'information médicale, l'importance croissante des forums a donné une conotation plus anxiogène à l'ensemble. Car écrire sur ce type de forum, c'est par définition penser avoir un problème.
La section la plus active et aussi la plus effrayante est la partie dédiée à la grossesse qui compte des centaines de milliers de messages de mamans ou futures mamans toutes plus angoissées les unes que les autres. (Ce qui explique que le lectorat du site soit majoritairement des femmes de 25-39 ans.) Le forum permet d'exorciser ses peurs en les avouant à de parfaits inconnus. Nombre de messages commencent par « J'ai lu quelque part le message d'une femme qui disait que… Je me demande si moi aussi je n'ai pas… » (mettre au choix : une cystite, un décollement du placenta, un cancer).
Même si les doctinautes tentent de se rassurer entre elles, il y en a toujours une pour évoquer la pire possibilité, dont le taux de probabilité est proche de 0,05 % mais qui est malgré tout l'option que tout le monde retiendra.

FONCTIONNEMENT DES FORUMS

Toutes sortes de forums existent sur Doctissimo, de Psycho à Cuisine en passant par Animaux. Le forum le plus intrigant est évidemment celui sur la sexualité qui propose des sujets aussi divers que « Comment vivez-vous votre virginité ? » ou « Sodomie lavement ». Pour poster un commentaire, il suffit de s'inscrire. Toutefois, il existe une véritable hiérarchie des habitués du site (leur statut au sein de la communauté apparaît dans leur profil) qui s'établit comme suit :

Habitué :
a posté au moins 50 messages
Fidèle :
150 messages
Doctinaute de bronze :
300 messages
Doctinaute d'argent :
500 messages
Doctinaute d'or :
2000 messages
Doctinaute de diamant :
5000 messages
Doctinaute Hors Compétition :
10 000 messages
****Doctinaute d'Honneur*** :**
50 000 messages

Dans le forum psycho, les doctinautes se posent de vrais problèmes :

- Comment être moins naïve ?
- Jeux vidéo ou bébé ????????
- Connaître le nom de son ange gardien.
- Je souhaiterais savoir si j'ai un don de voyance.
- Donner la vie c'est donner la mort.
- Bas les masques, les femmes aiment-elles les hommes musclés ?
- Mon chat m'a parlé !
- La clé du bonheur c'est Yvette le Messie.
- Je veux être asiatique !!
- Je ne travaille pas mais je veux pas qu'elle me quitte.
- Comment lui annoncer mon changement de sexe ?
- Pourquoi les gens de gauche sont plus heureux que les gens de droite ?

Véritables topics extraits du site doctissimomatuer.tumblr.com

L'ARGENT

Doctissimo vend des bannières publicitaires sur le site. Mais il a également un autre moyen moins glorieux de gagner de l'argent. Il s'agit de messages postés par des membres de l'équipe de Doctissimo sur les forums, du genre : « Glouglou et Doctissimo vous proposent de tester une nouvelle méthode de régime sous forme de pilules magiques. Si vous êtes intéressé, remplissez le formulaire. » En réalité, la méthode a déjà été testée et elle est désormais proposée à la vente. Il s'agit donc uniquement de faire connaître le produit. Doctissimo serait rémunéré en fonction du nombre de personnes qui vont remplir ledit formulaire. Source : le très bon blog d'étudiants de Sciences Po consacré à Doctissimo : doctisemaine.tumblr.com.

ENNEMIS D'INTERNET

Ils trouvent qu'Internet c'est pas bien et ils n'ont pas peur de le dire.

La légende du monstre d'Internet semble être née au moment où les autorités françaises ont commencé à s'inquiéter de ce qui se passait sur la Toile. Elles y ont découvert un espace de liberté totale et ont bientôt mis en garde les citoyens contre ce danger. La thèse du monstre d'Internet repose sur l'idée que le Web serait comme une pieuvre géante qui pénétrerait dans nos maisons, violerait nos enfants, volerait notre argent et surtout enfoncerait ses tentacules dans nos narines pour nous lobotomiser le cerveau et se nourrir de sa substance blanche. Internet **EST** bodysnatchers, une créature mystérieuse qui à elle seule pourrait plonger le monde dans le chaos en faisant régner la calomnie, en pratiquant la chasse à l'homme, avec des réseaux pédophiles et autres sections d'al-Qaida à tous les carrefours (pour reprendre Frédéric Lefebvre*).
Heureusement, face à toutes ces dérives, Internet a des ennemis qui le combattront jusqu'à la mort s'il le faut, ne reculant devant aucune emphase pour faire comprendre à tous l'urgence de réagir. Voici quelques-unes de leurs courageuses déclarations.

1/ L'Internet est une poubelle

Jacques Séguéla : « Internet est la plus grande saloperie qu'aient jamais inventée les hommes. » (« On n'est pas couché », France 2, le 17/10/2009)
Nadine Morano : « Ah, Internet, je déteste, c'est le temple des rumeurs et de la caricature. » (*Rue89*, le 08/05/2008)
Patrick Sébastien : « Internet est une poubelle sans nom. » (« Les Grandes Gueules», RMC, le 29/11/2010)

« EST-CE QU'INTERNET EST CE LIEU QUE JE DÉCRIS OU NON ? EST-CE QUE CE N'EST PAS CETTE POUBELLE DE TOUTES LES INFORMATIONS ? »
Alain Finkielkraut (« Arrêt sur Images », le 30/04/2009)

2/ L'Internet fait très peur

Ségolène Royal : « Je veux un site qui nous ressemble et pas nous qui ressemblions au site. Vous savez, c'est très rare ce que je dis là. Parce que c'est très puissant le lobby d'Internet. » (Prise de parole devant des militants, septembre 2009)

Catherine Nay : « Internet, c'est la Stasi en pire, parce que rien n'est jamais effacé, il n'y a pas de droit à l'oubli, c'est la damnation éternelle, comme l'œil dans la tombe qui regarde Caïn. » (Éditorial sur Europe1, le 05/12/2010)

Raphaël Enthoven : « Sans loi, Internet n'est qu'un revolver entre les mains de milliards d'enfants. » (lexpress.fr, le 21/04/11)

Nadine Morano : « Internet, c'est comme une magnifique voiture de course. Si vous n'avez pas votre permis de conduire et que vous ratez un virage, c'est la mort. » (*Le Figaro*, le 14/06/08)

3/ Heureusement, il y a des solutions

Jacques Myard : « J'espère que l'on va prendre conscience de la nécessité de nationaliser ce réseau. » (Député UMP, à l'Assemblée nationale, décembre 2009)

Amanda Lear : « C'est vrai qu'Internet, ça me rend folle. [...] C'est un espace de liberté, mais à l'arrivée, ça devient n'importe quoi. Je vous le dis franchement, je rêve qu'on interdise ce truc ! » (*Voici*, le 18/11/2009)

Nadine Morano : « Au-delà des rumeurs ou des blogs qui, sous couvert d'anonymat, déversent un torrent de boue, d'insultes, d'injures et de mensonges, je crois qu'il nous faudra un jour une police internationale d'Internet. » (Invitée de Christophe Barbier sur LCI, le 08/04/2010)

FACEBOOK

Un petit site qui marche pas mal.

Réseau social numéro 1 avec plus de 750 millions d'inscrits (soit près d'une personne sur dix à travers le monde) en juillet 2011, Facebook a largement contribué à décloisonner vie virtuelle et vie réelle, redéfinissant le lien social même : il permet à chacun d'espionner ses amis en pyjama. À ce titre, Facebook est devenu la principale activité chronophage chez l'Américain moyen qui, selon une étude Nielsen de février 2010, passe plus de temps sur le réseau de Mark Zuckerberg que sur Google*, Yahoo, YouTube, Wikipédia* et Amazon réunis.

LE RÉSEAU SOCIAL DE LA VRAIE VIE

Avant Facebook, en des temps reculés, Internet était un territoire hostile peuplé d'étranges créatures aux noms rigolos. Mecde12, pearly ou boubouille surfaient sur le réseau au hasard des rencontres, uniquement guidés par leurs centres d'intérêt (du forum* d'un groupe grunge adulé, à Caramail*, temple de la drague désincarnée et aléatoire). Les appareils photo numériques n'existaient pas et l'identité virtuelle de chacun était clairement détachée de la vie réelle. On discutait de tout et de rien en tissant rarement de vraies relations. La géographie n'étant plus un point de départ obligé, les rares amitiés virtuelles étaient relayées de courriers contenant lettres manuscrites, compiles et autres photos flatteuses. Parfois, l'audace poussait à une rencontre IRL* (in real life), moments embarrassants par excellence où deux réalités venaient s'entrechoquer pour le meilleur ou pour le pire. Avouer qu'on avait des amis sur Internet sans les avoir jamais vus « en vrai » revenait à être frappé du sceau de la grosse lose. De celle réservée aux asociaux, timides ou complexés à la recherche d'un ersatz de vie sociale.

LES SALONS IRC OU CARAMAIL ÉTENDAIENT LE CHAMP DES POSSIBLES EN TRANSFORMANT UNE CHAMBRE D'ADOLESCENT EN ESPACE OUVERT SUR LE MONDE PAR LE SIMPLE POUVOIR D'UN MODEM 56K.

La vie virtuelle était celle qui commençait après les cours ou le travail pour retrouver ses contacts réguliers jusqu'à tard dans la nuit, au risque de recevoir une facture de téléphone fort onéreuse, Internet étant alors tarifé à l'heure.
La démocratisation d'Internet et le haut débit ont mis fin à cette époque et au joyeux bordel qui la caractérisait. Sur le réseau de Mark Zuckerberg, milliardaire en tatanes Adidas, les « profils » sont des fiches d'identité classiques : nom, prénom, ville, pays, date de naissance, employeur, parcours scolaire. Une simplicité d'usage qui ne demande aucun effort particulier d'imagination et qui a permis au site d'élargir sa cible à des personnes qui ne s'étaient jamais inscrites sur un réseau social. Conséquence logique, le profil Facebook est devenu un calque assez fidèle de la vie réelle : les amis Facebook sont les mêmes que ceux IRL.

FACEBOOK A FINI PAR DEVENIR UN MIX ENTRE UNE BOÎTE MAIL, UN FORUM ET COPAINS D'AVANT.

Par son mode de fonctionnement (les pseudos sont interdits) et ses différents modules (statuts, albums photos, chat incorporé), Facebook a achevé de mettre en branle ce mouvement perpétuel qui va du virtuel au réel, l'un ramenant constamment à l'autre dans un étroit circuit.

L'INTERACTION PERMANENTE

Sur sa page d'accueil, chaque inscrit est tenu au courant des activités de ses amis (les newsfeeds). Si au début, le principe donnait l'impression que tout le monde avait une vie sociale passionnante exception faite de soi-même, il a surtout démontré sa puissance en incitant les internautes à interagir les uns avec les autres.

Le « statut », clé de voûte de la socialisation

Au commencement, le statut Facebook n'existait pas. Puis une première question fut posée : « What are you doing ? » (Qu'êtes-vous en train de faire ?). La réponse à cette question fut nommée « statut ». Elle donna lieu à un nombre effrayant de déclarations concernant la nourriture –Émilie se délecte actuellement d'un incroyable sandwich au poulet –, laissant penser que nos amis mangent vingt fois par jour. Puis, histoire d'élargir le champ des possibles et de contrer le succès de Twitter*, la question fut remplacée en 2009 par « What's on your mind ? » (À quoi pensez-vous ?). Réponse : en général, à pas grand-chose.
Aujourd'hui, sur Facebook, l'activité publique principale tourne donc autour du statut. C'est ainsi que débute la grande valse de l'interaction virale, selon le schéma : « Tiens, Françoise a mis un statut commentant la météo, ça tombe bien, j'ai quelque chose à dire à ce sujet je vais donc poster en commentaire une blague sur la pluie. Du coup, Sébastien, appréciant ma boutade, pourra lui-même embrayer sur un jeu de mots encore plus consternant » et ainsi de suite.

Les groupes Facebook

Les groupes sont rarement à prendre comme de vrais regroupements de gens partageant une passion commune. En règle générale, on y adhère parce que pendant une seconde (la seconde précise où l'on clique) on a trouvé l'intitulé amusant. Outre les groupes fan de Valérie Pécresse ou du tuning moto, il existe plusieurs catégories :
- le groupe qui dénonce le petit truc de la vie quotidienne qui agace : « Contre les cons qui restent immobiles à gauche dans l'escalator » ;
- le groupe niais auquel on adhère parce que son premier degré est irrésistible : « Les messages avec aucune faute sont les messages les plus sincères » ;
- le groupe de la meilleure blague sur un sujet d'actualité : « Ça paraît incroyable mais, parfois, je me surprends à regretter Chirac » ;
- le groupe absurde : « Je DÉTESTE les dauphins, ce sont des putes ».

FIL D'ACTUALITÉ OU "TIMELINE" POUR CONNAÎTRE EN DIRECT L'ACTU DE SES "FRIENDS"
POUR MODIFIER LES PARAMÈTRES DE CONFIDENTIALITÉ PAR EXEMPLE
PHOTO DE PROFIL EN PETIT
C'EST PAS BEAUCOUP
ENCORE UN RELOU
POUR NE PLUS OUBLIER L'ANNIVERSAIRE DE VOTRE MEILLEUR AMI NI DES GENS DONT VOUS VOUS FOUTEZ COMPLÈTEMENT
FENÊTRE DE CHAT AYANT FAIT CHUTER VOTRE PRODUCTIVITÉ DE 67%
facebook
Recherche
Accueil
Profil
Compte
Micky Musard
Fil d'actualité
À la une · Plus récentes
Favoris
Messages
Évènements
Amis
Applications
SimSocial
The Sims Social
Invitations à des jeux
Statut
Évènements à venir
Afficher tout
Quel est cet évènement ?
9 invitations à un évènement
Anniversaire de un illustre inconnu
Créer une publicité
Poissonnerie Patrick
Téléchargements mobiles
2539 · J'aime · Commenter · Partager via BlackBerry
Rédiger un commentaire...
Pokes
Micky a commencé à jouer à Zombies et arc-en-ciel – l'apocalypse finale du temps
Afficher tout (12)
Stéphane Pizza
URGENT –HELP !!! Cherche appart dans paris 2-3 pièces pour 5436 euros max! C'est pour un ami! merci d'avance!xx
J'aime · Commenter · Il y a 11 minutes
Jean Kevin
de saison.
Téléchargements depuis mobile
ENCYCLOPEDIE DE LA CONGELATION
J'aime · Commenter · Partager · Il y a 12 minutes via BlackBerry
Gros pigeon
Wow, cela fonctionne vraiment! Decouvrez qui consulte votre profil!
Voir qui a vu votre profil!
Maintenant vous pouvez voir qui regarde votre profil tous les jours!
Il y a 18 heures · J'aime · Commenter · Partager
Kelly Héreuh aime Si toi aussi tu as un petit coeur sensible malgrès les apparences... et Tout ceux qui aime libérer leurs sentiments à travers des textes,des poèmes.
J'aime · Commenter · Partager · Il y a 27 minutes
2 personnes aiment ça.
Rédiger un commentaire...
Kelly Héreuh aime Parce que nos plus belles conneries deviennent nos plus beaux souvenirs
J'aime · Commenter · Partager · Il y a 47 minutes
Discussion instantanée (1)

PHOTO DE PROFIL OU IL S'AGIT DE SE MONTRER SÉDUISANT

CV MODERNE PRATIQUE POUR LES RG

PHOTOS TAGGÉES PAR DES AMIS PAS SYMPAS (PRINCIPALEMENT DES PHOTOS DE SOIRÉES ARROSÉES)

SOUPÇONS DE MÉGALOMANIE

ÉVÉNEMENTS PRÉVUS DANS LES JOURS QUI VIENNENT ET AUQUEL ON A RSVP

MUR OU "WALL" FACEBOOK, ESPACE DE DISCUSSIONS HAUTEMENTS INTELLECTUELLES

Le sexe

Dès le départ, Facebook a été pensé comme un fabuleux outil de drague qui ne s'encombre pas de circonvolutions. C'est ce qui explique une partie de son succès.
1/ Grâce au statut amoureux, il est directement possible de savoir si l'être aimé est déjà en couple, voire marié ou fiancé, à la recherche d'une relation sérieuse ou simplement de relations sexuelles occasionnelles. Une application tierce permet même d'être prévenu en priorité du changement de statut amoureux d'amis sélectionnés au préalable.
2/ Grâce à l'affichage des fanpages de « l'autre », il est désormais possible de trouver un angle d'approche lié à des affinités communes, sans s'embourber dans une discussion embarrassante entrecoupée de gros blancs.
3/ L'option « Poke » permet de signaler incidemment à l'autre qu'on existe (votre nom s'inscrit dans une liste sous la petite icône « Poke »), sans avoir à faire aucun effort d'imagination.
4/ L'option « Like » permet de faire savoir qu'on « aime » bien un statut ou une photo en un clic afin de signifier avec mystère : « Je ne te parle peut-être pas mais regarde, je prête attention à ce que tu fais et j'aime bien <3* ».

TYPOLOGIE DES BOULETS SUR FACEBOOK

Vous avez réussi à les fuir dans la vie, mais pas sur Facebook.

Le kikoolol* de service

Qu'il s'agisse d'un cousin, d'un ex-baby-sitté ou d'un adolescent quelconque, le kikoolol a pour principale caractéristique d'être mineur. Visiter la page d'un kikoolol, c'est comprendre instantanément ce qui fait sa particularité : l'utilisation d'un étrange dialecte fait d'écriture dite « texto » et de codes de smileys* divers. Le tout donne un mode de communication indéchiffrable pour le béotien : il n'existe pas de pierre de Rosette du kikoolol.

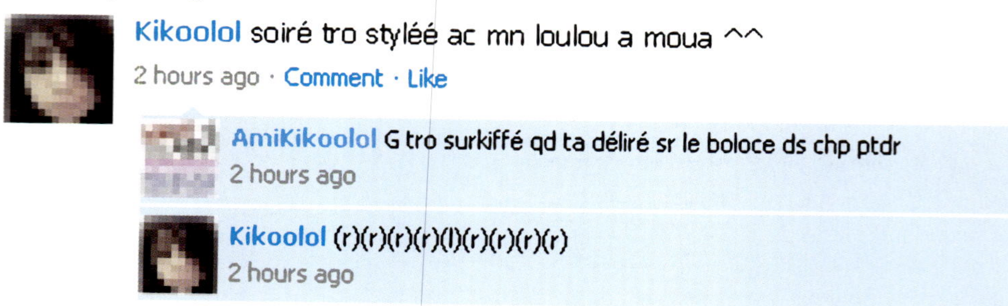

Le revenant du collège

Resté bloqué dans un espace temporel que beaucoup ont fui avec un soulagement non feint, le revenant du collège n'a rien oublié de ces terribles années. Ex-populaire, il garde un souvenir ému de ces moments d'insouciance passés en cours de techno ou en histoire-géo avec M. Gaudin et son zozotement trop « golri » (rigolo). Il se souvient des différents menus de la cantine, de tous les fous rires et de tous les noms de ses anciens camarades qu'il s'applique à ajouter sur Facebook, espérant rester à leurs yeux « le mec qu'avait trop la gagne ».

Car aujourd'hui, le revenant du collège a une vie de merde. Il s'ennuie dans son travail, habite à deux rues dudit établissement scolaire et a peut-être même épousé sa petite amie d'alors. Pour occuper ses soirées, il tente d'organiser des « soirées retrouvailles » où, revenants du collège mis à part, les gens présents le sont pour une seule raison : prendre leur revanche sur ces années d'humiliation et rendre la pareille à leur ancien bourreau.

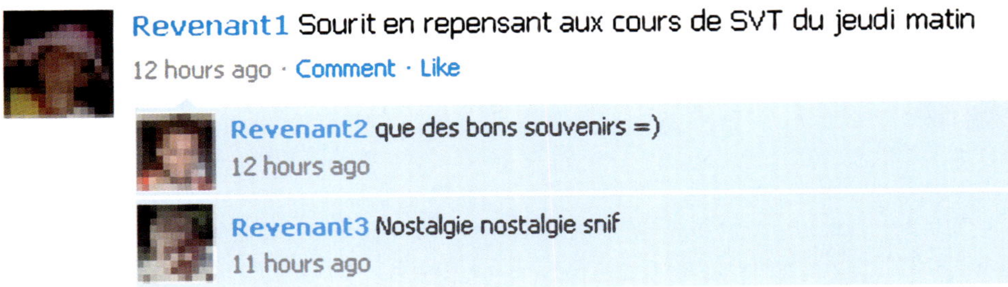

Les heureux parents

Le fait d'avoir un enfant semble entraîner mécaniquement la mise en ligne d'une photo dudit bébé en lieu et place de la photo de profil* de l'inscrit sur le réseau social. Avant l'accouchement, la tradition veut même que les futurs parents dotés d'un scanner (ou d'un gynécologue rompu aux nouvelles technologies) fassent partager les échographies à leurs « amis Facebook ». S'ensuit une ribambelle de commentaires obligés de type « Elle est trop belle ! » ou « Beaucoup de bonheur ». Un enfant étant un projet à long terme, les heureux parents n'hésiteront pas à pourrir votre newsfeed pour des années.

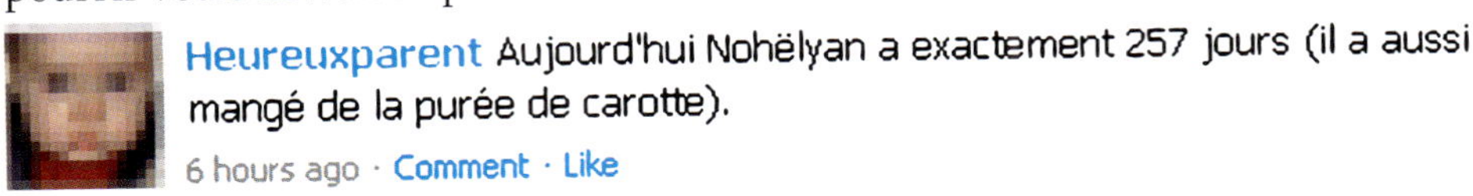

La famille

Apprendre que sa sœur a un potentiel sexuel de 92 % dans son newsfeed, constater que sa mère a bien appris à se servir d'une webcam ou endurer les commentaires* premier degré de tata Suzanne sur chaque statut, photo ou fanpage font désormais partie des joies de la famille.

La miss

Pas vraiment habitée par le doute, la moue enjouée ou boudeuse, la miss a un certain talent pour se prendre en photo en plongée. La bouche en canard ou le V de la victoire formé avec ses doigts, elle n'hésite jamais à mettre en ligne cinq photos d'elle ou plus (souvent des autoportraits chaque jour renouvelés) et adopte une politique stalinienne en matière de contrôle de sa propre image. La miss a fini par fermer son skyblog (voir Blogosphère*) afin d'entrer dans la cour des grands en embrayant le pas à son aînée : l'apprentie mannequin qui, forte de quelques contacts pro qui veulent la sauter, dispose de photos d'elle prises en studio.

Lamiss I GOTTA FEELING THAT TONIGHT'S GONNA BE A GOOD NIGHT !!!
11 hours ago · Comment · Like

Le snob

Le snob ne voulait pas s'inscrire sur Facebook, au final il est celui qui y passe le plus de temps. S'il se retient d'être en permanence en ligne sur le chat, il n'en passe pas moins la journée entière à espionner et à pester contre ses « amis » « décidément trop cons ». S'il a cessé de corriger les fautes d'orthographe de ses contacts depuis 2009, le snob s'applique à multiplier les statuts cryptés (citations d'une interview de Steve Albini en 1991 ou aphorismes nietzschéens) pour jouer la distinction. Puisqu'il faut être dans l'avion pour le faire sauter, le snob prend aussi un malin plaisir à rejoindre les groupes les plus idiots, parce que ça le fait rire et ça le rassure. Il a quelques scrupules à afficher une photo de lui sur son profil, mais il meurt quand même d'envie de faire comme tous ceux qu'il juge à longueur de journée et opte donc pour une pose ironique, non sans s'être assuré d'être un maximum beau gosse.

Le spammeur

Le spammeur (voir Spam*) est celui dont les informations squattent votre newsfeed, votre boîte de réception, vos invitations ou les trois en même temps. Si le spammeur-pigeon fait tous les quizz, tous les tests, et tombe dans tous les panneaux (en s'inscrivant à des groupes comme : « NON A FACEBOOK PAYANT !!!! » ou «POUR SAVOIR QUI T'AIME (ABSOLUMENT VRE) », le Jean Roch du pauvre tente, lui, de rameuter à ses événements tout ce qui bouge sur le réseau. Dans cette optique, il convie n'importe qui à n'importe quoi et enfonce le clou en envoyant quotidiennement des messages de relance souvent rédigés dans un mauvais français.

Le déséquilibré

Le déséquilibré va mal et le fait savoir. Tendance masochiste, il ne cesse de s'auto-enfoncer dans ses statuts, quémande des antidépresseurs à 3 heures du matin et poste des clips plus anxiogènes les uns que les autres. Tendance sadique, le déséquilibré s'énerve publiquement mais n'attaque pas frontalement, en espérant que la personne visée se reconnaîtra (ou pas).

Déséquilibré1 Quelqu'un aurait des Lexomil à me passer pour ce soir ?
7 hours ago · Comment · Like

Le mec qui s'applique à montrer à quel point sa vie est mieux que la tienne

Le leitmotiv du mec qui s'applique à montrer à quel point sa vie surpasse la tienne (MQSAMAQPSVSLT) pourrait être cette belle phrase de Booba : «Je pars aux Bahamas, j'te laisse crever ta race sur la banquise. » Le MQSAMAQPSVSLT s'entête à documenter ses voyages et à dégoûter tout le monde, surtout quand ce tout le monde est en chaussettes et mange des carottes rapées Franprix dans leur boîte en plastique devant *Joséphine ange gardien*, un lundi soir à 21 h 22. Quand cette personne a la caractéristique d'être aussi un ex, il est d'usage de parler de « double peine ».

Lemecquisappliqueamontreraquelpointsaviesurpasselatienne même s'il fait un peu chaud, le Mojito passe bien à la piscine du Mondrian. I LOOOOOOOVE L.A !!!!!!
12 hours ago Comment · Like

Le parfait inconnu

Vous vous demandez encore qui est cette personne et surtout, surtout, pourquoi vous persistez à lire les informations qui le concernent dans votre newsfeed avec cet air interloqué.

Mark Zuckerberg

Tout a été dit sur lui. Mais retenons les quatre infos vraiment essentielles le concernant :

- Il aime beaucoup se promener en bermuda et en tongs.
- Il a ouvert une page Facebook pour son chien Beast. Geste qui a fait couler toute l'encre du monde technophile sans qu'on comprenne vraiment pourquoi.
- Lui qui a dit que la vie privée était une notion has-been s'est planté une fois dans le réglage des paramètres de sécurité de son compte Facebook. Résultat, des photos du roi du Web en pyjama serrant son ours en peluche dans ses bras ont été publiées. Précisons que sur ces photos, il a plus de vingt ans. L'explication officielle fournie par Mark Z. était qu'il avait délibérément rendu ces photos publiques. Mais dans ce cas-là, pourquoi les avoir retirées ? Parce qu'il a « changé d'avis », OK ?
- Tous les ans, Zuckerberg se lance un défi personnel pour améliorer sa vie. En 2010, il s'agissait d'apprendre le mandarin à raison d'une heure par jour. En 2011, il a décidé de ne plus manger que des animaux qu'il tue lui-même. Et a trouvé bon de débuter son challenge avec un homard, suivi d'une chèvre égorgée à mains nues.

MODÈLE ÉCONOMIQUE DE FACEBOOK

Actionnaires principaux

Mark Zuckerberg,
Moskovitz et Saverin (les fondateurs),
Sean Parker (fondateur de Napster),
Peter Thiel (fondateur de Paypal),
les salariés de Facebook (30 %),
un fond d'investissement russe Digital Sky Technologies (10 %)
et… Bono (le chanteur aurait investi fin 2009, entre 70 et 90 millions de dollars dans Facebook via un fond d'investissements dont il est cofondateur).

Répartition du capital

2007

Microsoft prend 1,7 % de la société pour 240 millions de dollars. L'entreprise est valorisée à 15 milliards de dollars.

2011

nouveau tour de table pour 1,5 milliard de dollars. Goldman Sachs acquiert 1 % de l'entreprise pour 500 millions de dollars.

2 milliards de dollars

environ de chiffre d'affaires annuel, pour une valorisation de 50 milliards.

FAIL

Entre échec et grosse lose, le FAIL a la WIN.

Dans l'argot internet, FAIL est une interjection très couramment utilisée pour commenter une action, un propos, une photo ou une vidéo ayant trait à une situation d'échec. Dérivé du verbe « to fail », l'interjection et sa popularisation tireraient leur origine de la formule « YOU FAIL IT », message de Game Over d'un jeu vidéo japonais des années 1990 à l'anglais douteux.

L'ESTHÉTIQUE DE L'ÉCHEC

« L'esthétique de l'échec est la seule durable. Qui ne comprend pas l'échec est perdu », écrivait jadis Jean Cocteau. Un parti pris visiblement partagé par les internautes qui se délectent d'images ou de vidéos labélisées FAIL depuis de nombreuses années. La tendance est symbolisée par FAILblog.org, site de référence du groupe Cheezburger Network* qui agrège quotidiennement des images d'échecs et de honte depuis 2008. Traditionnellement, ces images peuvent être de toute nature (un exploit sportif malheureux, une publicité malencontreuse, un statut Facebook* hasardeux, etc.) sur lesquelles est simplement ajouté le mot « FAIL » en police Impact majuscule. Variante : au FAIL devenu mainstream, l'internaute pourra préférer :

YOU'RE DOING IT WRONG

phrase leitmotiv sur Internet, traduisible par : Tu t'y prends mal, mec.
La grosse lose est un des sujets favoris des internautes. En témoigne l'incroyable succès du site viedemerde.fr qui recense de courtes anecdotes appelées « VDM ». Postées par les internautes eux-mêmes, les VDM racontent avec plus ou moins de piquant les désagréments de la vie quotidienne. Lancé en 2008, Vie de merde est rapidement devenu un des sites les plus visités en France et connaît aussi un certain succès aux États-Unis où il est décliné sous le nom de « Fuck My Life » (FML) – deux précédentes versions avaient respectivement pour nom « TodayShitHappens » et « WhatAFail ».
Exemples de VDM piochées dans le top du site :
« Aujourd'hui, mon chat est mort écrasé. Il s'appelait Compote. VDM. »
« Aujourd'hui, j'ai appris que mon surnom au boulot était " la molaire ". Parce que je suis la grosse du fond. VDM. »

LE CAS DE L'EPIC FAIL

Un epic FAIL est un FAIL tellement incroyable qu'il devient paradoxalement une victoire. On peut même alors parler de WIN.

NAISSANCE ET MORT D'UN LIEN

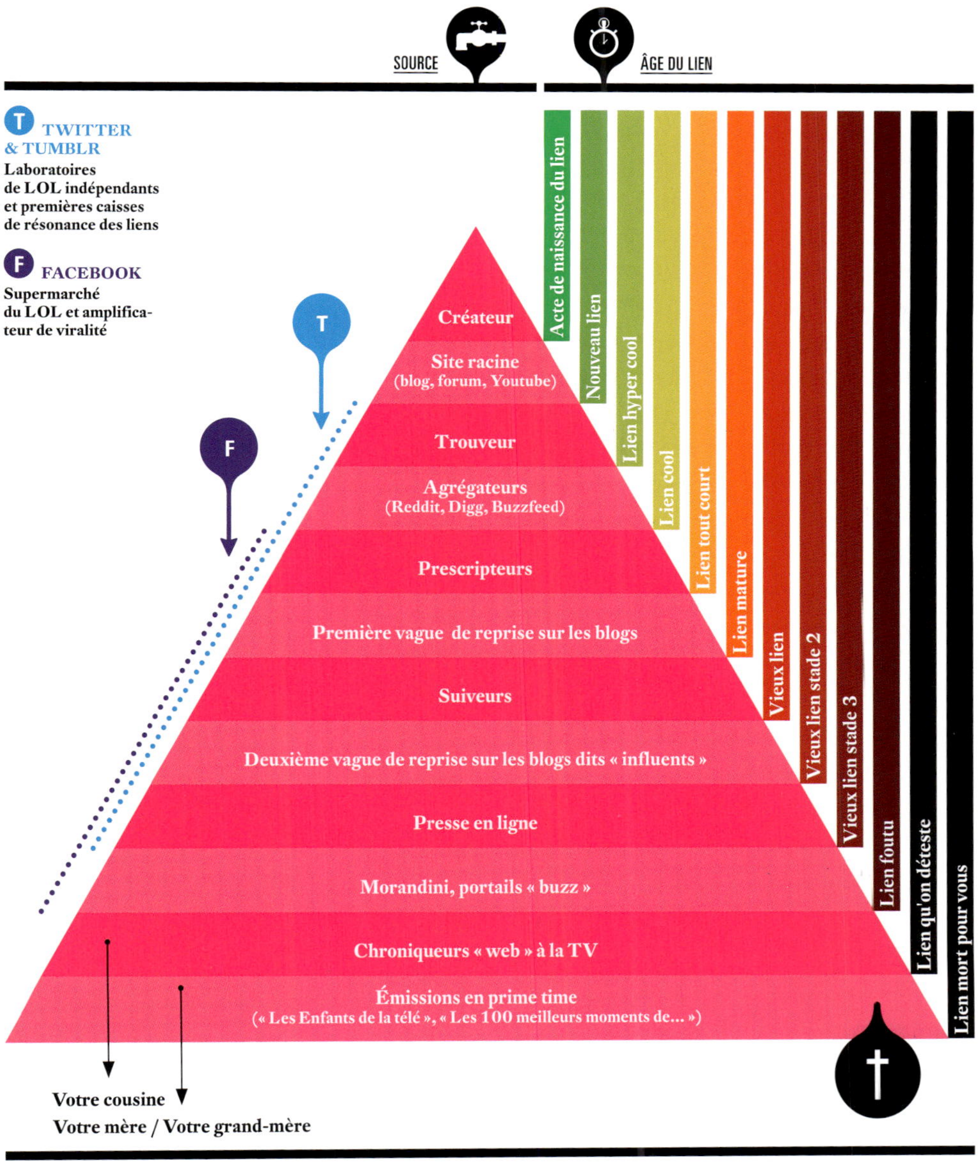

d'après une idée originale d'Henry Michel

FAKE

*Conforme au sens du mot anglais,
le terme « fake » désigne un faux sur Internet.*

Il peut caractériser :

Une personne prenant l'identité d'une autre (existante ou fantasmée) sur les forums*, blogs*, jeux en ligne, réseaux sociaux ou chats de discussion. Si certains fakes ne prêtent pas trop à confusion (non, a priori, ce n'est pas le vrai Lénine qui veut devenir votre ami sur Facebook*), d'autres paraissent plus ambigus. Ainsi en va-t-il du compte Twitter* de Vanessa Demouy qui semblait crédible jusqu'au jour où l'actrice commença à publier des citations latines, semant le trouble chez ses fans. Il s'agissait en réalité d'un faux compte, une « fake Vanessa Demouy ». Mais ce genre de plaisanteries sont désormais interdites par la loi Loppsi 2 qui crée le délit d'usurpation d'identité sur Internet. « Art. 226-4-1. – Le fait d'usurper l'identité d'un tiers ou de faire usage d'une ou plusieurs données de toute nature permettant de l'identifier en vue de troubler sa tranquillité ou celle d'autrui, ou de porter atteinte à son honneur ou à sa considération, est puni d'un an d'emprisonnement et de 15 000 € d'amende. »
Question : faire croire que Vanessa Demouy lit Sénèque dans le texte constitue-t-il une atteinte à son honneur ?

Un fichier dont le contenu ne correspond pas au titre inscrit sur le réseau de téléchargement.
Il est alors courant de tomber alternativement sur du porno, un virus ou une version altérée du fichier recherché. Cette dernière option est souvent utilisée par les distributeurs (de films ou de musique) afin de décourager la contrefaçon (voir Peer to peer*).

Un article, une photo, une vidéo ou une information se faisant passer pour vraie. Exemple notable : l'annonce de la mort de Bernard Montiel sur Twitter, reprise ensuite par de nombreux médias Internet.
En jouant ainsi de l'ambiguïté de vraies fausses informations, les fakes sont des outils précieux pour qui se lancera dans le marketing viral, Graal des pubeux de la fin des années 2000.

Un mail
Lorsqu'il est relayé par une personne de bonne foi et n'implique pas d'affaires d'argent, on parlera d'un hoax*. Lorsqu'il s'agit d'une escroquerie financière on parlera de « fraude 419 » (aussi appelée scam 419 ou arnaque nigériane). Voir Spam*.

FLIRT 2.0

- Follow sur Twitter
- Tweets et retweets sur Twitter
- Poke sur Facebook
- DM sur Twitter
- Add as a friend sur Facebook
- Comments sur le wall Facebook
- Chat sur Facebook
- Comments sur les photos Facebook
- Messages Facebook
- Mails
- Textos
- Chat via iChat, AIM, MSN ou tout autre logiciel
- Rencontre IRL
- Unfollow sur Twitter
- Unfriend ou block sur Facebook

FINALISTE
FINALISTE
GAGNANT !

FOOD

Om nom nom nom.

Hormis les sites ou blogs de recettes classiques tel le bien nommé marmiton.org, Internet regorge de contenus liés à la nourriture. Nombreux sont les sites qui viennent au secours de l'internaute en lui dictant quoi faire à manger selon ce qu'il reste dans son frigo. Ainsi quecuisiner.fr se propose-t-il de trouver des recettes correspondant exactement aux ingrédients rentrés au préalable sur le site. Et What The Fuck Should I Make For Dinner (whatthefuckshouldimakefordinner.com) impose à chacun une recette arbitraire et autoritaire qui s'affiche en majuscules sur la page à chaque actualisation et ce de manière aléatoire. Toutefois, il faut savoir qu'Internet a ses aliments fétiches. Parmi eux le sandwich, le burger, le taco, la pizza, le bacon et, de manière générale, tout ce qui est excessivement gras et augmente les risques de mort par crise cardiaque avant quarante ans.

LE SANDWICH

Scanwiches propose une galerie de scans de sandwichs. Chacun peut déposer son club poulet homemade découpé latéralement sur la vitre de son scanner pour ensuite l'envoyer sur le site (Scanwiches vient d'ailleurs de sortir un beau livre de toutes les photos recueillies).

LE BURGER

Aliment ricain s'il en est, le burger est le symbole de la surpuissance de la culture américaine sur Internet. En toute logique, beaucoup de blogs lui sont dédiés et des petits malins ont créé l'événement en fabriquant un hamburger bed (hamburgerbed.com) qui a même une fanpage sur Facebook*. Après avoir été acheté sur eBay à deux reprises, le lit hamburger se trouve désormais au musée du burger en Floride.

LE BACON

Sorte d'ambroisie post-moderne, le bacon est la substance divine des nerds. Un site remarquable baconifie chaque page internet : il couvre l'écran d'une tranche de bacon géante. D'autres cinglés font des sculptures de bacon et les postent sur Internet. À ne pas manquer : « La nuit étoilée de Van Gogh » version bacon (geekosystem.com/starry-night-bacon-van-gogh).

THIS IS WHY YOU'RE FAT

Site porno de référence de la junk food, This Is Why You're Fat (Voilà pourquoi t'es gros) est un photoblog collaboratif dédié aux records caloriques mondiaux, comme par exemple des cheeseburgers bacon/choco, des barres de Mars/frites ou de la dinde fourrée au canard fourré au poulet, le tout bordé de lard. Pour les vidéos, se réferer à Epic Meal Time, un web-show mettant en scène des recettes surréelles et hypergrasses réalisées à la manière d'une émission putassière de MTV.

Moins hédoniste, table-for-1.tumblr.com est un photoblog réunissant des photos de gens mangeant tout seul au restaurant. Et même pas du bacon.

À NOTER : « MIAM MIAM » EN LANGAGE INTERNET SE DIT « OM NOM NOM NOM ».

FORÇATS DU WEB

Forçats du Web, OS de l'info, journalistes low-cost ou Pakistanais du Web sont autant d'expressions désignant une même réalité : les journalistes exploités par la Machine.

L'expression connaît une certaine fortune en 2009, suite à la parution dans *Le Monde* d'un article décrivant les effroyables conditions de travail de cette nouvelle génération de journalistes à peine trentenaires au teint blafard. Extrait :

« ILS SONT ALIGNÉS DEVANT LEURS ÉCRANS COMME DES POULETS EN BATTERIE »
constate, effaré, un journaliste de *L'Express*, en évoquant ses confrères du site.

Lesdits poulets n'ont pas très bien reçu cet article les décrivant en victimes pressurisées qui n'auraient pas le temps de vérifier les infos avant de les publier. Accusés de ne faire que du bâtonnage de dépêches (pratique qui consiste peu ou prou à recopier la dépêche AFP ou Reuters qui vient de tomber, sans aucune plus-value), certains ont rappelé que cette pratique ne datait pas d'Internet. Les forçats du Web ne seraient finalement que la partie émergée d'une crise qui toucherait l'ensemble de la profession.

LA REVANCHE DES FORÇATS

D'un point de vue social, leurs conditions de travail sont effectivement difficiles. D'abord pour des raisons financières, car ces emplois sont souvent précaires. Ensuite parce que concrètement, sur les sites d'infos, un même journaliste se retrouve à faire les tâches qui, dans un journal papier, sont dévolues à des postes différents : rédaction, édition, iconographie. Enfin parce qu'Internet ne s'arrête jamais et qu'il n'est pas rare de faire des permanences le week-end ou de se retrouver en horaires décalés le soir ou tôt le matin.
Pour autant, ces forçats revendiquent une plus grande liberté que leurs confrères du papier : liberté de ton, style moins académique, originalité des angles choisis pour traiter l'actualité et invention de nouvelles formes.

FORUM

Lieu de disputes stériles entre parfaits inconnus.

Le terme « forum » fait référence à la Rome antique où il désignait le centre de la Cité, lieu d'échange essentiel notamment en matière d'affaires publiques. Aujourd'hui, le forum moderne est un espace de discussion virtuel surtout dédié à des débats aporétiques et autres engueulades incontrôlées entre les membres d'une communauté. En ce sens, le forum est le lieu d'habitat naturel du troll*, également connu sous le nom de « gros connard ».
Le forum est composé de diverses sections thématiques, elles-mêmes subdivisées en fils de discussion dits « threads » ou « topics ». Le forum regroupe ainsi les internautes par affinité (fans de groupes de musique psychédélique, passionnés d'informatique ou de cinéma danois, par exemple). Dans cette perspective, les membres réguliers d'un forum finissent par constituer une petite communauté virtuelle.
L'avènement des réseaux sociaux a eu pour conséquence une certaine désertion des forums. Ceux-ci présentaient pourtant une différence de taille : sur un forum, on interagissait avec de totals inconnus, au contraire des réseaux sociaux et surtout de Facebook* où les « amis » le sont en général aussi IRL* (en vrai).

TRISTES TOPICS

Chaque forum possède une charte, sorte de contrat social virtuel impliquant pour la plupart une bonne orthographe, le respect des lois du pays, l'interdiction des floods (voir *infra*) ou des insultes aux petits camarades. Pour faire respecter ce règlement, les modérateurs ou « modos », figures tutélaires des forums, ont pour mission de limiter les tensions entre les participants. Le modo est en ce sens souvent amené à rappeler à l'ordre les utilisateurs et peut aller jusqu'à les bannir (*ban*). Considéré par les membres réguliers du forum comme un rabat-joie de première catégorie, ses décisions arbitraires sont fréquemment contestées.

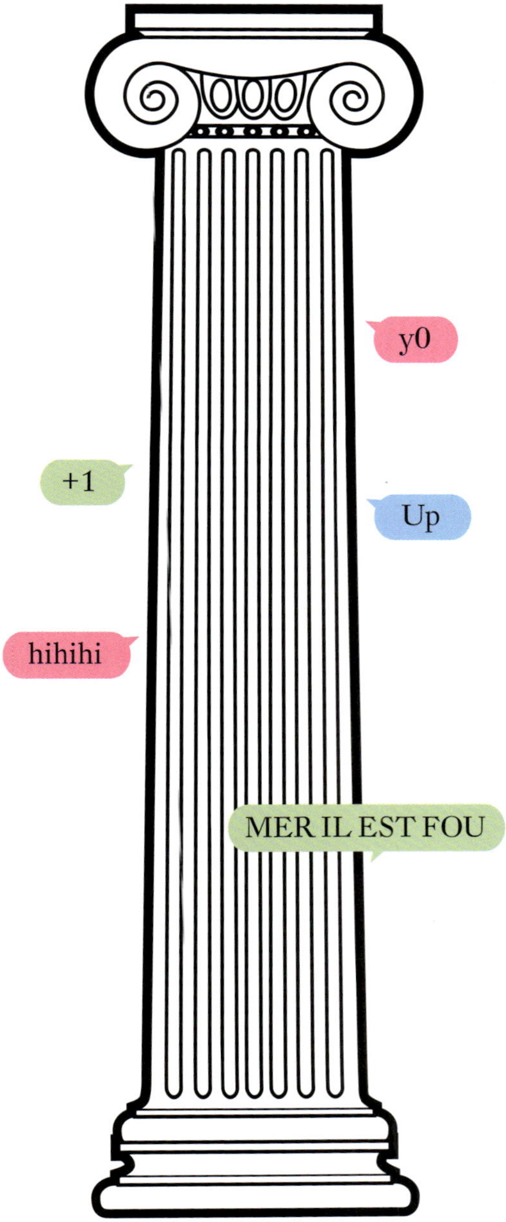

LEXIQUE

MP ou PM : message privé ou private message, outil de drague privilégié, il permet de faire connaissance « en privé » avec un utilisateur.
Post : message posté dans un thread ou topic.
Thread ou Topic : sujet.
Flood : messages répétés, indésirables, sans rapport avec le sujet.
Flooder : auteur de flood, généralement un troll.
HS : hors sujet.
Lurker : internaute lisant les messages du forum sans y poster lui-même (voir stalker*).
Défouloir : thread ou sous-section où il est possible de poster un peu n'importe quoi.
Trombi : avant les réseaux sociaux, les trombi étaient des threads où chacun pouvait poster sa photo, histoire de pécho.
Troll : voir troll*.
Flaming : pratique consistant à poster des messages hostiles et / ou insultants.
Up : message posté pour faire remonter un thread oublié dans le fil de discussion.
Meeting : rencontre IRL.
Pseudo : le membre de forum ne s'identifie pas sous son vrai nom mais derrière un pseudo, en général le plus ridicule qui soit.

LES INTERNAUTES FRANÇAIS

COMPÉTENCES INTERNET EN 2010

Utiliser un moteur de recherche (Yahoo, Google, Voila...)	97%
Envoyer des e-mails avec des fichiers joints	90%
Poster des messages dans un forum de discussion	49%
Téléphoner via Internet (Skype, MSN Messenger)	48%
Utiliser les réseaux peer to peer	25%
Créer une page web	18%

Lecture : 90 % des internautes de 15 ans ou plus savent envoyer un e-mail avec des fichiers joints.
Source : Insee, enquête *Technologies de l'information et de la communication*, avril 2010.

ACCÈS D'INTERNET ET USAGE

	Ménages disposant d'Internet à la maison	Utilisation de d'Internet tous les jours ou presque
Ensemble	64,4%	78,6%
Hommes	70,6%	81,5%
Femmes	59,5%	75,7%
15-29 ans	93,3%	83,3%
30-44 ans	85,7%	75,1%
45-59 ans	75,4%	75,1%
60-74 ans	44,3%	72%
Plus de 75 ans	8,3%	41,4%

Source : Insee, enquête *Technologies de l'information et de la communication*, avril 2010.

LES INTERNAUTES FRANÇAIS

UTILISATIONS D'INTERNET AU COURS DES TROIS DERNIERS MOIS

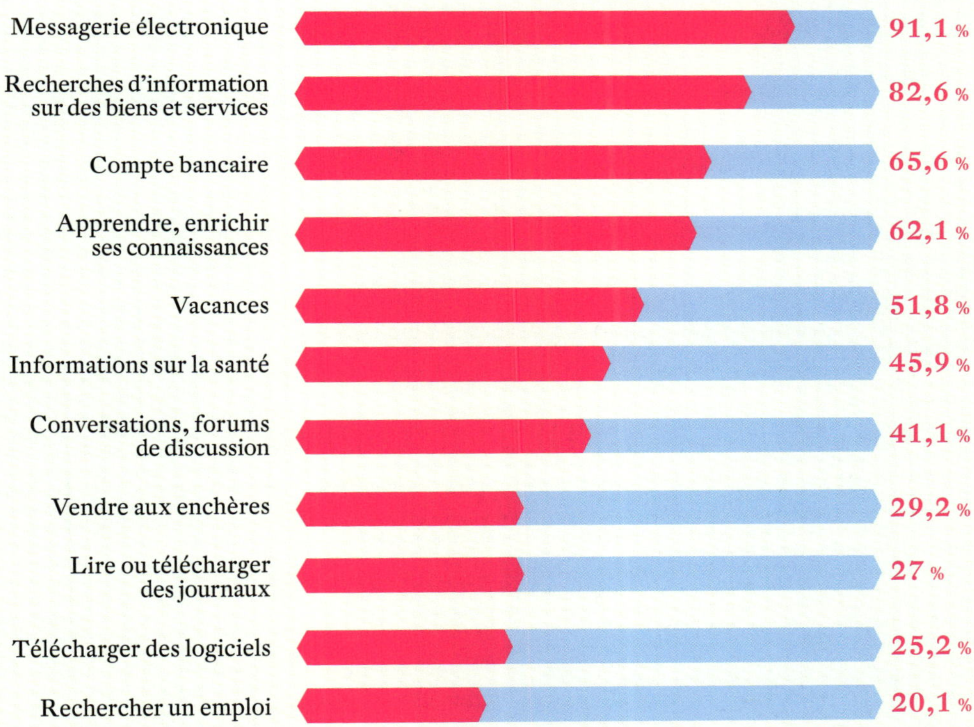

Lecture : 51,8 % des internautes de 15 ans ou plus ont au cours des 3 derniers mois organisé leurs vacances sur Internet

Source : Insee, enquête *Technologies de l'information et de la communication*, avril 2010.

FRÉDÉRIC LEFEBVRE

Pourvoyeur officiel de bonne humeur sur le Web.

Frédéric Lefebvre est considéré comme une intarissable source de rigolade grâce à ses sorties aussi grandiloquentes qu'absurdes, déclarations qui auraient sauvé la vie de plusieurs internautes dépressifs. Au début pourtant, le député UMP avait réussi à se mettre à dos une bonne partie des internautes. Mais ses discours enflammés ont fini par faire de lui une espèce de guignol d'Internet. Ainsi quand il comparait les sites de streaming* (lecture en continu) à des trafiquants de drogue : « De la même façon qu'on fait la chasse aux paradis fiscaux à l'échelle mondiale, il faut faire la chasse aux dealers du Net » (interview 20minutes.fr, 17/02/09).

HARO SUR LE WEB

Maniant l'emphase avec la dextérité d'un manchot muni d'un nunchaku, sa prise de parole à l'Assemblée nationale lors de la séance du 15 décembre 2008 restera dans les annales comme l'un des plus beaux moments du Web français. Un petit bijou où se disputent finesse, nuance et sens de la mesure :

« L'ABSENCE DE RÉGULATION DU NET PROVOQUE CHAQUE JOUR DES VICTIMES ! COMBIEN FAUDRA-T-IL DE JEUNES FILLES VIOLÉES POUR QUE LES AUTORITÉS RÉAGISSENT ?

Combien faudra-t-il de morts suite à l'absorption de faux médicaments ? Combien faudra-t-il d'adolescents manipulés ? Combien faudra-t-il de bombes artisanales explosant aux quatre coins du monde ? Combien faudra-t-il de créateurs ruinés par le pillage de leurs œuvres ? Il est temps, mes chers collègues, que se réunisse un G20 du Net qui décide de réguler ce mode de communication moderne envahi par toutes les mafias du monde. [...] La mafia s'est toujours développée là ou l'État était absent ; de même, les trafiquants d'armes, de médicaments ou d'objets volés et les proxénètes ont trouvé refuge sur Internet, et les psychopathes, les violeurs, les racistes et les voleurs y ont fait leur nid. »

La thèse récurrente de Frédéric Lefebvre pour plaider en faveur de la régulation du Web repose sur ce qu'on appelle en rhétorique un enthymème, construction argumentative en trois temps :

Prémisse majeure : le système économique mondial est porteur d'excès dont la société est victime ;

Prémisse mineure : Internet est un lieu d'excès qui menace la société (= préjugé courant sur la dangerosité du Net) ;

Conclusion Internet et l'économie mondiale libérale fonctionnent de la même façon, ce qui est bon pour l'un est donc forcément bon pour l'autre. S'il faut réguler le système libéral, il faut réguler le Web.

Frédéric Lefebvre n'a eu de cesse depuis de dénoncer cette zone de non-droit*, participant à construire le mythe du monstre d'Internet (voir Ennemis d'Internet*).

FREENET

Freenet est un réseau informatique anonyme, construit sur Internet.

À QUOI RESSEMBLE FREENET ?

À la préhistoire du Web. Moins rapide, moins dynamique, moins évolué, plus pauvre en contenu, Freenet a cependant pour avantage une certaine sécurité. C'était d'ailleurs l'objectif n° 1 de l'Irlandais Ian Clarke quand il a développé le projet à partir de 1999 : créer un espace de liberté absolue, totalement intraçable et anonyme.
Concrètement, il suffit d'installer sur son ordinateur le programme nécessaire puis de le lancer. Il est ensuite possible de choisir entre plusieurs modes de connexion selon son degré de paranoïa et le régime politique de son pays.

UN RÉSEAU INCONTRÔLABLE

Le réseau Freenet est entièrement décentralisé donc incontrôlable. Chaque ordinateur forme un nœud. Il met son disque dur à disposition du reste du réseau pour y stocker des informations. Chaque ordinateur du réseau Freenet est connecté à un nombre limité d'autres ordinateurs. Quand un nœud a besoin d'une information, il la demande aux ordinateurs auxquels il est directement connecté. Si ces derniers ne l'ont pas à disposition, ils demandent eux-mêmes à leurs voisins, et ainsi de suite. Toutes ces communications étant cryptées, on ne sait ni qui demande l'information ni qui la transmet. D'ailleurs, aucun ordinateur ne sait quelle info il stocke. Tout ce processus rend donc le réseau intraçable.

LA LIBERTÉ A SES LIMITES

Le principe de Freenet étant la liberté, il est utilisé pour le bon et pour le moins bon. On y trouve pêle-mêle des sites consacrés à la franc-maçonnerie ou des tutorats de hackers. Mais surtout sa structure lui permet d'être à la fois un espace de liberté pour des dissidents chinois et un moyen de communication crypté pour des réseaux de pédopornographie.

GEEK

Jadis bête de foire, le geek est désormais à la mode et préfère se la raconter avec ses nouvelles lunettes plutôt que de décapiter des poulets avec les dents.

Devenu nom commun pour définir n'importe quelle personne à lunettes passant plus de deux heures quotidiennes sur Internet, le terme « geek » vit aujourd'hui son heure de gloire. Mais qu'est-ce qu'un vrai geek ? Comment le différencie-t-on du nerd ? Et dans quelle catégorie se placer lorsqu'on porte des lentilles ?
Le geek est à la mode. Le retour de la tendance dite des « grosses lunettes » n'y est pas étranger. La démocratisation d'Internet, devenu outil indispensable à l'Occidental de 7 à 77 ans, non plus.
Le terme, galvaudé dans les médias ou dans les conversations badines, est devenu un fourre-tout pour parler des fans de science-fiction, des adeptes des jeux de rôles, des binoclards, des timides, des asociaux ou des gens passant tout simplement une partie non nulle de leur temps sur Internet ou leur smartphone.
« Geck » et « Gek » signifient en allemand et flamand l'étrange ou le fou de carnaval. Le terme « geek », apparu vers la fin du XIXe siècle en Amérique du Nord, désigne les monstres de foire, souffrant souvent d'un handicap (physique ou mental) et qui font peur aux enfants. Ainsi, l'article Wikipédia* dédié à la chose évoque avec une jubilation non feinte cette image du geek : « Il se tenait généra-

lement nu, dans une cage, couvert de boue, vêtu de peaux de bêtes [...], rugissait et secouait les barreaux de la cage pour effrayer les visiteurs ayant payé pour le voir. On le présentait comme le "chaînon manquant", comme l'"homme sauvage" capturé en forêt. Parfois on lui faisait égorger ou décapiter des poulets avec ses dents et le geek devait faire semblant de boire leur sang. »
De l'hémoglobine de volaille à la bouillotte-USB, il y a le XXe siècle et ses formidables progrès technologiques : la TI-92, Atari, Internet et Linux*.

N'EST PAS GEEK
QUI VEUT

Attention. Tous les fous de science, de comics et de nouvelles technologies ne sont pas des geeks. Essai de typologie :

Le geek

Loin d'être ce bon bougre brillant en soirées à grands renforts de lunettes à monture noire, chemise à carreaux et cardigan étriqué, le vrai geek n'a historiquement que faire de la mode. Il ne possède généralement pas de Mac mais préfère utiliser Linux sur un PC custom (sur mesure). Démonter et remonter son ordinateur ne fait pas peur au geek, cela constitue même une de ses activités favorites. Pour pousser le cliché un peu plus loin, on pourrait dire que le geek moderne connaît sur le bout des doigts toute la saga Star Wars. Il collectionne les comics, kiffe la science-fiction, aimait bien les maths à l'école et traîne sur des sites internet autres que Facebook*. Parfois, le geek joue en réseau – activité qui entrave quelque peu sa vie sociale IRL*. Pour autant, le geek n'est pas un no life. Il a, la plupart du temps, des amis – voire même des petit(e)s-ami(e)s – avec qui il chate sur Internet, ou en compagnie de qui il se rend à des meetings de forums* ou autres conventions spécialisées. Bref, le geek est un fanboy (ou une fangirl), c'est-à-dire une personne passionnée par un univers, une œuvre, un film, un artiste, une marque ou un produit et qui s'y consacre plus qu'à toute autre chose.

Le nerd

Le nerd est un geek puissance mille. Alors que le geek vit sa ou ses passions plutôt tranquillement, le nerd est exclusif. Supérieurement intelligent, il excelle dans son domaine de prédilection. Sa vie sentimentale est inexistante, mais son niveau aux tests de culture G défonce tout. Alors que le geek est plutôt un technicien, le nerd est un théoricien.

L'imposteur

L'imposteur télécharge, regarde des séries en streaming*, tweete depuis son iPhone (la dernière version, acheté le jour de son lancement), rit pour n'importe quelle débilité sortie des instances légitimantes d'Internet (les sites Buzzfeed, Reddit, etc.) et s'enorgueillit du titre de geek (voire de nerd, les deux termes étant interchangeables pour le béotien). Il possède un Mac, bosse dans la com' ou dans un média, n'a jamais traîné ses guêtres sur un channel IRC (chat à l'ancienne), a tout au plus commencé Internet avec des plans drague sur Caramail*. Lui qui ne saura jamais installer un disque dur tout seul fait quand même le malin parce qu'il connaît deux trois codes html (qu'il a appris pour mettre des photos sur son MySpace*). Il confond java et javascript et a une vie sexuelle active.

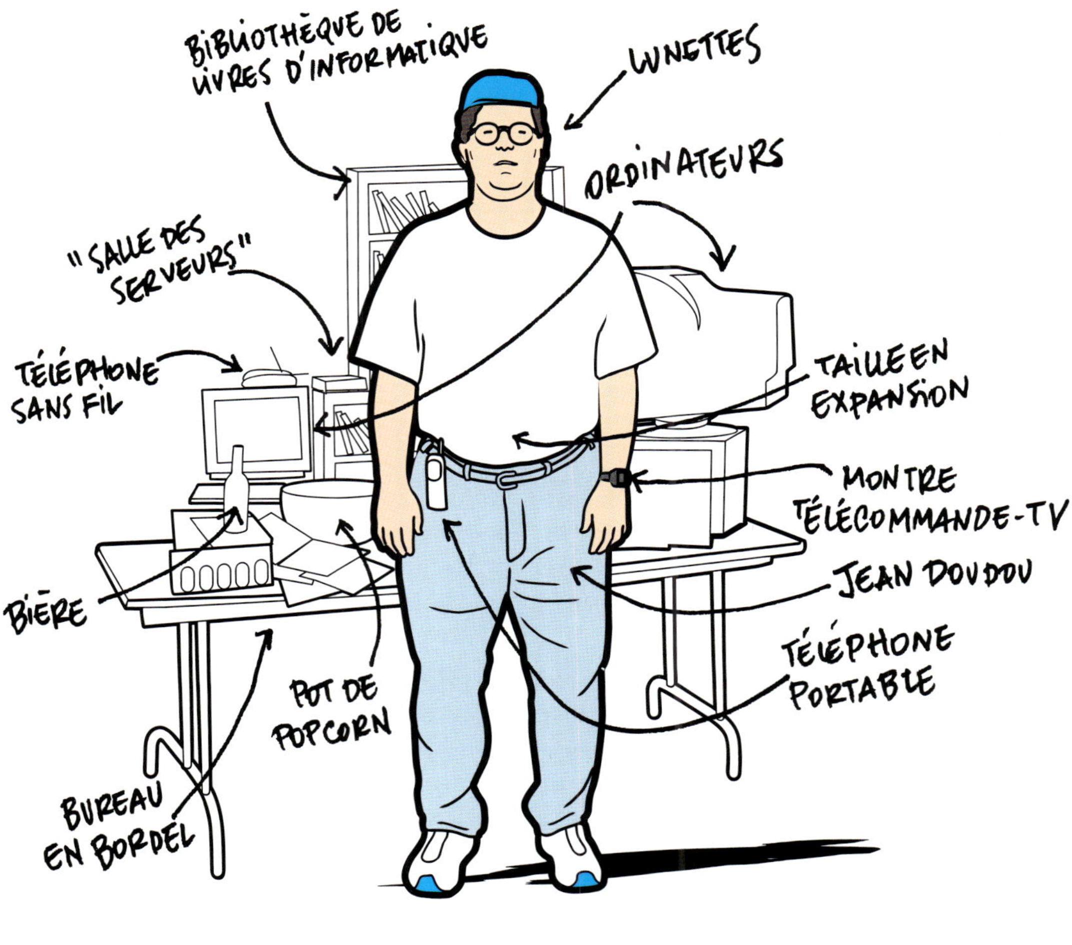

GÉOLOCALISATION

Étrange pratique consistant à vouloir avertir la terre entière de l'endroit où l'on se trouve.

Présentée un temps comme l'avenir du Web, la géolocalisation peine à fédérer, les internautes ne semblant pas encore prêts à s'autofliquer en permanence.

FACEBOOK*
PLACES

Concrètement, la plupart des téléphones portables modernes et des moyens d'accès à Internet (comme le wifi) permettent de géolocaliser l'utilisateur. En 2010, Facebook a tenté de lancer à grande échelle la géolocalisation volontaire. Une option, Facebook Places, permet de signaler à tous nos amis où nous nous trouvons en temps réel. En théorie, c'est merveilleux pour ne plus jamais se sentir seul. Facebook peut prévenir ses 450 friends que Marie est actuellement au café du Métro, Paris 20e. Étrangement, les utilisateurs ne se sont pas précipités sur le service.
Peut-être parce que :

1/ Si l'on se géolocalise, le jour où l'on ne le fera pas, cela paraîtra suspect.
L'on risque d'entendre sa moitié exiger de savoir pourquoi l'on a interrompu la géolocalisation entre midi et deux.

2/ Nos connaissances peuvent aussi nous géolocaliser – sur Facebook, il faut modifier les réglages par défaut pour éviter ce désagrément. Le risque est d'entendre son patron demander ce que l'on faisait le jour de notre arrêt maladie à dix mètres du siège social des concurrents.

3/ La géolocalisation facilite grandement le travail des cambrioleurs.
Le site pleaserobme.com (cambriolez-moi, s'il vous plaît) a été créé en 2010 pour souligner le risque que l'on encourt à faire connaître ses heures d'absence du domicile.

FOURSQUARE

Pour autant, la géolocalisation ne doit pas si vite être enterrée. Foursquare, site qui fonctionne uniquement sur le modèle de la géolocalisation, a connu quelques semaines de gloire en France début 2010 mais semble depuis stagner. Ceci étant, pour l'année 2010, le site indique être passé de 175 000 à 6 millions d'utilisateurs dans le monde. Aux États-Unis, Foursquare fonctionne pour une raison simple : les accords passés avec des commerçants. Le site permet en effet de « pointer », comme à l'usine. La personne qui pointe le plus souvent au café du Métro devient maire des lieux (et gagne une médaille virtuelle). Aux États-Unis, nombre de commerces ont exploité ce système de fidélisation. Le maire du café se voit offrir des boissons gratuites ou des bons de réduction.

Un système de collaboration avec les commerçants qui n'est pas sans rappeler Groupon, site qui propose des offres promotionnelles en achat groupé. Logique donc d'entendre aujourd'hui évoquer un possible rapprochement entre Groupon et Foursquare. Une telle association pourrait offrir un service très ressemblant à l'option Facebook Deals qui permet d'annoncer que le café du Métro offre le café jusqu'à 10 heures ce matin. Il suffit alors d'y aller, de se localiser et de montrer son smartphone au cafetier pour avoir son petit noir. La technologie au service de l'humain.

GIF ANIMÉ

Traditionnellement déconseillé aux esthètes et autres épileptiques, le gif animé est une courte animation kitschouille, reliquat chéri du Net des années 1990.

Acronyme de Graphics Interchange Format (littéralement « format d'échange d'images »), le terme gif désigne un format d'image numérique inventé en 1987. Deux ans plus tard, le gif s'anime grâce à la possibilité de stocker plusieurs images dans un même fichier. Leur défilement permet alors au gif de se faire diaporama ou animation (suivant le rythme sélectionné) et de conquérir ainsi le cœur des internautes. Accessible à tous (logiciels et sites permettent d'en créer en quelques clics), le gif joue sur la fascination de l'homme pour l'image en mouvement. Ça ne sert à rien, mais ça permet de faire rire ses amis avec un bébé qui danse.

ENTRE KITSH ET ACTIVISME

Pour de nombreux Net artistes (catégorie de gens qui ont décidé de faire de l'art sur Internet à nos risques et périls), le gif est, avec ses collègues jpegs et pngs, une pure expression du Web démocratique et de son iconologie.
Dans cette perspective, la majorité des gifs animés se caractérise par une grande laideur alliée à une niaiserie certaine. Ornés de paillettes, d'animaux* mignons (chatons) ou féeriques (licornes) et ponctués de messages stupides et mal orthographiés, les gifs animés servent de carte de vœux, de message (sur la puissance de l'amour et de l'amitié) ou sont créés tout simplement pour faire joli.
Assumé et utilisé au second degré, le gif est l'ultime preuve de snobisme, forme de distinction selon la règle d'or : plus c'est moche et con, mieux c'est.

PARADOXE ONTOLOGIQUE DU GIF ANIMÉ

Avec le développement de la vidéo, le gif animé aurait pu disparaître progressivement de la surface de la Toile. Or, paradoxalement, c'est l'omniprésence de la vidéo qui a donné un second souffle au gif en révélant toutes ses potentialités. Désormais, la plupart des gifs sont même tirés de vidéos.
Le gif étant techniquement inférieur à la vidéo, pourquoi refaire la même séquence en moins bien ?

Parce que le gif animé permet de rendre absurde n'importe quelle scène filmée, en la vidant totalement de son sens.

Explications :

1/ Le gif, contrairement à la vidéo, est une boucle animée sans fin. Dès qu'il arrive à la dernière image, il redémarre. Et permet donc de créer un effet de comique de répétition.

2/ Le gif est muet. La concentration se resserre sur quelques mimiques surjouées des personnages et une action qui se déroule dans un vide total (car le gif n'occupe qu'une petite partie de l'écran blanc).

3/ Le gif mécanise l'action. Son découpage en succession d'images donne un aspect saccadé à l'animation, là où le même mouvement vidéo sera fluide. Cet aspect mécanique tend à déshumaniser la séquence.

Pour se faire une idée, la scène des *Temps modernes* de Chaplin où Charlot ouvrier répète les mêmes gestes mécaniques est l'ancêtre du gif animé.

La question de la prononciation a de nombreux débats enflammés : doit-on dire [jif] ou [gif] ?

Il semblerait que la deuxième solution soit la mieux acceptée. Nonobstant, une poignée d'irreductibles prévoit l'organisation d'un festival du gif à Gif-sur-Yvette en 2012 (cf. le groupe Facebook* « Le premier festival international du gif à Gif ! (sur Yvette) »).

GOATSE

À l'origine, en l'an 1999, Goatse.com est un site hébergeant une seule et unique photo, sobrement intitulée Hello.jpg. Sur l'image : un vieil homme de dos, nu, écartant de ses deux mains son anus d'une façon particulièrement spectaculaire.

Goatse est l'un des premiers, mais surtout le plus NSFW*, mèmes* de l'histoire. Le jeu consiste à envoyer les autres internautes sur le site sans les prévenir afin de les traumatiser à vie. Goatse est devenu si populaire qu'en 2004, une pétition est mise en ligne demandant à Google* de célébrer l'anniversaire de Goatse en créant un logo en son honneur.
Les héros parvenus à regarder l'image plus de cinq secondes ont remarqué que Goatse (le terme est utilisé pour désigner aussi bien l'homme sur la photo, la photo elle-même que le site) porte une alliance. Conséquence logique : nombre de trolls* se sont lancés dans la traque du monsieur. Résultat de l'enquête : il s'agirait de Kirk Johnson, un homme dont la petite manie est de poster des centaines de photos de son postérieur dilaté sur le newsgroup (sorte de forum*) alt.binaries.erotica.male.anal.
En 2004, le nom de domaine et donc le site sont suspendus. Immédiatement, des dizaines de sites miroirs (c'est-à-dire des copies du premier site) lui succèdent et Goatse entre définitivement dans l'histoire.
À noter : Goatse security est le nom que s'est choisi un groupe de hackers dont le logo reprend les deux mains stylisées, voir security.goatse.fr.

GODWIN (LOI DE)

La loi de Godwin tient son nom d'un certain Mike Godwin, connu pour avoir affirmé en 1990 : « Plus une discussion en ligne dure longtemps, plus la probabilité d'y trouver une comparaison impliquant les nazis ou Adolf Hitler s'approche de 1 ».*

Attribuer un point Godwin revient à signifier à un internaute qu'il vient de se discréditer en vérifiant la loi de Godwin et donc de ruiner la discussion.

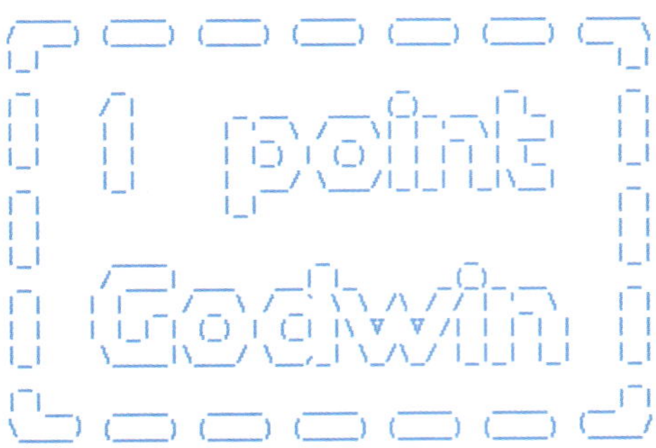

Le point Godwin est souvent représenté en ASCII Art*. Celui qui le reçoit est invité à le découper « à la masse et au burin » sur son écran.
Avant Godwin, le philosophe Leo Strauss a évoqué dans *Droit naturel et histoire* (1951) le « Reductio ad Hitlerium », expression ironique désignant la disqualification des arguments d'un adversaire par leur association à Adolf Hitler. Il s'agit de pointer du doigt ceux qui n'hésitent pas à avancer des thèses telles que : « Hitler aimait X donc X est mauvais. » Une figure rhétorique qui implique l'impossibilité d'un débat de fond.

Dix-huit ans après l'invention de sa loi, Mike Godwin s'est senti obligé de donner quelques précisions : « Bien que délibérément formulée comme une loi naturelle ou mathématique, son but a toujours été rhétorique et pédagogique : je voulais que les gens qui comparaient à la légère quelqu'un à Hitler ou aux nazis se mettent à penser un peu plus sérieusement à la réalité de l'Holocauste. »
En France, dans le débat politique, plusieurs points Godwin ont déjà été attribués par la presse en ligne et les internautes. Le plus connu est celui de Christine Albanel alors ministre de la Culture et de la Communication qui, lors de l'examen de la loi Création et Internet à l'Assemblée nationale, le 12 mars 2009, a déclaré : « Je suis accablée par toutes les caricatures sur tous les bancs et par l'obstination qui consiste à présenter l'Hadopi* comme une sorte d'antenne de la Gestapo, c'est particulièrement ridicule. » D'autres personnalités se sont vues attribuer des points Godwin. Parmi elles, Frédéric Lefebvre* ou Christian Estrosi, aka les meilleurs d'entre nous.

GOOGLE

Perspective Nevski d'Internet.

Il y a quelques années, on aurait pu tout simplement définir Google comme le moteur de recherche le plus utilisé au monde. Mais la firme qui n'a eu de cesse de se développer représente aujourd'hui un Empire offrant à ses utilisateurs une myriade de services majoritairement gratuits, de la messagerie électronique (Gmail) à la cartographie en ligne (Google Maps) en passant par le navigateur Web* (Chrome), le réseau de microblogging copié sur Twitter* (Buzz, qui n'en a justement pas fait), le réseau social à la Facebook* (Google +), la numérisation de livres (Google Books) ou la plateforme de blog (Blogger).
Google sait aussi sortir l'argent pour racheter des start-ups ou services jugés innovants. En 2006, la firme de Mountain View a opéré l'un des plus gros rachats jamais faits en acquérant la plateforme de partage de vidéo YouTube pour 1,65 milliard de dollars. Parmi les autres opérations de ce genre, on note encore le rachat de Blogger ou de Picasa (galeries de photo) mais aussi de sociétés de téléphonie comme Android (en 2007) ou Motorola (en 2011).

DE QUOI GOOGLE EST-IL LE NOM ?

Le terme Google est une référence à googol (gogol en français), mot américain qui désigne un nombre commençant par 1 suivi de cent zéros (soit 10^{100}). Selon la légende, la personne chargée d'enregistrer le nom de domaine aurait fait une malheureuse faute de frappe dans la précipitation. D'où Google.
Il s'agit donc d'une référence de matheux choisie pour symboliser la mission du moteur de recherche : « organiser l'immense volume d'informations disponibles sur le Web ».
Par ailleurs, l'histoire de Google regroupe tous les clichés imaginables sur une société web. Soit la rencontre en 1995 de deux étudiants de Stanford, Larry Page et Serguei Brin, qui montent leur projet de moteur de recherche dans la chambre de l'un, avant d'installer leur premier local dans un garage en Californie. Très vite, le succès est là pour une raison simple : Google est meilleur que ses concurrents. Les résultats des recherches sont plus pertinents et mieux présentés que sur les autres moteurs.

DON'T BE EVIL

« Ne soyez pas malveillant » est le slogan de Google. L'unique but de l'entreprise – à en croire le discours officiel – est de rendre le monde meilleur. Une volonté utopique qui a connu quelques accrocs, notamment quand Google a lancé son moteur de recherche en Chine en acceptant, à la demande du gouvernement local, de censurer certains résultats (comme la recherche d'images sur Tiananmen). L'autre reproche fait à Google est sa position monopolistique, sa mainmise sur l'ensemble du Net, à la fois par son importance et par la diversité de ses services. Ce qui pose également des questions quant à la protection des données et à la vie privée.

GOOGLE CHROME OS

Le projet Google Chrome OS a été annoncé par la firme en 2009 et lancé fin 2010. Il s'agit d'un système d'exploitation fondé sur son navigateur web* Chrome et un noyau Linux*. Il peut être installé sur des ordinateurs ultra portables nommés Chromebooks et nécessite une connexion Internet pour fonctionner. La majorité des fichiers et données étant déplacée sur le Web (voir Cloud*), l'ordinateur ou l'appareil électronique utilisé n'est dès lors plus qu'un terminal permettant d'y avoir accès.

Google
Français

pourquoi il n'y a pas de burger king en france

pourquoi il n'y a pas **de burger king en france**
pourquoi il n'y a pas **de virus sur mac**
pourquoi il n'y a pas **de roi a monaco**
pourquoi il n'y a pas **de marée en méditerranée**
pourquoi il n'y a pas **megan fox dans transformers 3**

En savoir plus

Environ 114 000 résultats (0,29 secondes)

why jesus have a mexican name

why jesus **have a mexican name**
why jesus **is not the son of god**

En savoir plus

Environ 28 900 000 résultats (0,29 secondes)

LA POÉSIE DE GOOGLE STREET VIEW

Google Street View est un service complémentaire à Google Maps (cartographie en ligne) et Google Earth (photographies aériennes ou satellitaires de la terre). Lancé en 2007, il permet de naviguer virtuellement dans les rues de très nombreuses villes du monde. Concrètement, des photos prises par la Google Car sont assemblées par un logiciel. Le rendu donne une vision à 360 degrés de n'importe quel point donné d'une rue. Si à l'origine seules quelques villes américaines étaient accessibles, le service s'est rapidement étendu à d'autres pays et d'autres continents – de la French Riviera à l'Alaska.
Résultat : de nombreuses photos insolites ou de scènes quotidiennes d'une beauté brute donnent à ce service un intérêt particulièrement poétique. Certains artistes contemporains travaillent d'ailleurs sur Google Street View. C'est par exemple le cas du canadien Jon Rafman qui, pendant plusieurs mois, a collecté des captures d'écran de Street View. Exceptionnels ou ordinaires, ces fragments créent une poétique du virtuel dans son rapport à ce qu'il a de plus réel (googlestreetviews.com).

L'UNIVERS GOOGLE

Les Google Doodles

Pour célébrer certains événements, Google change parfois la page d'accueil de son moteur de recherche et y insère une animation (de plus en plus sophistiquée avec les années).

Le Googleplex

Le terme désigne les locaux du siège social de Google en Californie. Pour être certain que les employés ne quittent jamais le travail, on a mis à leur disposition des piscines, des coiffeurs, des masseurs ou des billards.

La Google alert

Si, il y a quelques années, on se « googlait » (on cherchait son propre nom ou celui de ses « amis » sur Google), désormais il existe une technique plus simple : mettre une alerte Google sur son nom. Dès qu'une nouvelle page web qui comporte le nom de l'internaute est créée, celui-ci en est averti par mail.

Le Gsex

Expression employée par les utilisateurs de Gmail qui tiennent une discussion cochonne sur le chat.

UN MYTHE ANTIQUE RACONTE QUE SI UNE PERSONNE TAPE « GOOGLE » DANS GOOGLE, ELLE ANÉANTIT L'INTERNET MONDIAL.

GOOGLE BOMBING

Le Google Bombing est une technique de référencement visant à influencer les résultats d'une recherche Google. C'est à la suite d'un Google Bombing qu'en septembre 2010 la recherche « trou du cul » renvoyait vers la page Facebook officielle de Nicolas Sarkozy.*

COMMENT LANCER UN GOOGLE BOMBING ?

La technique du Google Bombing profite d'une caractéristique de l'algorithme PageRank qui calcule la pertinence d'une page en fonction du nombre d'autres pages qui y renvoient selon le présupposé que si les auteurs d'un sujet donné ont tous fait des liens vers une page précise, c'est que cette page doit être de grande qualité. Si plusieurs sites (des centaines voire des milliers sont nécessaires ici) associent à un texte clé la même adresse web, Google fera apparaître la page en question dans les premiers résultats d'une recherche sur le texte donné. Un Google Bombing réussi nécessite donc beaucoup d'amis et/ou une cible commune pour faire apparaître le résultat recherché en première position. Malgré son nom, le Google Boming est applicable à tous les moteurs de recherche et l'on pourra tout aussi bien parler de Yahoo Bombing ou, plus rigolo, de Bing Bombing.

Dans la grande majorité des cas, le Google Bombing est lancé pour se moquer d'une marque ou d'une personne. Le premier Google Bombing remonte à 1999, quand la recherche « more evil than Satan himself » (plus diabolique que Satan lui-même) renvoyait vers la page d'accueil de Microsoft.

QU'EN PENSE GOOGLE ?

En 2007, après l'épisode « miserable failure » qui renvoyait vers la biographie de George Bush sur le site de la Maison Blanche, le blog de Google annonçait avoir déployé de nouveaux algorithmes sensés êtres moins sensibles au Bombing : « En améliorant notre analyse de la structure des liens du Web, nous avons commencé à minimiser l'impact de nombreux Google Bombings. [...] Désormais, nous renvoyons en général vers les commentaires*, discussions et articles à propos des Google Bombings eux-mêmes. »

FAMOUS
GOOGLE BOMBINGS

HADOPI

Voir FAIL et P2P*.*

HIPSTER

Le branché est connecté.

Figure tutélaire mais néanmoins contestée de la hype, le hipster est ce qu'on pourrait appeler un branché. Le terme désormais utilisé en français tire son origine des années 1940. Il désigne à l'époque le Blanc à l'esprit ouvert qui ose sortir de son petit milieu pour aller écouter du jazz, fréquenter des gens aux mœurs un peu dissolues, danser la nuit et, pourquoi pas, prendre de la drogue. Aujourd'hui, la réalité que recouvre le terme est toute autre. Dans l'imaginaire collectif, le hipster est ce genre de branché qui traîne à Williamsburg (Brooklyn) et a les moyens de s'y loger. Il porte des t-shirts ironiques ou des chemises à carreaux, de grosses lunettes, des jeans serrés et soigne une apparence savamment négligée - attention, les attributs du hipster changent rapidement selon les lieux et les époques. Ainsi le hipster pouvait-il porter des leggings lamés en 2006, une pièce aujourd'hui tout à fait interdite dans la communauté.

D'un point de vue intellectuel, il pratique la distinction. Il écoute des groupes pointus, fréquente des salles d'arts & essais même s'il s'y ennuie parfois et rejette la culture de masse aliénante. Il a un blog (voir Blogosphère*), plus exactement un Tumblr où il poste des photos qui l'inspirent ainsi que des propos cyniques sur la société de consommation. Problème : le hipster est aujourd'hui lui-même devenu à la mode et de nombreux sites ou blogs viennent moquer ses postures. Normal, c'est sur le Web que la culture indé est la plus accessible et que les concernés peuvent se prêter au jeu de l'autodérision.

VOUS ÊTES SUR LA LISTE ?

Le mème* Hipster Kitty donne à voir un petit chaton en hoodie (gilet à capuche) American Apparel et lunettes rétro balançant des phrases péremptoires sur sa coolitude. Ainsi affirmera-t-il

avoir aimé votre groupe préféré bien avant vous, sous-entendu avant que ça devienne mainstream et nul. Il est un dérivé d'Advice Dog (voir Animaux*). Exemples : « J'écoute des groupes / qui n'existent pas encore ».
« J'ai donné pour Haïti / avant le tremblement de terre ».

latfh.com « Look At This Fucking Hipster » est le plus connu des blogs du genre. Il met en exergue les photos ou vidéo de gens qui se la racontent vraiment trop pour rester impunis.

hipstershavetopee.com « Hipsters have to pee » donne à voir des photos de hipsters posant d'une certaine manière pour avoir l'air cool mais donnant seulement l'impression d'avoir très envie de faire pipi.

accidentalchinesehipsters.tumblr.com « Accidental Chinese Hipsters » est un photoblog de personnes asiatiques (le plus souvent d'âge mur) ayant, de par leurs poses étranges et leurs accoutrements originaux, l'air d'hipsters pur jus.

hipsterhitler.com Voir Hitler*.

dadsaretheoriginalhipster.tumblr.com Sur « Dads Are The Original Hipster », chacun peur envoyer des photos de son papa à la grande époque pour montrer qu'il était dans la hype bien avant tout le monde.

hipsterrunoff.com Chef d'œuvre du genre, Hipster Runoff est une caricature du blog de hipster. Il y est question de groupes indés à-la-mode-mais-pas-trop ou de « blog house » (mouvement ayant trait à la house music né via les blogs musicaux en 2005) mais aussi de questions existentielles telles que « Is It ALT 2 Watch The Super Bowl ? » (Est-il BRANCHÉ 2 regarder le Super Bowl ?). Chaque post est largement fourni et rédigé dans un anglais particulier fait d'abréviations et d'expressions du jargon de la hype poussé à l'extrême. Géniale parodie, HRO donne une bonne claque aux prophètes du cool et a été élu meilleur blog de 2010 par le *Time Magazine*. L'auteur, un certain Carles, est devenu un personnage culte du Net indé malgré son anonymat farouchement préservé.

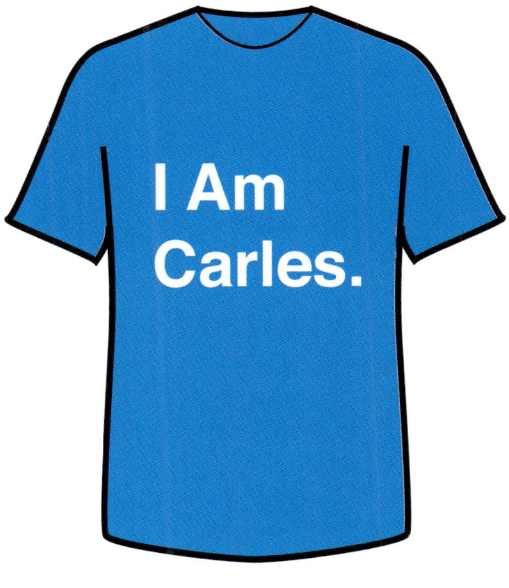

HITLER (ADOLF)

Si la loi de Godwin est la plus connue des règles virtuelles, elle est aussi la plus bafouée. Car au fil du temps et des mauvaises blagues, Adolf Hitler est devenu une figure récurrente de l'humour internet et du mauvais goût qui le caractérise.*

De la fascination pour le mal absolu à la transgression par le rire, panorama politiquement incorrect :

CATS THAT LOOK LIKE HITLER

« Votre chat ressemble à Adolf Hitler ? Vous vous réveillez avec des sueurs froides toutes les nuits en vous demandant s'il ne s'apprête pas à envahir la Pologne ? Il s'entête à lever sa patte droite en faisant un bruit suspect ? Si c'est le cas, ce site est pour vous » annonce en introduction catsthatlooklikehitler.com. Lancé en 2006, ce site a bénéficié d'une médiatisation hors du commun. Son succès peut s'analyser comme suit : il regroupe deux des préoccupations majeures des trolls*, ces êtres à la fois sensibles et provocateurs, à savoir les chats et les nazis.
Cats That Look Like Hitler se présente comme une énorme galerie de photos de kitlers (contraction de kitty, comme chaton, et de Hitler, comme Adolf).
Un kitler se reconnaît à son pelage clair ponctué de poils noirs au niveau de la moustache et, si possible, du haut du front. Un bon kitler se caractérise aussi par un air particulièrement maléfique laissant entendre qu'il fomente un projet secret et abominable de domination du monde.
Eu égard au caractère un tout petit peu polémique de la chose, le FAQ (acronyme de « Frequent Asked Questions » ou « Foire Aux Questions » en français, soit une liste faisant la synthèse des questions posées de manière récurrente par les internautes) du site précise : « Que les choses soient claires. Hit-

ler était un connard. Hitler était une raclure, une émanation pleine de pus du trou du cul du diable. [...] Il est tout à fait approprié de le réduire au rang d'objet, de le tourner en ridicule en comparant son apparence et son style à un matou moelleux et mignon. » Une analyse digne d'Hannah Arendt.

GRAMMAR NAZI

Cette insulte courante sur Internet désigne la catégorie des gens qui croient que corriger les fautes des autres sur le Net est un devoir divin qui leur a été confié à la naissance. En France, on parlera plutôt de « Maître Capello ».

HIPSTER HITLER

Hipsterhitler.com est un site de bandes dessinées et de t-shirts lancé en 2010 et rapidement devenu célèbre chez les hipster* (ou les « branchouilles »). Il s'agit d'une parodie plus ou moins réussie de la culture hipster avec pour principaux personnages les hauts dignitaires nazis.

Ainsi, dans la lignée de la déclaration ironique de David Bowie qui affirmait en 1976 qu'Hitler avait été la première pop star, Hipster Hitler commercialise des t-shirts représentant le Führer en jean moulant, lunettes à montures carrées et t-shirts aux slogans douteux (Vegetaryan, Back to the Führer...).

HITLER REACTS

Hitler Reacts est un mème* qui donne à voir la scène phare du film allemand *La Chute* (Olivier Hirschbiegel, 2004) en VO sous-titrée durant laquelle Hitler (brillamment interprété par Bruno Ganz) apprend de ses généraux l'échec de la dernière offensive contre les Soviétiques et donc sa défaite annoncée. Le mème consiste à sous-titrer cette scène d'une intensité et d'une gravité manifestes avec des dialogues ayant trait à des faits d'actualité particulièrement triviaux.

Ainsi le premier Hitler Reacts, en 2006, donnait à voir Hitler s'énervant à propos du manque de nouveauté dans la démo du jeu de simulation de vol Flight Simulator X de Microsoft. Il existe aujourd'hui des centaines de vidéos reprenant ce *modus operandi* particulièrement efficace parce que jouant sur l'anachronisme et le décalage entre le jeu de Bruno Ganz et les propos tenus.

Les plus vues sont les suivantes :

- Hitler reacts au record du 100 mètres d'Usain Bolt ;
- Hitler reacts au lancement de l'iPad ;
- Hitler reacts à la séparation du groupe Oasis.

Le réalisateur de *La Chute* déclarait au *New York Times* en 2010 en avoir vu des centaines, y rire à chaque fois et ne pas imaginer de meilleur compliment pour un réalisateur. Un avis pas vraiment partagé par la société de production du film qui a demandé à YouTube de retirer les parodies en regrettant le mauvais goût de celles-ci et l'aspect trivial de la chose au regard de la gravité du film. Un échec manifeste puisque les « Hitler Reacts » sont légion sur les sites de partage de vidéo.

OMG* SECRET NAZI

OMG (Oh My God !) Secret Nazi est un mème* fondé sur la représentation accidentelle (ou pas) de symboles nazis. L'exemple le plus connu est la forêt du nord-est de l'Allemagne où les nazis avaient planté une centaine de mélèzes jaunes dessinant un swastika vu du ciel. Découverte par le gouvernement allemand en 1992, elle a depuis été détruite. Hormis cet exemple, ou celui, évidemment involontaire, du dallage de la cathédrale d'Amiens ci-dessous, la quasi-totalité des OMG Secret Nazis sont en réalité des images retravaillées sous Photoshop qui font par exemple apparaître une croix gammée dans les barres d'une partie de Tetris.

SIX DEGRÉS D'HITLER

En 1929, Frigyes Karinthy, écrivain, dramaturge et journaliste originaire de Budapest théorise que toute personne peut être reliée à n'importe quelle autre sur la planète à travers une chaîne de relations individuelles comprenant au plus cinq autre maillons.
En 1994, le jeu Six degrés de Kevin Bacon, créé par des étudiants, repose sur l'hypothèse selon laquelle chaque acteur peut être relié à Kevin Bacon via ses rôles dans moins de six films et qui conclut que « Kevin Bacon est le centre de l'univers du divertissement ». Le jeu en lui-même consiste à relier n'importe quel acteur américain à Kevin Bacon aussi vite que possible et avec le moins de films (ou degrés) possibles.
Pour jouer à Six degrés d'Hitler, un jeu né sur 4chan*, il faut se rendre sur la page d'accueil de Wikipédia, cliquer sur le bouton « Article au hasard » et essayer d'arriver en moins de six clics via les hyperliens sur la fiche d'Adolf Hitler. Un défi en pratique ultra-facile à réaliser.

HOAX

En France, le terme désigne un canular se diffusant sur Internet, principalement via les e-mails de vos parents.

Le hoax (prononcé simplement « ox ») a pour particularité d'être repris et retransmis par des personnes de bonne foi, souvent des papas et des mamans peu familiarisés avec la culture du fake* et du grand n'importe quoi caractéristique du Web.
Dans la majorité des cas, il s'agit d'un message alarmant ayant pour but d'être transféré au plus grand nombre afin d'avertir et de protéger les populations. Souvent bâtis sur le modèle des légendes urbaines, les hoax reflètent les peurs et les espoirs d'une société. Il existe différents types de hoax plus ou moins vicieux, des faux virus alarmants aux chaînes de solidarité totalement bidon en passant par des gains d'argent farfelus, des chaînes porte-bonheur à la désinformation pure et simple.

LES SCIENTIFIQUES RUSSES ONT RÉUSSI À FAIRE CUIRE UN ŒUF PLACÉ ENTRE DEUX TÉLÉPHONES PORTABLES PAR LA SEULE FORCE DE LEURS ONDES.

Et en matière d'intox, le hoax se pose là en « révélant » au monde une information passée sous silence dans les médias. Si ces mails frisent parfois la diffamation, ils viennent néanmoins rassasier les internautes friands de théories du complot et autres thèses obscures.
Les hoax peuvent aussi se répandre sur des forums* ou toute autre plateforme Internet. En avril 2001, une terrible rumeur lancée par les plaisantins de feu Infos du monde et reprise par des médias américains dans le contexte de Miss Univers est restée dans les consciences collectives : Miss France 2001 est un homme – Élodie Gossuin s'appelle en réalité Nicolas Levanneur.
Contre la désinformation et pour l'amour de la vérité, des sites tels que hoaxbuster.com recensent les hoax dans le but d'en limiter la propagation.

IDENTITÉ NUMÉRIQUE

Comment protéger sa e-réputation ?

L'identité numérique est l'identité virtuelle d'une personne ayant laissé des informations personnelles sur l'Internet. Elle regroupe les différents profils sur les réseaux sociaux mais également les blogs, les comptes YouTube ou Flickr. Bref, la manière dont on se présente en ligne.

CE QUE MERLEAU-PONTY PENSE DE FACEBOOK*

« Reconnaître son visage dans le miroir, c'est pour [l'enfant] apprendre qu'il peut y avoir un spectacle de lui-même. Jusque-là il ne s'est jamais vu, ou il ne s'est qu'entrevu du coin de l'œil en regardant les parties de son corps qu'il peut voir. Par l'image dans le miroir il devient spectateur de lui-même. Par l'acquisition de l'image spéculaire, l'enfant s'aperçoit qu'il est visible et pour soi et pour autrui. »
L'analyse de Maurice Merleau-Ponty dans *Les Relations à autrui chez l'enfant* (1975) s'applique de façon troublante à la problématique de l'identité numérique. Les sites de réseaux sociaux sont autant de scènes où l'on se donne en spectacle, où l'on devient spectateur de sa propre identité numérique, spectacle pour les autres et spectateur des autres. L'architecture des sites en elle-même n'est qu'un réseau de miroirs d'individus, de reflets numériques.
On l'aura deviné, ce jeu de miroirs a ses limites : « L'image propre en même temps qu'elle rend possible la connaissance de soi, rend possible une sorte

d'aliénation : *je ne suis plus ce que je me sentais être immédiatement, je suis cette image de moi que m'offre le miroir.* Il se produit, pour employer les termes du docteur Lacan, *une "captation"* de moi par mon image spatiale. *Du coup, je quitte la réalité de mon moi vécu pour me référer constamment à ce moi idéal, fictif ou imaginaire, dont l'image spéculaire est la première ébauche.* »
Si l'on remplace miroir par Facebook, ça marche aussi bien :

« JE NE SUIS PLUS CE QUE JE ME SENTAIS ÊTRE IMMÉDIATEMENT, JE SUIS CETTE IMAGE DE MOI QUE M'OFFRE MON PROFIL FACEBOOK. »

Même si l'on a l'impression de tout contrôler (c'est-à-dire de tout mettre en œuvre pour paraître à son avantage), on est pris dans une embrouille sensiblement similaire à celle de l'enfant au stade du miroir. Certes, l'internaute choisit son reflet, mais au final, se retrouve avec un double de lui-même, un double idéalisé au possible auquel il risque de se référer de plus en plus. Il subit alors le même phénomène de « captation » de soi par son identité numérique.
Le piège enfantin de cette exposition perpétuelle de soi que constituent les réseaux sociaux n'en est aujourd'hui qu'à ses prémices. On découvre cet univers (son profil, sa page), on se l'approprie comme un nouveau jouet sans être éduqué pour, ni même préparé. Chacun improvise son mode d'emploi.

Maurice Merleau-Ponty vous a poké

« En ce sens, continue Merleau-Ponty, je suis arraché à moi-même, et l'image du miroir me prépare à une autre aliénation encore plus grave, qui sera l'aliénation par autrui. Car de moi-même justement les autres n'ont que cette image extérieure analogue à celle qu'on voit dans le miroir, et par conséquent autrui m'arrachera à l'intimité immédiate bien plus sûrement que le miroir. »
Les sites de réseaux sociaux génèrent de même d'inépuisables malentendus, l'impression d'avoir été trompé par le profil de quelqu'un – ou la sensation d'arnaquer l'autre en se construisant un personnage au risque de le décevoir IRL*. Par essence, tout ce que l'on fait sur ces réseaux est adressé à l'autre, calculé pour influencer sa manière de nous percevoir. L'aliénation par autrui fonctionne à plein régime.

TYPOLOGIE GROSSIÈRE DES IDENTITÉS NUMÉRIQUES

Une analyse sommaire des identités numériques ou « profils » Facebook nous apprend contre toute attente que : en général, les gens sont curieux de la vie ; à une écrasante majorité, ils aiment profiter de la vie ; ils apprécient les couchers de soleil, le sable chaud, la gastronomie, les amis ; ils ont très envie d'échanger avec des personnes intéressantes qui ont des choses à leur apprendre sur la vie ; ils n'aiment pas la télé (à en croire leurs profils, 40 % des Français nous conseillent même de balancer notre poste par la fenêtre).
L'exercice consistant à « se montrer sous son meilleur profil » s'effectue de manière différente selon les âges.

20 ans

Professionnel de la mise en scène de soi, le jeune est un exhibitionniste décomplexé. Il exploite consciemment ou pas sa page Facebook comme un outil de promotion personnelle mettant en scène sa vie quotidienne, en fonction de l'image qu'il a envie de renvoyer. Dans cette perspective, très sensible à la dynamique de groupe, il n'a de cesse de commenter subtilement les photos de ses amies : « Trop graves les meufs ! jvous kiff ».
Conscient de ses limites, le jeune de vingt ans joue l'autodérision avec maladresse. Ainsi, dans ses « intérêts » sur Facebook, il ajoute aux traditionnels Kate Moss, Pete Doherty, Miley Cyrus, Justin Bieber ou Bob Dylan un « je sais, c'est po original mais je vous emmerde. LOL* ». En matière d'image, l'adolescent ne se trouve beau que sur les photos où il ne se ressemble pas – cliché si possible surexposé

pour faire disparaître tous les traits du visage et lui donner une allure fantomatique non identifiable. Pour les filles, la photo se fait en plongée afin d'avoir l'air mutin – c'est une règle universelle, les filles sont plus jolies vues du dessus, notamment lorsqu'elles portent un décolleté. Pour les garçons, après deux cents essais, une fois trouvé son « bon profil », on ne bouge plus, seul le décor change. « Je fronce les sourcils pour avoir l'air ténébreux à une soirée, je fronce les sourcils dans un club, je fronce les sourcils dans ma chambre, je fronce les sourcils au camping. »

30 ans

Le trentenaire est tiraillé entre l'envie de jouer le jeu à fond et la peur du ridicule. Il est inscrit sur les réseaux sociaux pour essayer de vivre avec son temps mais ne se fait pas d'illusion sur ce monde écœurant où l'apparence est reine. Il aimerait bien poster de très belles photos de lui (où par exemple il froncerait les sourcils), mais on lui a inculqué très tôt que la vanité était péché. Du coup, il passe des heures à sélectionner des clichés posés mais ayant l'air naturels.

SA TECHNIQUE PRÉFÉRÉE : LA PHOTO ARTY AVEC LAQUELLE IL SE DIT « C'EST PAS MOI QUE JE METS EN AVANT, MAIS L'ART DU PHOTOGRAPHE. »

Le trentenaire refuse absolument le premier degré pour marquer une certaine distance critique, sauf pour remplir la rubrique « musique, films, livres » – il y a des choses avec lesquelles on ne plaisante pas. (Certes, il n'a peut-être pas fini certains des livres qu'il cite, mais il avait vraiment aimé le début.)
Il a une conception du bon goût sur Internet qui lui interdit par exemple de commenter ses propres photos si personne ne l'a fait avant lui – ce qui est dommage parce qu'il a toujours une bonne vanne pleine d'autodérision à faire.
Le cas extrême : certains trentenaires jouent à fond le jeu du « Net exhibo ». Il ne cachent rien, n'hésitent pas à laisser leur mail perso et même leur numéro de téléphone portable à la vue de tous. Un bon moyen de dénoncer le système, de s'en moquer et, éventuellement, de pécho.

45 ans

L'homme de quarante-cinq ans déborde généralement d'amour pour son prochain. Sa page est un lieu d'amitié ouvert aux autres pour leur transmettre bien-être et sérénité. Son espace personnalisable sur MySpace* est agrémenté d'un gif animé* d'une fée clochette qui fait un clin d'œil ou d'un champignon qui sourit. Car le plus de quarante-cinq ans a le sens de l'humour. Le fond décoratif de sa page est un papier peint d'inspiration baroque-Damidot qu'il aimerait bien avoir pour de vrai dans sa chambre. Le quadra « aime les gens pour ce qu'ils sont et ce qu'ils peuvent lui apporter et ce qu'il peut leur apporter ». Il emploie beaucoup d'expressions comme « belles rencontres » ou « aventures humaines » et lit Paulo Coelho. De nature docile, il répond avec un peu trop de sérieux à tous les questionnaires et l'interrogation « Qui suis-je ? » l'a considérablement embarrassé. Il a donc entrepris un petit résumé de son enfance, de son adolescence et de son parcours professionnel qu'il copie-colle à chaque fois qu'on lui demande de se présenter. Enfin, le quadra trouve formidable cette technologie qui permet de discuter avec des gens de tous âges, y compris des jeunes filles de moins de vingt ans à l'air mutin qui ont sûrement beaucoup à lui apprendre.

IM

INSTANT MESSAGE

MESSAGERIE INSTANTANNÉE OU CHAT

Dialoguer en direct sans la bouche.

Contrairement à une croyance développée dans le sud-est de la France à la fin des années 90, le terme « chat » n'est en aucun cas une référence au mot « tchatche » (faire preuve d'une grande volubilité à Nice), mais au verbe anglais « to chat », bavarder.
Il existe des sites de chat, comme le regretté Caramail* qui a marqué une entière génération en lui apprenant comment draguer en ligne ou le récent Facebook Chat, probablement à l'origine d'un baby boom mondial. Voir aussi Chatroulette*.
Les logiciels de messagerie instantanée font partie intégrante du Web et des nouvelles relations sociales qu'il implique. Les plus connus sont MSN, AIM, iChat, GTALK et ICQ. Tous permettent de discuter gratos avec un ami ou un inconnu par écrit et en temps réel, sans craindre les blancs caractéristiques de

toute conversation téléphonique. Le chat est, par conséquent, la plus haute forme de communication humaine.

EN LIGNE

- Je suis la fille que t'as envie de pécho
- Je suis le mec qui a envie que tu saches que j'écoute de la musique obscure - *Listening to : Shellac – Song of The Minerals*
- Je suis l'ami à qui tu n'as pas parlé depuis 4 ans
- Je suis un total inconnu - *Lapcop Baby*
- Je suis une autre fille que t'as envie de pécho - *Woooo*
- Je suis le mec qui envoie 4 liens débiles par jours et se déconnecte dans la seconde - *LOOOOL*
- Je suis sur MSN mais en vrai je lis Nietzsche - *Peu de gens sont faits pour l'indépendance, c'est le privilège des puissants (Nietzsche)*
- Je suis le rigolo de service - *hello sista*
- Je suis à fond sur Internet - *Chocolate Raaaain FTW*
- Je suis le mec à qui tu as parlé une fois. En 2006.
- Je suis ton ex et je te fais chier - *In love*

OCCUPÉ

- Je suis dépressif aussi - *Sur les cimes du désespoir*
- Je suis le mec qui est toujours en statut busy - *busy busy*
- Je suis la fille qui a peur que tu me parles - *hum*
- Je suis ton meilleur pote mais moi j'ai une vie - *AFK*

HORS LIGNE

- ○ Je suis la fille jamais connectée
- ○ Je suis ton père
- ○ Je suis ton autre meilleur pote mais moi j'ai une copine et je passe pas mes nuits sur MSN

IRL

La vraie vie.

Sigle de « In Real Life », ce terme est utilisé pour parler de quelque chose qui s'est déroulé « en vrai » et non pas OTI (On The Internet, sur l'Internet).

« JE SUIS NIVEAU 90 SUR PALADIN, MAIS IRL JE REDOUBLE MA SECONDE POUR LA TROISIÈME FOIS. »

Parler d'éléments vécus IRL sur l'Internet a souvent pour objectif de crâner face à ceux qui n'ont concrètement pas de vie sociale. En ce sens, convoquer la vraie vie est un moyen de défendre son honneur quand celui-ci a été blessé en ligne afin de rappeler que ce qui se passe sur l'Internet a moins d'importance qu'IRL.

Gros n00b t'es trop con

Ouais mais moi IRL j'ai des potes

Ce qui se passe IRL reste cependant IRL et n'est donc jamais vérifiable OTI.

IRL VS. AFK

Peter Sunde, célèbre hacker suspecté d'avoir pris en charge l'élaboration du moteur de recherche et de la vente d'espaces publicitaires de Pirate Bay*, en Suède, a défendu cette position lors de son procès, dont voici un extrait des minutes du cinquième jour, le 20 février 2009 :

« Quand vous êtes vous rencontrés pour la première fois IRL ? demande le procureur.
- On n'utilise pas l'expression "IRL", répond Peter Sunde. On dit "AFK".
- IRL ? demande le juge.
- In Real Life, explique le procureur au juge.
- On n'utilise pas cette expression, reprend Peter Sunde. Tout est vraie vie. On dit "AFK", Away From Keyboard.
- Bon, dit le procureur. On dirait que je suis un peu dépassé. »

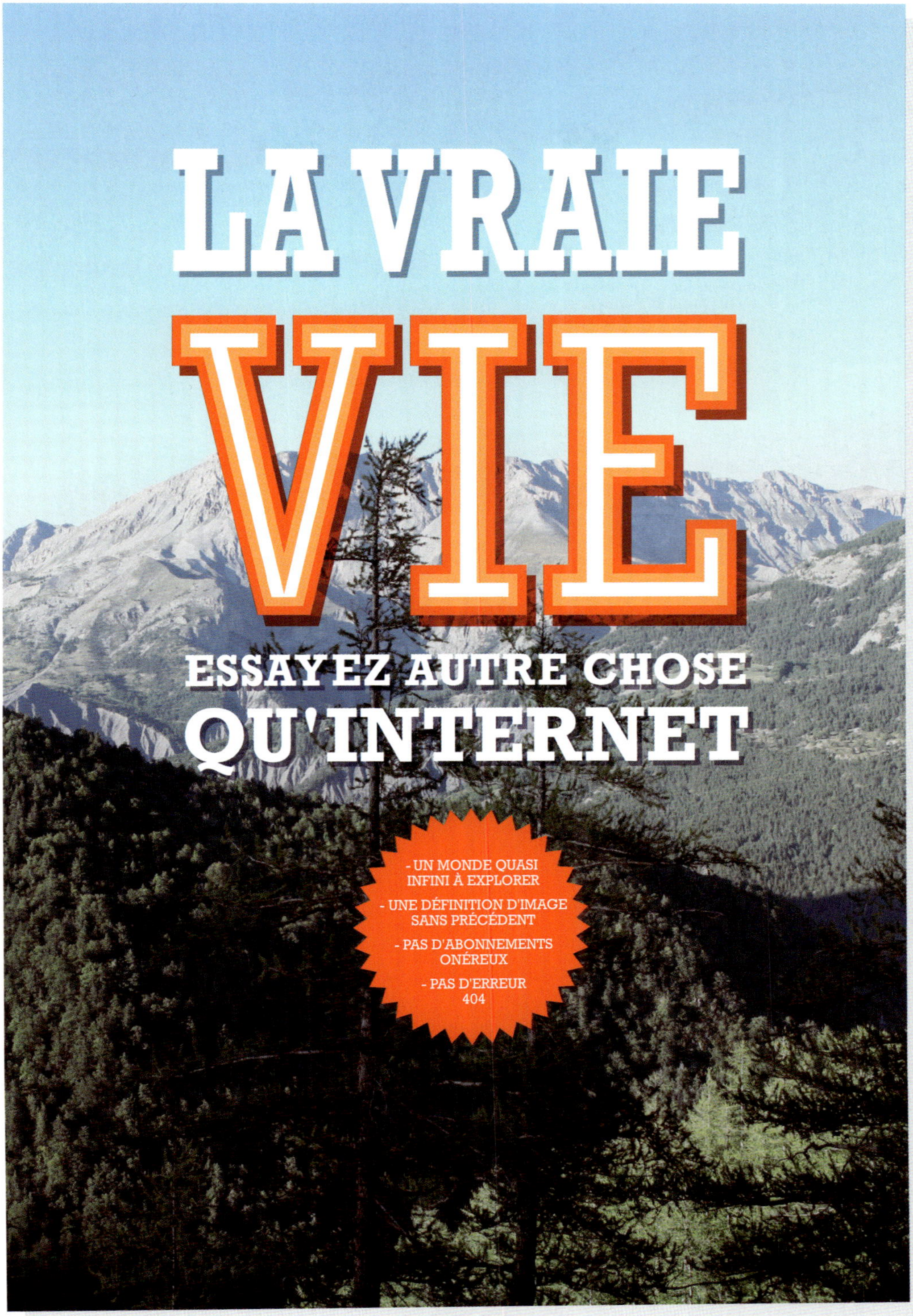
LA VRAIE
VIE
ESSAYEZ AUTRE CHOSE
QU'INTERNET
- UN MONDE QUASI INFINI À EXPLORER
- UNE DÉFINITION D'IMAGE SANS PRÉCÉDENT
- PAS D'ABONNEMENTS ONÉREUX
- PAS D'ERREUR 404

IRL, sigle utilisé pour informer ses amis online qu'on n'est, dans les faits, pas derrière son écran, et qu'on ne peut donc pas leur répondre. Moins trivialement, l'AFK est une posture idéologique. Il se différencie en cela de BRB, « Be Right Back », soit « Je reviens sous peu », plutôt utilisé lors d'un passage aux toilettes au milieu d'un chat ou d'une partie de jeu en ligne.
Le passage d'IRL à AFK peut être vu comme symbole du changement à l'œuvre dans l'imaginaire collectif. Jusqu'à présent méthodiquement cloisonnées, vie virtuelle et vie réelle tendent à se rejoindre, façonnant de nouveaux codes sociaux.

"There is nothing called irl, there is only afk."

LA « GÉNÉRATION VIRTUELLE » EXISTE-T-ELLE ?

C'est une évidence, pour les plus jeunes, une partie de la vie sociale se fait désormais en ligne. Plus besoin d'être un geek* ou un nerd pour être connecté H24. Les ados se retrouvent le soir sur MSN ou Facebook * pour prolonger à l'envi les conversations de la cour de récré ou du portail du lycée et ils n'ont jamais pris un pseudo ou rencontré des inconnus online.
Dans cette optique, Internet, devenu une extension du monde réel, ne vient plus s'opposer à la Real Life. Ce qui était présenté abusivement comme un « non-lieu » sans existence concrète, tangible ou physique est ainsi clairement passé ces dernières années du statut d'embryon du réel à une celui d'extension de la réalité. Il reste pourtant dans l'imaginaire collectif et dans certaines pratiques un « hors là » mystérieux et dangereux. C'est oublier que le virtuel possède une pleine réalité. Et structure aujourd'hui la vie sociale de millions d'entre nous avec plus de force qu'aucun mode de communication classique.

JAPAN (WTF*)

今日は お元気 ですか

NETHNOCENTRISME

S'il lui est difficile de surfer sur des sites japonais (à moins d'avoir pris la langue en LV2), l'internaute occidental ne rechigne toutefois pas à cliquer sur des vidéos nippones. Sur le Net et au-delà des frontières du continent asiatique, extraits de pubs ou d'émissions télé surexcitées locales font toujours leur petit effet. C'est le propos du blog populaire « WTF Japan, Seriously ? » (wtfjapanseriously.com) dont la homepage (page d'accueil) donne à voir des jeunes nippones à la mine mi-apeurée mi-hilare et coiffées de chapeaux en forme de champignons. Sur le blog, on trouve beaucoup de vidéos mais aussi des photos jouant sur le choc des cultures, entre exotisme golri et bizarrerie totale.
L'expression « WTF Japan » est entrée dans le lexique internet pour désigner toutes les étrangetés qui proviennent du territoire nippon. Un bel exemple de l'ethnocentrisme qui règne souvent sur l'Internet dont le contenu semble, vu d'ici, complètement monopolisé par la culture anglo-saxonne.

Gaki No Tsukai

Gros carton sur YouTube, Gaki No Tsukai est une émission de télé japonaise menée par une fine équipe de comiques locaux faisant potentiellement passer Vincent Lagaf' pour un jésuite. Le concept : les participants sont mis à l'épreuve dans des situations plus ou moins rocambolesques où il ne faut surtout pas rire, sous peine de sanctions physiques. Évidemment, tout le monde finit par rigoler et se prendre des gros coups sur la tête. Spectacle assuré.

Le Japon est l'un des pays les plus connectés. Toutefois l'usage que les Japonais ont du Net n'est pas forcément le même que le nôtre. Ainsi, en 2010, une enquête menée par l'entreprise TNS à travers quarante-six pays et 50 000 personnes conclut qu'au contraire de la France où les internautes attachent beaucoup d'importance aux réseaux sociaux, les Japonais s'en foutent pas mal.

LES JAPONAIS N'AURAIENT QU'UNE VINGTAINE D'AMIS EN MOYENNE SUR CES SITES SOCIAUX CONTRE QUATRE-VINGT QUINZE POUR LES FRANÇAIS.

En matière de téléphonie mobile, les Japonais s'imposent comme les champions toutes catégories. Ils s'en servent pour « surfer », mais aussi pour envoyer des e-mails (pratique encore peu courante en France) ou pour regarder des vidéos. Selon une étude de ComScore, ils seraient 22 % à visionner des films sur leurs portables, contre 5 % sur notre continent.

QUELQUES FAITS EN VRAC

- Kawaii oblige : beaucoup de vidéos d'animaux* mignons proviennent du Japon. Parmi eux, le roi du cute de compagnie : le chat Maru, dont la chaîne YouTube est souvent dans les plus regardées de la semaine.
- 4chan* dont le nom vient du japonais Yotsuba Channel (soit « chaîne des 4 feuilles ») a été créé sur le modèle de 2channel, imageboard japonais dédié à la culture anime, très présente sur l'Internet.
- Les Japonais sont les meilleurs clients du monde des sites météo.

KIKOOLOL

on né pa sérieu qd on a 14 ans looool

Le kikoolol est un prépubère ayant pour particularité de s'exprimer exclusivement en langage SMS. Il tient son nom de la contraction du mot « kikoo », dérivé de « coucou », et de « lol* ». Deux termes qu'il affectionne particulièrement et qu'il s'applique à taper dans chacun de ses messages, qu'il sévisse sur un forum*, un réseau social ou un jeu en ligne. En parallèle, le kikoolol tient un blog (la plupart du temps un skyblog) où il consigne quelques éléments autobiographiques, des photographies de ses amis ou de sa famille légendées par des phrases courtes mais néanmoins marquantes, telles que : **« sa cé ma meilleur ami jlador tro, jlm grave »** ou bien **« là c moi looool jtire la tronche mdrr ».**
Difficilement identifiable IRL* – si ce n'est par ses boutons d'acné et son air peu éveillé –, le kikoolol a, dans la majorité des cas, moins de 16 ans. Au-delà, entrer dans la catégorie « kikoolol » est un symptôme de problèmes psychomoteurs plus graves que la simple bêtise adolescente.
Le kikoolol peut aussi être qualifié de « kevin » ou de « jean kevin ». Le plus célèbre kikoolol d'Internet reste toutefois « Noyart » ou Nono, célèbre auteur de la formule « MER IL ET FOU* » postée sur un forum de jeux vidéo.

LAPTOP

Objet transitionnel pour internaute mobile.

1/ Officiellement, mot désignant un ordinateur portable.

2/ Officieusement, appendice prolongeant le cerveau et le corps du drogué d'Internet.

L'emploi par un Français de ce terme américain – voire du petit nom affectueux « lappy » – dénote un léger snobisme et va souvent de pair avec une fascination pour la marque Apple*. Il est également signe d'une certaine perversion car le rapport au laptop est d'ordre charnel, et ses utilisateurs en portent souvent les stigmates.

Si l'ordinateur portable lambda se pose sur un bureau, le laptop se porte collé contre son soi dans l'espoir de fusionner avec lui jusqu'à la fin du monde. En position assise, le propriétaire posera sa machine chérie sur ses cuisses, et en position couchée sur sa poitrine, savourant les brûlures engendrées par la chaleur de son laptop d'amour et les délicieuses crampes aux poignets.

LEET SPEAK ou 1337 5P34K

De l'anglais « elite speak » (langue de l'élite), le leet speak est un argot particulier au monde de l'informatique et plus précisément à Internet.

Il repose sur un procédé simple : le remplacement des lettres latines par des chiffres ou d'autres caractères graphiquement voisins. Hermétique au néophyte (appelé « n00b »), il peut être considéré comme un dérivé du « chiffrement », procédé grâce auquel la compréhension d'un document est rendue difficile à toute personne n'ayant pas la clé pour le décrypter.

EN CE SENS, LE LEET SPEAK PERMET DE PASSER POUR UN GROS HACKER AUPRÈS DE N'IMPORTE QUEL BÉOTIEN.

La culture leet et sa langue peuvent également se caractériser par l'utilisation de suffixes exotiques (-xor, -ness, -ed, -zorz) et une présence massive de z ajoutés en début ou en fin de mot afin de se moquer des nombreux acronymes, raccourcis et fautes d'orthographe présents sur l'Internet.

L'alphabet de base pourrait ainsi ressembler à ça :
4 B C D 3 F G H 1 J K 1 M N 0 P Q R 5 7 U V W X Y Z
Il peut aussi être poussé plus loin comme le montre le tableau ci-contre.

A 4 /\ @ ^ aye ∂ /-\ |-\

B 8 6 13 |3 ß P> |: !3 /3)3 |3

C [¢/-- □□□\ < (©

D) |□ [) I> ? T) |) 0 < /

E 3 & € £ € ë [- |=-

F |= ƒ |# ph /=

G 6 & (_+ 9 C- gee (Y,

H # /-/ [-]]-[ )-((-) :-: |~| |-|]~[}{]-[? }-{ hèch

I 1 ! |][eye 3y3] :

J _| _/ ¿ < / (/ □ ;

K x |< |{ ɮ <

L 1 £ 1_ □ | |_][_,

M v [V] {V} |\/| /\/\ (u) (V) (\/) /|\ ^^ /|/| //. .\\ /^^\ /// |^^|

N ^/ |V |\| /\/ [\] <\> {\} [] \ // ^ [] /V □

O O* 0 () oh [] ¤ ° ([])

P |* |□ |° |^(□) |> |" |: 9 []D |° |7 ? /*

Q (_,) ()_ 0_ °| <| 0.

R 2 |? /2 |^ lz ® [z 12 я |2 ⌂ |^2 .- ,-

S 5 $ z § ehs es _/¯

T 7 + -|- 1 '][' † |^2

U (_) |_| v L| µ

V \/ 1/ |/

W \/\/ vv '// \\' \^/ (n) \V/ \X/ \|/ _:_/ ш □ `^/ \√

X >< ж }{ ecks ×)(

Y j `/ ψ φ λ ч ¥ '/

Z ≥ 2 =/= 7 ~/_ % >_ ʒ >_ ¯_ '/_

Aujourd'hui, certains puristes regrettant de voir le leet speak se vulgariser affirment que le procédé doit se limiter à certains mots-clés. À savoir :

N00b = noob = newbie

Désigne un débutant sur un forum* ou un jeu en ligne. Il s'agit d'une insulte.

Pwned = Owned

Deux termes utilisés pour pointer du doigt l'échec de quelqu'un ou de quelque chose. Owned veut dire « Tu t'es bien fait avoir », notamment sur les jeux en ligne. Pwned et Owned sont synonymes parce que les lettres P et O sont voisines sur le clavier et qu'une erreur de touche est vite arrivée.

Pr0n = porno

Cette graphie permet à la fois de faire cool et d'éviter les filtres sur les groupes de discussion ou les forums.

Haxor = Hacker

Hax = Hack

W00t

Terme utilisé pour exprimer la joie, partout sur l'Internet. Il est un dérivé de « woot » (We Owned the Other Team = Nous avons vaincu l'autre équipe) et a été élu mot de l'année aux États-Unis en 2007.

À noter :

-La Bible a été traduite en leet speak par la Christian Hackers' Association : christianhacker.org.

- Facebook est accessible en version leet (il suffit de changer la langue dans les paramètres). De même pour Google à l'adresse suivante : google.com/xx-hacker

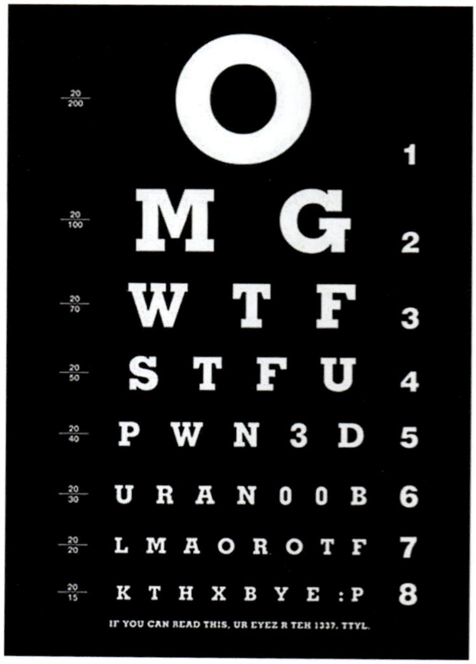

LINUX

Premier système d'exploitation non capitaliste.

Favori des nerds (voir Geek*) , Linux est l'équivalent libre et gratuit de Windows ou Mac OS. Par définition plus compliqué à installer que ses concurrents commerciaux préinstallés sur les machines (Mac OS sur Mac et Windows sur la quasi-totalité des PC), Linux a toutefois pour énorme avantage d'être un logiciel libre développé de façon collaborative par ses utilisateurs. Il est aussi réputé plus sûr et plus fiable que les autres.

UNIX + LINUS = LINUX

Linux est un dérivé d'UNIX, système d'exploitation très technique datant de 1969. Il naît de la fusion de deux projets complémentaires : l'un appelé « GNU » et mené au début des années 1980 par un certain Richard Stallman, chercheur au MIT, et l'autre conduit par un étudiant finlandais nommé Linus Torvalds.
Si GNU comprend les programmes de base (éditeur de texte, débogueur, bibliothèques système), Linus apporte, lui, en 1991 le noyau de l'OS. Linux tient son nom de Linus Torvalds (il est une contraction de Linus et Unix). Pour rendre honneur à Richard, on devrait toutefois plutôt parler de « GNU/Linux ».
En avril 2010, les utilisateurs de Linux (appelés « linuxiens ») étaient estimés à 19 millions, soit 1,6 % du marché des systèmes d'exploitation. Toutefois, beaucoup utilisent Linux sans le savoir via des serveurs ou des appareils mobiles (notamment les téléphones Android).

Logiciel libre

C'est un logiciel dont le code source est public et disponible. Il peut ainsi être copié, modifié et redistribué à l'envi si l'on respecte des conditions de licence spécifiques. Le logiciel libre et l'idéologie dite « open source » qui s'y rapporte mettent en avant l'entraide et le partage des connaissances en vue d'œuvrer pour le bien commun.

LIPDUB

Type de vidéo virale donnant à voir des gens ayant abandonné toute dignité et chantant en play-back sur un tube généralement médiocre.

Traditionnellement, le lipdub est filmé en one-shot. Soit un plan séquence donnant l'occasion à chacun de briller l'espace d'un instant (à grand renfort de costumes ridicules) en chantant un vieux tube devant la caméra en mouvement. Inventé en 2006 par le créateur du site de vidéo en ligne Vimeo, le lipdub collectif a fait son apparition quelques mois plus tard à l'initiative de ce dernier avec le « Flagpole Sitta office lipdub ». Il est ensuite devenu un exercice particulièrement apprécié en entreprise. En effet, le lipdub en tant que vidéo virale est un outil marketing à moindre frais qui permet de renforcer la cohésion de groupe pour le plus grand plaisir des DRH. On l'aura compris, qu'il s'agisse de groupe d'amis, d'étudiants ou de collègues, le lipdub est une pratique sordide.

LOL

Acronyme de « laughing out loud » utilisé dans le but d'exprimer le rire dans une conversation sur Internet, il signifie « je ris aux éclats », « tout ceci est désopilant » ou encore « qu'est-ce qu'on se poile, gros ».

Le lol est rapidement devenu une ponctuation symbolique. Facile à taper et ne nécessitant aucune notion d'orthographe particulière, en France, le lol s'est imposé comme un terme clivant fréquemment utilisé sur les forums*, les messageries instantanées (voir IM*) telles que IRC ou MSN et les skyblogs (voir Blogosphère*). En d'autres termes, le lol est devenu malgré lui un terme réservé aux adolescents exprimant un état d'euphorie permanent et un manque de profondeur latent.
Par conséquent, en vertu des règles du bon goût* sur Internet, l'expression est tombée en désuétude chez les plus de 15 ans au début des années 2000 avant de faire l'objet d'un fat come-back à la fin de la décennie. La fine frange de la population mettant un point d'orgue à avoir une syntaxe correcte sur Internet lui préfère le « ahah » ou le « haha » (pour les anglophones), afin de se distinguer socialement.

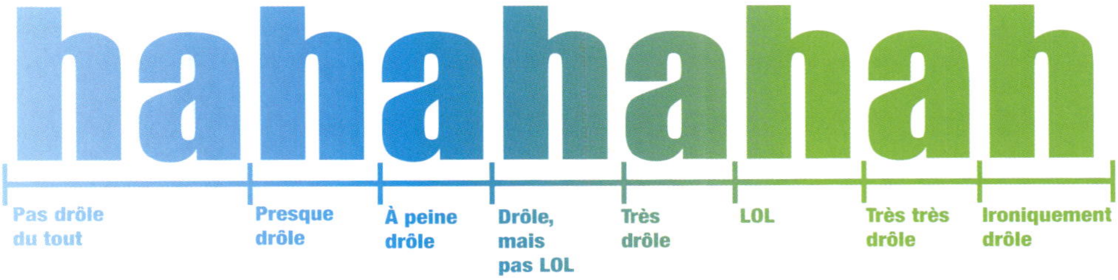

De l'éclat de rire franc et massif, le lol est progressivement devenu un simple mot valise voire un signe de ralliement entre kikoolols*.

Vidé de son sens, il a plusieurs fonctions dans une conversation :
- combler les blancs sur les messageries instantanées ;
- faire semblant de s'intéresser à ce que dit l'autre sans même avoir à faire l'effort d'esquisser un sourire forcé ;
- exprimer l'étendue de son amour pour l'humanité.

S'agissant de monologues (sur les blogs et plus particulièrement ceux de type skyblogs), il conclut des phrases ou des groupes de mots n'ayant rien de drôle et venant souvent légender une photo personnelle. Exemples :

« Sa c ma meilleur amie lol »
« Je vou présent la dame de la cantine elle é super sympa lol »

DE L'ESPRIT DU LOL

Le spectre du lol hante Internet. Un même état d'esprit qui transcende les nations : celui du foutage de gueule généralisé.
Plus besoin de parler la même langue pour rire aux mêmes blagues : lol est devenu le concept central d'un nouvel esperanto. Il s'ordonne comme une vivifiante source de communication et de création reliant les peuples en mettant à distance tout système de valeurs et de représentations. Il rythme au quotidien la vie du nerd (voir Geek*) comme de l'internaute-spectateur lambda. Des vidéos-gags (de l'humoriste Rémi Gaillard) aux forums plus undergrounds en passant par les mèmes* en tout genre, l'esprit du lol impose sa domination partout, des plateformes de partages de contenu aux messageries instantanées en passant par les blogs ou les réseaux sociaux.

DU LOL
À L'ORAL

IRL* (dans la vraie vie), laisser échapper un lol peut parfois jeter un froid. Il est totalement exclu de l'emprunter au premier degré sans passer pour un être étrange qui préfère dire qu'il rit au lieu de rire tout court. Au second degré, le lol est parfois le bienvenu, à condition de l'utiliser à bon escient et avec des amis tolérants.

I DID IT
FOR THE LULZ

Branche agressive du lol, le lulz est un rire aux dépends de quelqu'un ou de quelque chose. Il justifie toutes les infamies, comme en témoigne le manifeste officieux de ces milliers d'anonymes réunis autour d'une personne (a)morale baptisée « Anonymous* ».

« LE TSUNAMI DÉVASTE LE CONTINENT ASIATIQUE, NOUS RIONS. UN EMO PSYCHOPATHE SE DÉFOULE SUR SON CHAT, NOUS RIONS. DES ADOLESCENTS S'AUTOMUTILENT SANS RAISON, NOUS RIONS. SUICIDE, HOMICIDE, GÉNOCIDE : NOUS RIONS. RACISME, SEXISME, DISCRIMINATION, XÉNOPHOBIE ET HAINE INFONDÉE : NOUS RIONS. NOUS SOMMES L'ESPRIT DE LA FOULE BASSE ET VILE, L'IRRATIONNEL, LES GUERRES VIRTUELLES SANS BUT, NOUS SOMMES LE VRAI VISAGE DU NET. »

« I did it for the lulz » est le leitmotiv des Anonymous, la formule magique légitimant toutes les insanités et les meilleures blagues.
Pour le lulz donc, les Anonymous de 4chan* ont, entre milliers d'autres faits d'armes, piraté le MySpace* d'un adolescent mort, organisé une attaque de bites sur Second Life, hacké le compte Gmail de Sarah Palin durant la présidentielle américaine, attaqué le site du Front national en juillet 2011 ou monté une guérilla virtuelle et IRL contre l'Église de Scientologie (non pas en raison d'une quelconque éthique, mais parce que l'organisation avait osé faire supprimer une vidéo d'Anonymous sur YouTube).

Page de droite : Henri Bergson, auteur du *Rire, essai sur la signification du comique* (1899).

LOL

FORCE D'EXPANSION DU LOL

En vertu de la loi Toubon, le lol peut être francisé en mdr soit « mort de rire ». De ce fameux mdr découle le ptdr soit « pété de rire », sous-entendant une hilarité plus puissante que le simple mdr (à supposer qu'« être pété » soit plus fort qu'« être mort »).

De même, en anglais, les graduations du lol vont du rire poli au délire euphorique.

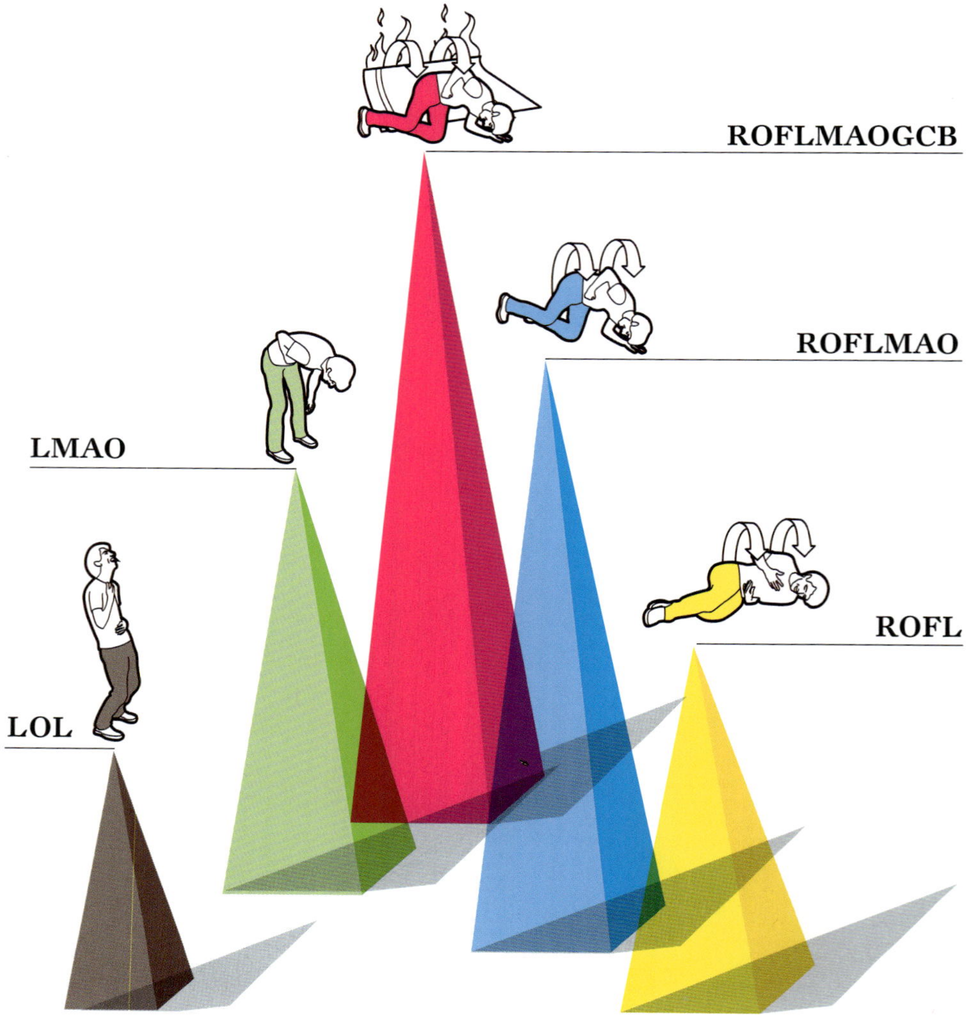

ROFL : « Rolling On the Floor Laughing » soit « Je me roule par terre de rire », ce qui n'arrive concrètement jamais dans la vie.

LMAO : « Laughing My Ass Off » soit « Je ris à me mettre cul par dessus tête ». Version particulièrement imagée.

ROFLMAO : « Rolling On the Floor Laughing My Ass Off » soit « Je me roule par terre de rire le cul par dessus tête ». Posture acrobatique qui combine le ROFL et le LMAO.

ROFLMAOGCB : « Rolling On the Floor Laughing My Ass Off Getting Carpet Burns », le lol le plus puissant, entraîne une combustion spontanée due au frottement du tapis sur lequel le sujet se roule de rire. À n'utiliser qu'en cas de blague ou réplique vraiment très très drôle, pour ne pas passer pour un imbécile heureux ou un consommateur de drogues douces.

Mais le destin du lol ne s'est pas arrêté aux newbies (voir Leet speak*) et le terme a finalement retrouvé une place chez les plus de 20 ans. Utilisé au second degré, le lol marque désormais également un rire décalé, ironique, propre aux vieux loups de mer du Web capables de conjuguer le verbe intransitif « loler » sans faute d'accord.

*

Je lole
Tu loles
Il lole
Nous lolons
Vous lolez
Ils lolent

*

*

Que je lolasse
Que tu lolasses
Qu'il lolât
Que nous lolassions
Que vous lolassiez
Qu'ils lolassent

*

MEGAN MEIER

Réseaux sociaux + adolescente + flirt sexuel + mort + perversité + blog = fait divers n° 1 du Web

PHASE 1 :
CYBER-BULLYING* ET FAKE*

O'Fallon, Missouri, 2006. Megan Meier est une jeune fille de 13 ans. Dépressive, obsédée par son poids, l'adolescente est très active sur les réseaux sociaux, notamment MySpace*.
À quelques mètres de chez elle vit la famille Drew, dont la fille Sarah fréquente la même école que Megan. Les deux gamines se brouillent. Sarah Drew est persuadée que Megan Meier la méchante dépressive dit du mal d'elle derrière son dos. Sarah s'en plaint à sa mère Lori qui a alors une réaction que l'on peut pudiquement qualifier de non rationnelle. Plutôt que de consoler sa fille, la mère décide d'enquêter sur les possibles médisances de Megan Meier. Pour ce faire, **elle se crée un faux profil sur MySpace sous le nom de Josh Evans**, jeune adolescent de 16 ans plutôt mignon et elle demande Megan en amie. Megan est flattée de l'intérêt de ce garçon qu'elle trouve si « hot ». Très vite, Megan et Josh passent de plus en plus de temps à s'écrire. La mère de Megan est un peu inquiète de cette brusque amitié, mais sa fille semble se sentir mieux dans sa peau depuis que Josh s'intéresse à elle. Leurs échanges prennent même une tournure sexuelle. Et là, on se demande quand même ce que cette mère de famille a dans la tête. À noter que ce faux compte est tenu par Lori Drew, sa fille Sarah Drew et leur employée de maison qui trouvent toutes cette histoire décidément très drôle.
Après plusieurs semaines de rapprochement, de confidences et de flirt, Josh commence à envoyer des messages agressifs à Megan. Le 15 octobre 2006, il lui écrit : « Je ne suis plus certain de vouloir être ton ami parce que j'ai entendu que tu n'étais pas très gentille avec tes amis. » Plus tard : « Tout le monde à O'Fallon sait qui tu es. Tu es une mauvaise personne et tout le monde te déteste. Le monde serait un endroit meilleur sans toi. » Ce à quoi, Megan, au fond du gouffre, répond : « Tu es le genre de garçon pour qui une fille se suiciderait ». Après cet échange de mails avec Josh, elle va dans sa salle de bains et se pend.
En plein deuil, la famille Meier trouve tout de même le courage d'aller voir leurs

voisins les Drew pour leur dire que, malgré la dispute entre les deux filles, ils savaient que Sarah était vraiment importante pour Megan. Lori Drew ne dit rien. Mais quelques jours plus tard, elle raconte l'histoire de Josh en rigolant à une autre mère de famille du voisinage qui s'empresse d'aller dire la vérité aux Meier.

PHASE 2 : STALKING*

Dès que les Meier sont informés de la véritable identité de Josh, ils préviennent la police qui décide d'enquêter. Les journaux locaux évoquent l'affaire en préservant l'anonymat des familles. Mais l'écho médiatique s'amplifie. Des blogueurs, fascinés par l'horreur du fait divers, s'en mêlent, trouvent le nom de la famille Drew et le publient. À partir de là, la presse nationale suit. Des internautes s'organisent sur 4chan* pour chercher toutes les infos concernant la famille Drew (principe ddu stalking). Les coordonnées des Drew se retrouvent partout sur l'Internet. Les membres de la famille sont littéralement harcelés par des inconnus depuis les quatre coins des États-Unis. Le répondeur téléphonique professionnel de Lori est hacké, son message d'accueil est devenu :

« SALUT, ICI LORI DREW, LA FAMEUSE TUEUSE D'ADOLESCENTE. »

Les époux Drew perdent leur travail, ils doivent déménager. Paradoxalement, ils deviennent alors les nouvelles victimes de l'affaire Megan Meier.

PHASE 3 : TROLL* ET BLOG*

Jason Fortuny, blogueur se décrivant comme « quelqu'un de normal qui fait des choses dingues sur Internet » (voir Troll*) se mêle de l'affaire Megan Meier pour y rajouter encore un peu plus de n'importe quoi. Il ouvre un blog intitulé « Megan had it coming » (Megan l'a bien cherché), sur lequel il se fait passer pour une camarade de classe qui trouve que Megan était vraiment une sale peste et que Lori Drew est une bonne mère de famille qui a bien agi. Ses posts sont repris par tous les médias, persuadés qu'ils sont écrits par Lori Drew elle-même. La police ne parviendra jamais à identifier l'auteur réel du blog. C'est un journaliste du *New York Times* qui révélera plus tard l'implication de Fortuny.

ÉPILOGUE : MÉMORIAL VIRTUEL

En mai 2008, Lori Drew est jugée, non pas pour homicide, Megan s'est suicidée, ça ne fait aucun doute, mais pour complot et violation des conditions d'utilisation du site MySpace. Elle est reconnue coupable. Mais lors du procès en appel en juillet 2009, elle est acquittée. Le juge ne voulait pas créer de précédent : condamner quelqu'un pour le non-respect des conditions d'utilisation d'un site reviendrait à criminaliser ce qui reste de l'ordre du contrat. L'affaire Megan Meier a poussé l'État du Missouri à adapter sa loi contre le harcèlement en y intégrant un volet informatique.
Un mémorial virtuel en hommage à Megan Meier a été ouvert sur MySpace : myspace.com/meganmeiermemorialmyspace

MÈME

Phénomène internet qui se définit de manière barbare comme un running gag persistant au sein d'une communauté virtuelle.

Le mème est une réappropriation récente d'un concept créé par Richard Dawkins en 1976. Dans son ouvrage *Le Gène égoïste*, l'éthologiste britannique a inventé le « mème », équivalent culturel du « gène ». Le mème est une idée ou un phénomène culturel qui, comme le gène, est capable de se répliquer, d'évoluer, de se combiner, de se modifier. Avec Internet, le mot « mème » ressurgit en force, puisque la structure technologique permet justement de dupliquer à l'infini un contenu culturel ou une information.
Cette lexie qui joue sur le sens du mot français « même » et du « meme » anglais (diminutif de *mimene*, en grec ancien « imitation ») s'illustre par des exemples fameux que n'importe quel internaute aura déjà croisés au moins une fois sur le Net, sans pourtant en saisir la portée. Parmi les mèmes les plus connus on recense le RickRoll* (liens pointant inopinément sur le clip de «Never Gonna Give You Up» de Rick Astley), les LOLcats (voir Animaux*), ces photos de chats légendées dans un anglais très approximatif ou encore « Chocolate Rain », clip minimaliste d'un jeune garçon à la voix baroque.

Plus récemment, le mème Sad Keanu a occupé nombre d'internautes qui se sont amusés à détourner une photo de paparazzi donnant à voir un piteux Keanu Reeves mangeant un vieux sandwich tout seul sur un banc. Résultat : des milliers de créations Photoshop mettent en scène l'acteur et son sandwich dans des tableaux (*Le Radeau de la Méduse*) ou des photos classiques (Keanu comme douzième ouvrier de construction dans la photo de 1932 de Charles Clyde Ebbets, *Lunchtime atop a Skyscraper*).
S'il prend sa source au niveau des agrégateurs de liens (tels que reddit, digg, etc.) ou des sites politiquement incorrects (tels que Something Awful, Embaumsworld ou la section /b/ de l'imageboard 4chan*), par essence, le mème appartient à tout le monde et chacun peut s'en saisir pour perpétuer le lol*. Dans sa forme la plus sommaire, un mème peut être un simple lien, site, phrase, expression ou mot se propageant sur l'Internet « comme une traînée de poudre ».

LE MÈME OU L'ART DU DÉTOURNEMENT

Aujourd'hui, les mèmes se rapprochent des détournements tels que les avait théorisés l'Internationale situationniste dès la fin des années 50, lorsqu'elle évoquait le « réemploi d'éléments artistiques préexistants dans une nouvelle unité » vu comme :

« UNE MÉTHODE DE PROPAGANDE TÉMOIGNANT DE L'USURE ET DE LA PERTE D'IMPORTANCE » DE LA CULTURE BOURGEOISE
(*Internationale situationniste*, n° 1 et 3, 1958-1959).

Le détournement situationniste s'applique ainsi à tout : de la peinture (Asger Jorn), au langage (d'après Lautréamont), au cinéma (*La Dialectique peut-elle casser des briques ?* de René Viénet) jusqu'aux comics devenus lieux d'expression politique et révolutionnaire.
Si avec les mèmes le but affiché n'est pas la sédition mais l'humour absurde ou cynique, le fait que chacun puisse modifier une image ou un propos peut être analysé comme un signe de défiance à l'égard des « valeurs spirituelles et matérielles » arbitrairement propagées par la « société du spectacle ».

BRÈVE HISTOIRE DES MÈMES

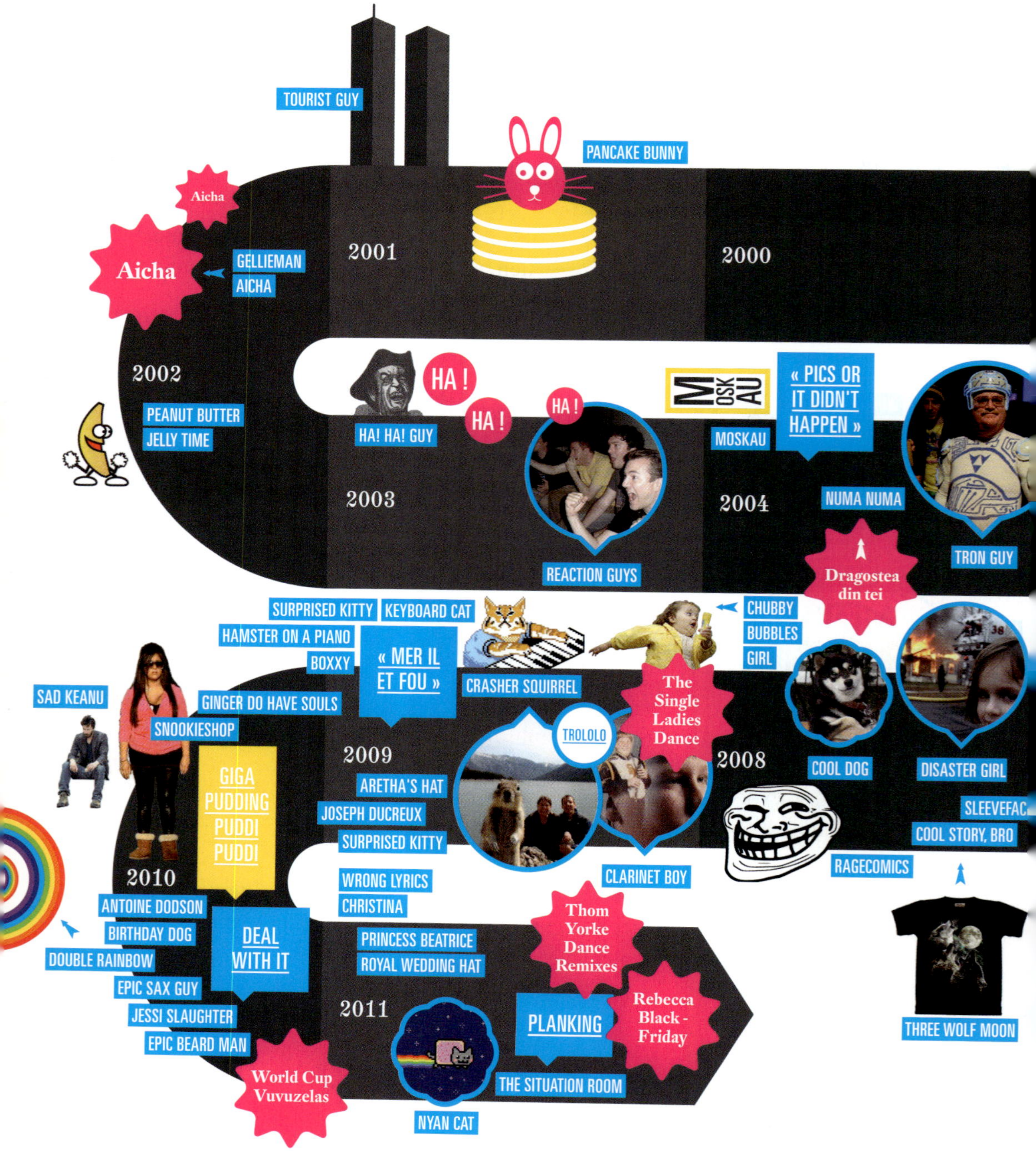

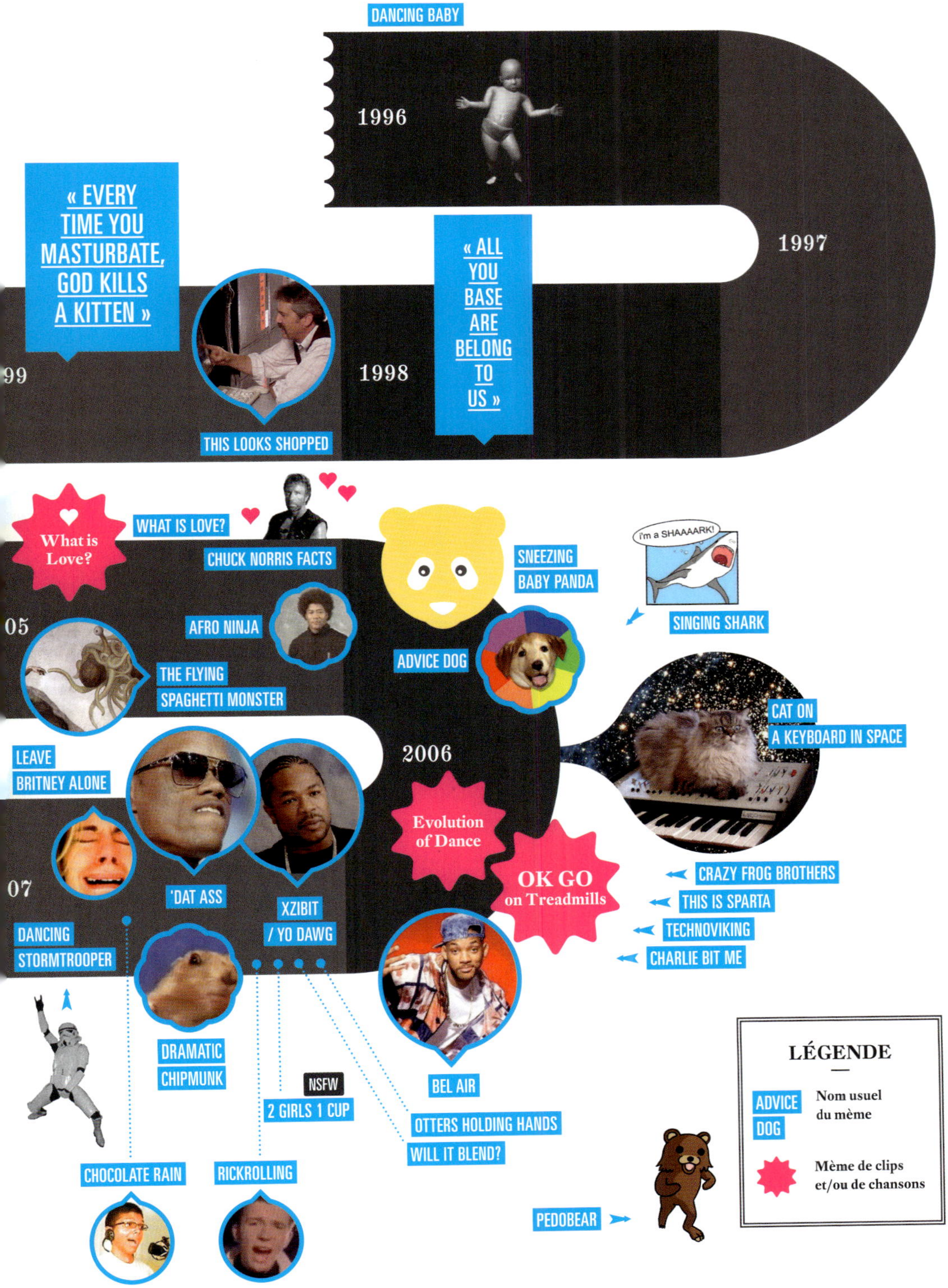

DANCING BABY
1996
1997
« ALL YOU BASE ARE BELONG TO US »
1998
THIS LOOKS SHOPPED
« EVERY TIME YOU MASTURBATE, GOD KILLS A KITTEN »
99
What is Love?
WHAT IS LOVE?
CHUCK NORRIS FACTS
SNEEZING BABY PANDA
i'm a SHAAAARK!
SINGING SHARK
05
AFRO NINJA
ADVICE DOG
THE FLYING SPAGHETTI MONSTER
CAT ON A KEYBOARD IN SPACE
LEAVE BRITNEY ALONE
2006
Evolution of Dance
OK GO on Treadmills
07
'DAT ASS
XZIBIT / YO DAWG
CRAZY FROG BROTHERS
THIS IS SPARTA
TECHNOVIKING
CHARLIE BIT ME
DANCING STORMTROOPER
DRAMATIC CHIPMUNK
NSFW
2 GIRLS 1 CUP
BEL AIR
OTTERS HOLDING HANDS
WILL IT BLEND?
CHOCOLATE RAIN
RICKROLLING
PEDOBEAR
LÉGENDE
ADVICE DOG
Nom usuel du mème
Mème de clips et/ou de chansons

IMAGE
CONTRE IMAGE

Le même dynamite le spectacle médiatique ordinaire en détournant l'attention. Soit il se focalise sur un élément de second plan d'un événement médiatisé, soit il s'intéresse à une photo inattendue, sur laquelle le personnage exprime une émotion particulière. Dans les deux cas, le point de vue est décentré par rapport aux représentations classiques des médias. Citons pour exemple la photo d'une petite fille qui regarde l'incendie d'une maison en souriant.

AINSI, LE MÈME, DANS SA FORME APOLITIQUE ET «JUSTE POUR RIGOLER» A UN EFFET PUISSANT : IL DÉSARMORCE LE SPECTACLE MÉDIATIQUE HABITUEL.

LA MORT
DE L'AUTEUR

Alors que les polémiques n'en finissent pas au sujet des droits d'auteur bafoués sur Internet (reproduction d'images sans autorisation, piratage de musique, de séries et de films), le même, par sa forme duplicative, remet radicalement en question la notion d'auteur. Il n'y a pas de créateur du même. C'est une œuvre par essence collaborative et évolutive. Le même ne désigne pas une image précise, mais l'ensemble des détournements qui en sont faits. Il ne prend son sens que dans l'accumulation et dans l'anonymat. Le même n'est jamais fait pour en tirer une notoriété personnelle, il est fait « just for the lol* » dans une logique de gratuité du geste.
Il reprend en fait les formes de créations artistiques pré-Renaissance. Dans l'Antiquité ou au Moyen Âge, la notion d'auteur n'existait pas, les seuls véritables auteurs étaient les dieux. En outre, le mode de transmission majoritairement oral des grands récits épiques ou des fables impliquait que la plupart de ces récits étaient modifiés, rallongés, améliorés par chacun de ceux qui les racontaient, sans que personne n'en revendique la propriété.
Chaque même peut à son tour renvoyer vers un même précédent. Le même est, à ce titre, autoréférenciel : Sad Keanu pourra être représenté avec Rick Astley à ses côtés. En somme, tous les mêmes tendent vers la création d'un méta-même, le même absolu.

Page de droite : tentative de méta-même, anonyme 2010.

MER IL ET FOU

L'un des seuls mèmes français de qualité.

Un certain Noyart dit Nono laissa un jour un message d'anthologie sur le forum* du site Gamekult :

« Bonjour à tous, je sais pas en faite, si je dois m'acheter la PSP, j'hésite trop x) Certains vont me dire : MER IL ET FOU.
Je leurs répondrait que non x) Pouvez vous me dire les + et les -, et j'aimerais savoir si sa vaut VRAIMENT le coup.
Merci (= »

Suite à de nombreuses reprises de ce « MER IL ET FOU » à toutes les sauces sur le forum, la formule est entrée dans le vocabulaire courant des geekos (voir Geek*) français qui l'utilisent pour exprimer une certaine stupéfaction.
« MER IL ET FOU » est souvent associé à deux autres expressions du même auteur, à savoir :

«SI J'ÉTÉ PAS LA, VOUS SERIEZ VOUS»

et le très beau

«ENKULER DE RIRE»

de préférence collé sur une photo de James Van Der Beek en pleine séance d'Actors studio sur le thème de la tristesse dans la série pour adolescents Dawson.

MOT DE PASSE

Un mot de passe ou mdp (password ou pwd en anglais) est un moyen d'identification et d'authentification plus ou moins fiable.

Selon les études américaines réalisées par des cabinets spécialisés et fondées le plus souvent sur des corpus de millions de mots de passe récupérés après des piratages, les mots de passe les plus communs aux États-Unis sont : « 123456 » et « password » . On note également une forte récurrence de « qwerty », soit les premières lettres du clavier anglophone. Suivent les prénoms, plutôt faciles à pirater, les références à la culture populaire (de « Star Wars » à « Hannah Montana ») ou les petites blagues (« letmein », « iloveyou », « fuckyou »). En 2011, suite au piratage du site Gawker, les mots de passe des habitués ont été rendus publics. L'occasion de découvrir que le sixième mot de passe le plus employé était « monkey ». Allez savoir.

LES RÈGLES D'OR DU BON MOT DE PASSE

Pour avoir un mot de passe un tant soit peu sûr, l'internaute doit suivre certaines règles :
- n'utiliser ni son prénom ni sa date de naissance ;
- choisir 8 caractères minimum ;
- mélanger chiffres, lettres minuscules, majuscules et symboles (8 caractères bien choisis parmi les 95 caractères ASCII* offrent 6,6 millions de milliards de combinaisons) ;
- ne pas utiliser le même mot de passe sur tous les sites ;
- modifier régulièrement son mot de passe.

Selon le cabinet d'études Imperva qui s'est penché sur une base de 32 millions de mots de passe hackés sur le site RockYou.com en 2010, les mots de passe qui suivent ces règles d'or représentent seulement 4 % de ceux qui sont actuellement utilisés.
Pour ceux qui ne sont pas hypermnésiques, il existe une technique rebattue par les spécialistes du genre pour inventer des mots de passe incrackables. Il s'agit en effet de choisir une phrase mémorisable, par exemple : « Je suis un Gros Parano et j'ai grave peur qu'on lise mes messages MySpace » puis de la transformer en acronyme en utilisant les chiffres, symboles et majuscules. Ici : « Js1GPejgpqlmmMS ». Et le tour est joué.

Le site howsecureismypassword.net teste vos mots de passe en estimant combien de temps un pirate mettrait à les craquer.

MON MOT DE PASSE EST-IL SÉCURISÉ ?

••••••••••••••••••••

MOT DE PASSE	TEMPS DE RÉSISTANCE À UN PIRATE
coucou	1 seconde
coucou06	3 heures
bigloulou	6 heures
Js1GPejgpqlmmMS	97 milliards d'années

MYSPACE

Pompéi du Web. Entrée gratuite.

Avant Facebook* était MySpace, un monde fait de filles à frange, de groupes médiocres et de gifs animés*. Ce premier gros réseau social aujourd'hui délaissé est comme resté figé en 2007-2008. S'y connecter revient à faire un étrange voyage dans le temps.

FOUILLES ARCHÉOLOGIQUES

Autrefois cité flamboyante qui a promu nombre d'innovations, MySpace fut historiquement le premier empire social à conquérir le monde et familiariser le grand public avec l'idée de page personnelle, d'amis virtuels et d'interactions en ligne.

En 2005, MySpace brillait de mille feux dans le firmament du Web. Et puis… l'apocalypse. Une sorte de guerre de Troie du Web eut lieu, les habitants de MySpace-Troie désertèrent leur ville pour s'installer à Facebook-Sparte.

Après l'exode, peu nombreux sont ceux qui prirent le soin de supprimer leur page personnelle MySpace. Statut amoureux, « top friends », commentaires* et photos de profil* viennent rappeler à l'internaute aventureux à quoi ressemblait sa vie (virtuelle) et celle de ses « amis » il y a plusieurs années, quand Michael Jackson était encore vivant et la centrale de Fukushima en état de marche. Une expérience potentiellement déprimante.

SÉLECTION DE DIX VESTIGES NOTABLES

Lors de votre navigation sur MySpace, nous vous invitons à respecter un certain silence en signe de recueillement.

1/ Les « top friends »

Liste de meilleurs amis placée au centre du profil, le « top friends » répondait à un principe de hiérarchisation amicale. À peine pervers, il présupposait d'âpres débats intérieurs quant à l'affichage d'une préférence pour tel ou tel. L'établir sans froisser personne n'était pas tâche aisée, mais en changer revenait à signifier à tout le monde la rétrogradation d'un ami au profit d'un autre. Redécouvrir son top friends aujourd'hui, c'est se rappeler des personnes depuis disparues dans les méandres du Web 2.0*. Salut l'artiste.

2/ Le « MySpace angle »

Constante sur le site, le « MySpace angle » (à prononcer à l'anglaise) tient son nom des autoportraits en plongée choisis par la majorité des inscrits, en guise de photo de profil. Concrètement, il s'agissait la plupart du temps d'une photo mensongère régie par différentes règles implicites (la pose emo pour signifier une sensibilité à fleur de peau, la figure dite « duckface » pour l'ouverture d'esprit et l'excentricité, etc.). En 2009, le phénomène a été décrypté à froid par Lauren F. Sessions, une doctorante américaine, dans une étude pour le journal firstmonday.org intitulée *You Looked Better on MySpace : Deception and Authenticity on Web 2.0* (T'étais plus beau sur MySpace, déception et authenticité sur le Web 2.0).

3/ Les « friend requests » de groupes de merde

Sur MySpace, les règles de la bienséance n'interdisaient pas d'ajouter des inconnus au nombre de ses amis, surtout si l'inconnu en question était une jeune fille de moins de 21 ans. Cet acte était toutefois répréhensible par le karma qui se vengeait en faisant subir à l'intéressé des « friend requests » (demandes d'ami) incessantes de musiciens médiocres du monde entier ne se gênant pas pour faire leur promo quotidienne via des comments ou des bulletins (commentaires* ou annonces). Cette catégorie de population (groupes de merde) serait aujourd'hui la seule forme de vie humaine encore observée sur le site.

4/ Les « layouts » customisés

Au contraire de Facebook, MySpace permettait à n'importe qui de customiser sa page, pour le meilleur et pour le pire. À l'aide de sites spécialisés ou de connaissances pointues en HTML, chaque membre avait la possibilité de décorer son profil à son image. Concrètement, cette option défiait souvent toutes les règles du bon goût* et aurait entraîné de nombreuses conjonctivites à travers le monde.

5/ Les gifs animés*

Au milieu des années 2000, maîtriser les bases du langage HTML permettait de se distinguer de la masse des commentaires en y insérant des images, des effets de polices ou des gifs animés. C'est grâce à cette dernière fonctionnalité qu'une génération entière a fait ses premières armes en HTML... et a développé un amour immodéré pour ces atroces animations.

6/ Le « thanks for the add » et autres expressions désuètes

Véritable leitmotiv sur le site, cette expression permettait de signifier en VO sa reconnaissance à celui qui avait consenti à vous accepter en ami. Variantes : « Tx 4 the add », le jacques-toubonesque « Merci pour l'ajout » ou le terrible « Merci pour la joue ».
Dans le lexique myspacien, on se souvient de :
« Merci pour la request » = je m'en fous de qui t'es, ça me fait toujours un ami de plus.

« J'adore ton univers ! tellement intéressant ! » = ta photo est ressemblante ?
« HEEEEYYYY First EP VERY soon dans les bacs !!!! » = Salut, j'ai 15 ans et je fais du bruit avec une guitare au lieu de réviser mon contrôle de maths.

7/ Les messages privés avec des VIP

Sur MySpace, converser avec Lily Allen ou son groupe préféré par message interposé ne relevait plus du fantasme (jusqu'à ce qu'un stagiaire de maison de disque reprenne le compte et vienne officiellement briser les rêves des plus naïfs).

8/ Les morceaux en streaming* sur chaque page

Fléau heureusement disparu, la lecture automatique d'un morceau à chaque ouverture de page donnait des allures de fête de la musique permanente au site.

9/ L'espionnage de parfaits inconnus

À la différence de Facebook, la majorité des profils MySpace étaient publics. Cette caractéristique permettait une dérive numérique de profil en profil et de vie en vie (voir stalking*). L'espionnage de parfaits inconnus a fait perdre des millions d'heures de vie à la génération 83-84.

10/ Tom

Le créateur du site, sorte de Mark Zuckerberg raté, était la figure emblématique du phénomène. Automatiquement « ami » avec tous les inscrits, Tom s'incrustait directement dans le « top friends » de chacun avec sa photo de profil ridicule, jamais changée en plusieurs années. Depuis l'exode sur Facebook et la chute de MySpace, Tom a concrètement perdu de vue des milliards d'amis. Dur.

ÉVOLUTION
DU NOMBRE D'UTILISATEURS
DES RÉSEAUX SOCIAUX

EN MILLIONS

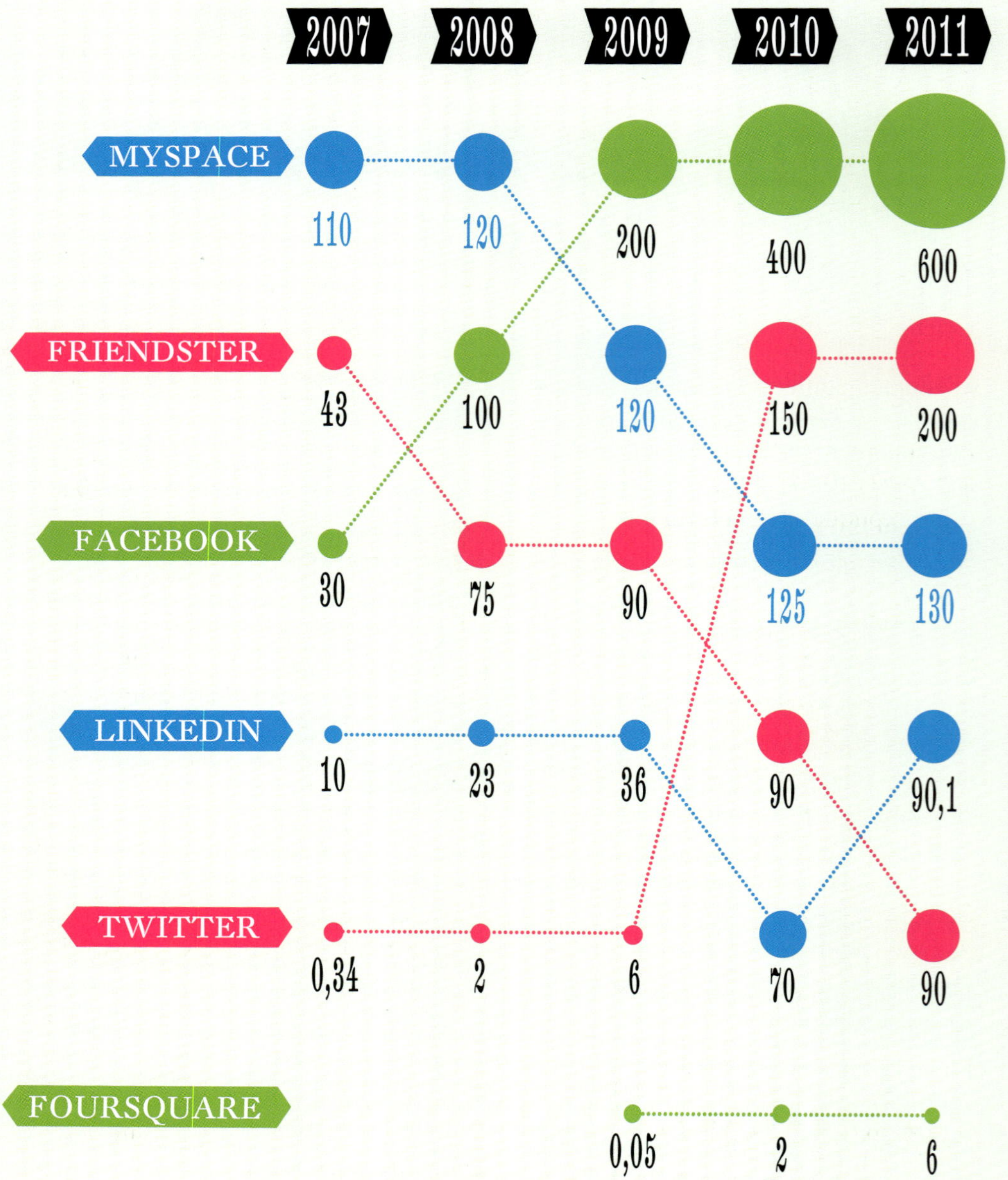

Source : olineschools.org

NAVIGATEUR WEB

Big browser.

Objet de bataille entre différentes firmes et leurs idéologies, un navigateur web (ou « browser » en anglais) est un logiciel conçu pour surfer tranquillou sur le World Wide Web.

INTERNET EXPLORER

Premier navigateur à l'échelle mondiale, Internet Explorer ou IE est le browser par défaut sous Windows (ceci explique cela). Développé au milieu des années 1990 par Microsoft pour contrer feu Netscape (alors principal navigateur utilisé), il est aujourd'hui sévèrement concurrencé. La preuve : en 2011, IE est passé sous la barre des 50 % de parts de marché (contre 90 % en 2002). Réputé moins sûr et moins performant que les autres, il est considéré par ses adversaires comme le navigateur des newbies (béotiens) et comme le cauchemar des développeurs web (notamment IE6, qui avait une interprétation très personnelle et incomplète du HTML). Si sa dernière version (IE9) corrige ses principaux défauts, sa mauvaise réputation persiste. Ainsi certains donneront-ils d'IE cette définition :

« INTERNET EXPLORER : LOGICIEL PERMETTANT DE TÉLÉCHARGER MOZILLA FIREFOX. »

MOZILLA FIREFOX

Principal concurrent d'IE, Firefox a été développé et distribué par la Mozilla Foundation (60 %) sur les cendres de Netscape et avec l'aide de nombreux internautes bénévoles (40 %). Logiciel libre, il a pour principal avantage de permettre l'ajout constant d'extensions. Par conséquent, il est particulièrement innovant et a la capacité de suivre les évolutions du Web en temps réel. Le but affiché ici n'est pas le profit mais « le maintien du choix et de l'innovation sur Internet ». En 2010, six ans après son lancement, Firefox serait le navigateur le plus utilisé en Europe.

CHROME

Développé par Google*, Chrome est un navigateur lancé en 2008 et décrit par la firme comme « dynamique et innovant ». Il peut en effet se targuer d'être fort rapide. Toutefois, plus qu'un browser, Chrome se veut être un logiciel destiné à optimiser le fonctionnement des services en ligne (de Google évidemment) et à terme de promouvoir le cloud* computing. Dès son lancement, certains se sont inquietés du monopole grandissant de Google. À raison ? Son aboutissement est Chrome OS, où le navigateur devient l'unique pièce du système d'exploitation tout entier.

SAFARI

Navigateur de l'écosystème Apple*, il est installé d'office sur toutes les machines de la marque mais peut aussi être utilisé sur PC. Sa version mobile occupe une place dominante sur le marché car c'est, de fait, le navigateur de l'iPhone et de l'iPad.

OPERA

Développé par une société norvégienne, Opera est un browser que peu de gens utilisent sur leur ordinateur mais qui s'imposerait en juillet 2011 comme l'un des premiers navigateurs mobile mondial (avec 22, 19 % de parts de marché selon Statcounter), en raison de sa qualité de rendu sur petits écrans. S'il est réputé puissant, pratique et innovant (selon la légende urbaine, quarante pages ouvertes peuvent se charger en même temps), rares sont les gens qui peuvent se targuer de connaître quelqu'un qui l'utilise.

NÉTIQUETTE

La Nadine de Rothschild du Net a du pain sur la planche.

En 1995, une certaine Sally Hambridge rédige la RFC 1855, un document diffusé pour l'Internet Engineering Task Force, groupe informel qui œuvre depuis 1986 pour l'élaboration des nouveaux standards sur le Net.
Selon elle, les règles de savoir-vivre les plus notables et les moins techniques sont les suivantes :

Courriers électroniques
- Vous n'enverrez pas de message haineux, même si on vous provoque.
- Souvenez-vous que le destinataire est un humain dont la culture, la langue et l'humour ont d'autres références que les vôtres [...]. Soyez particulièrement prudent avec les sarcasmes.
- Utilisez des minuscules et des majuscules.

LES MAJUSCULES DONNENT L'IMPRESSION QUE VOUS CRIEZ.

- Utilisez des symboles pour accentuer : C'est *juste* ce que je veux dire. Utilisez des blancs soulignés pour appuyer vos effets : _Guerre et Paix_ est mon livre favori.
- Attendez d'avoir dormi avant d'envoyer des réponses chargées d'émotion. Si vous en avez vraiment gros sur le cœur, indiquez-le via des jalons FLAME ON/OFF. Par exemple : FLAME ON : Vous êtes tous très méchants et je vous déteste. FLAME OFF.
- Les attentes « raisonnables » en matière de comportement via courrier électronique dépendent de vos relations avec la personne et du contexte de la communication. Soyez prudent avec l'argot et les expressions locales.

Chats
- Utilisez des majuscules et minuscules, et une ponctuation appropriée, tout comme si vous tapiez une lettre ou envoyiez du courrier électronique.
- Dites toujours au revoir ou autre adieu, et attendez de voir le salut de l'autre personne avant de terminer la session.

Newsgroup ou forums* de discussion
- Ne vous impliquez pas dans des guerres incendiaires. Ne postez pas et ne répondez pas aux matières inflammables.
- Évitez d'envoyer des messages ou de poster des articles qui ne sont rien de plus que des réponses gratuites.

Administration d'un site
- Lorsque vous fournissez de l'information, assurez-vous que votre site a quelque chose d'unique à offrir. évitez de monter un service d'information qui pointe simplement vers d'autres service.
- Ne pointez pas vers d'autres sites sans leur demander auparavant.

Ces règles ont depuis été étoffées par d'autres recommandations ennuyeuses et globalement bafouées sur 95 % du Web parmi lesquelles, en vrac : ne pas faire tourner un spam*, toujours indiquer le sujet d'un e-mail, débuter par une formule de salutation, envoyer des pièces jointes de taille raisonnable, toujours consulter le FAQ (questions les plus fréquemment posées) d'un groupe de discussion, être poli, ne pas écrire en langage SMS, faire une recherche avant de poser une question, ne pas inonder les autres de messages sans intérêt, respecter le droit de propriété intellectuelle…

LA DISTINCTION VIRTUELLE

On l'aura compris, en fait de bonnes manières, le guide de Sally Hambridge est aujourd'hui totalement dépassé et réactionnaire. Certains lui préféreront d'autres lois tacites, dites de « distinction virtuelle », où il est plus question de bon goût que de bienséance.

Adresse e-mail ou pseudos
Qui n'a jamais été consterné par l'adresse e-mail qu'une connaissance vous dictait afin que vous lui envoyiez le dernier cours ou le lien de la dernière sextape de Paris Hilton ?

« - Tu peux m'envoyer le cours d'histoire constitutionnelle de mardi, j'étais pas là ?
- Oui. C'est quoi ton mail ?
- Ptitepuce84@hotmail.fr »

Pourquoi choisir son vrai nom quand on peut se ridiculiser à moindre frais ? bubulle, big-lulu, louloute, bg06, choupinette voire chipiechoupi : quiconque utilise MSN s'est déjà retrouvé atterré par le mail ou le pseudo de certains contacts. Dans les cas les plus graves, le pseudo est suivi de chiffres. Pourquoi ? Parce qu'une douzaine de gens en manque d'originalité ont déjà choisi ce même pseudo. Et pour personnaliser son pseudo, l'internaute choisit immanquablement son année de naissance, le numéro de son département, voire « 182 » ou « 41 » pour les fans de punk commercial.

E-mail

Aujourd'hui, la souscription à un webmail dépassé tel que Yahoo ou Club-Internet.fr peut définitivement vous mettre au ban du bon goût virtuel. Il est en effet recommandé d'être sur Gmail, le client mail de Google*.

IM*, messagerie instantanée

Parce qu'il est difficile d'avouer en public que vous passez toutes vos soirées sur MSN sans passer pour un ado attardé, utilisez préférablement iChat, le service de messagerie instantanée d'Apple* auxquels mêmes les tristes possesseurs de PC pourront accéder, via AIM (AOL Instant Messenger).

Contenu des messages

Évitez les gifs animés* et les smileys*, si vous ne les utilisez pas au second degré. Sur MSN, certains mots laissant place à des images scintillantes, la conversation prend rapidement les atours d'une pierre de Rosette post-moderne. Le malaise peut laisser place au choc quand une personne que vous appréciez dans la vraie vie et qui a l'air tout à fait civilisée utilise le langage texto et des lol* à gogo sur Internet. La stupeur et une paralysie faciale peuvent même surgir si cette personne est votre propre mère.

NEUTRALITÉ DU NET

Tous les internautes naissent libres et égaux.
Après, ils se démerdent.

La base théorique de la neutralité du Web se contente de reprendre les principes fondamentaux de la déclaration des droits de l'homme : l'égalité et la liberté. Il s'agit d'assurer à tous les internautes un accès égal au réseau et de garantir un traitement égal à tous les contenus publiés. Cela suppose que l'accès à Internet n'est contrôlé ni par les gouvernements ni par les fournisseurs d'accès Internet (appelés FAI).
Le principe de neutralité s'applique au Web plus qu'à n'importe quel autre média dans la mesure où, dès son origine, le réseau a été pensé comme une structure ouverte. Chacun peut y générer du contenu. Dans les autres médias, celui qui possède l'outil (la chaîne de télé, la station de radio, le magazine papier) crée un réseau de diffusion et édite le contenu qui est sa propriété.
Sur Internet, le FAI vend la connexion mais n'a pas de contrôle sur l'usage qui en est fait. Le principe de la neutralité du Net a été pensé pour préserver cette indépendance qui fait précisément l'originalité et la force du réseau.
La netneutralité s'applique aux trois éléments qui structurent la communication : l'émetteur, le récepteur et le contenu. Autrement dit, tous les internautes ont droit à un accès équivalent au réseau et aucun site ne doit être traité de manière prioritaire. L'accès au site officiel de l'Élysée n'a pas à être privilégié par rapport au blog d'une caissière de supermarché. La plupart des partisans de la neutralité du Net sont toutefois d'accord pour un contrôle des sites criminels comme de ceux présentant des contenus pédopornographiques. Ils souhaitent cependant que le blocage de ces sites soit décidé par un juge, et non directement par la police, comme la loi Loppsi 2 le prévoit à l'heure actuelle.

QU'EST-CE QUI MENACE LA NEUTRALITÉ DU NET ?

Avec l'augmentation des utilisateurs, et donc des contenus (notamment la multiplication du nombre de vidéos, format qui nécessite plus de bande-passante qu'une simple page de texte), **le Web risque d'arriver à saturation** (voir Peer 2 peer*). Comment faire pour éviter l'engorgement ?

1/ Améliorer l'infrastructure du réseau.

Problème, personne ne veut payer le coût engendré. Les FAI considèrent que les sites les plus fréquentés doivent participer financièrement (Google*, Facebook*, YouTube). Lesdits sites pensent que les FAI n'investissent pas assez dans le développement des infrastructures. C'est la valse de la patate chaude.

2/ Créer un Web à deux vitesses.

Certains FAI aimeraient profiter de la saturation du réseau pour proposer des forfaits Internet plus chers qui assureraient un débit minimal en cas d'engorgement. En France, la divulgation mi-août 2011 d'une document de la Fédération française des Télécoms laisse entendre qu'Orange, SFR et Bouygues réfléchissent à des plafonds de consommation pour les abonnements. Des pratiques en totale contradiction avec la neutralité du Net.

3/ Hiérarchisation des contenus.

En février 2011, Éric Besson, ministre de l'Économie numérique, a plaidé pour une hiérarchisation des contenus. En cas de saturation du réseau, certains contenus devraient être traités de manière prioritaire – des contenus qu'il a comparés à des « ambulances nécessitant un trafic accéléré ». Une métaphore routière qui, au passage, percute violemment le principe de la netneutralité.

NOUVELLE BULLE INTERNET

Facebook fera-t-il sombrer l'économie mondiale ?*

Au passage à l'an 2000, l'humanité redoutait le bug du siècle qui allait affecter tous les systèmes informatiques du monde et engendrer l'apocalypse (connu dans le milieu du Net sous le nom poétique de Y2K). Finalement, il aura fallu attendre le mois de mars 2000 pour que le véritable cataclysme advienne : l'éclatement de la bulle internet.

LA BULLE 2000

Peu avant le passage à l'an 2000, une véritable frénésie s'était emparée des milieux financiers pour les jeunes entreprises web (celles qu'on appelait alors les start-up). Ces entreprises étaient valorisées beaucoup plus qu'elles ne rapportaient vraiment, mais tous les investisseurs voulaient une part du gâteau. Le nombre de demandes a fait exploser le prix des actions de ces sociétés dont la valeur s'est trouvée complètement décrochée de la véritable rentabilité. Ainsi, en 1999, la valorisation boursière de eBay était 8 600 fois supérieure au montant de ses bénéfices de l'année précédente. L'éclatement de la bulle engendra une période de webdisette avec une vague de licenciements massifs sur la plupart des sites.
Et puis les choses se sont calmées et assainies.
Jusqu'à maintenant.

LA BULLE 2012

L'apparition des réseaux sociaux et le succès de fréquentation de certains de ces sites laisse présager l'apparition d'une nouvelle bulle.

La bulle des réseaux sociaux

Toutefois, les économistes misent sur des conséquences moins dramatiques que la précédente. D'abord, parce que la bulle se concentre sur les réseaux sociaux. Les sites de commerce en ligne, par exemple, ne souffrent pas de la même surcote (exception faite d'un site comme Groupon, site d'achats groupés à mi-chemin entre le

commerce et le réseau).
Exemple : LinkedIn (réseau social qui, en résumé, propose aux internautes de mettre leur CV en ligne) est entré en bourse avec une valorisation de 9 milliards de dollars pour 8,5 % de son capital. Soit 40 fois son chiffre d'affaires de 2010. Le décrochage entre les bénéfices réels et la valorisation boursière est alors total.
Le problème des réseaux sociaux est très particulier : ils n'ont pas de moyen de faire des bénéfices à la hauteur de leur fréquentation.

FACEBOOK ET TWITTER* FONT L'INCROYABLE DÉMONSTRATION QU'ON PEUT AVOIR DES CENTAINES DE MILLIONS DE VISITEURS UNIQUES PAR JOUR SANS SAVOIR COMMENT MONÉTISER CE TRAFIC.

Le cas Facebook

Chez Facebook, Mark Zuckerberg et ses collègues ont bien conscience que commencer à coller des pop-up* publicitaires sur le site engendrerait la migration des internautes vers un autre réseau. D'autre part, revendre les informations privées de leurs utilisateurs est illégal.
Reste l'option du freemium qui consiste à proposer aux internautes de payer une petite somme annuelle pour plus de services. Ce qui impliquerait de limiter les options gratuites, avec toujours le risque de voir ceux qui ne veulent pas payer partir sur un autre réseau.
Le site vit donc actuellement des encarts de publicités ciblées et d'opérations spéciales avec des marques. Mais il coûte également très cher à faire fonctionner – essentiellement à cause du coût de son infrastructure technique (voir Cloud*).
En l'état des choses, on peut se féliciter du fait que Facebook retarde au maximum son entrée en Bourse. Toutefois, cette introduction pourrait aussi assainir les choses : elle forcerait l'entreprise à communiquer publiquement ses chiffres, raison pour laquelle Facebook évite la cotation pour le moment (qui devient obligatoire au-delà de 500 investisseurs). Après le nouveau tour de table fait par Facebook début 2011, on estime sa valorisation à 50 milliards de dollars pour 2 milliards de chiffres d'affaires annuel.
Duff Mac Donald, journaliste de *Fortune*, a calculé qu'avec la valorisation

actuelle de Facebook, il faudrait six ans pour rentabiliser un investissement dans le réseau (avec comme hypothèse un chiffre d'affaires qui double chaque année). Donc, écrit-il,

« LA SEULE RAISON DE PAYER QUELQUE CHOSE APPROCHANT LA VALEUR BOURSIÈRE DE FACEBOOK ET DE TWITTER SERAIT DE SUPPOSER QUE QUELQU'UN D'ENCORE PLUS FOU QUE VOUS ATTEND AU BOUT DU CHEMIN POUR VOUS ACHETER VOS ACTIONS. »

Si l'on devait assister à l'explosion d'une bulle internet, il y aurait de grands risques pour qu'elle ait lieu en 2012, année de l'entrée en Bourse de Facebook, des affiliés Groupon, Zynga (jeux sur réseaux sociaux) et d'un engouement inquiétant pour toutes les nouvelles entreprises teintées de 2.0. Année qui est également celle de l'apocalypse selon le calendrier maya.

NSFW

NSFW ≠ SFW.

Acronyme de « Not Safe For Work ». Formule utilisée entre internautes pour prévenir qu'on vient de balancer un lien, une image, une vidéo qu'ils feraient mieux de ne pas ouvrir s'ils se trouvent sur leur lieu de travail avec, à proximité, des collègues susceptibles de jeter un coup d'œil sur leur écran. En plus clair : « Attention, c'est du porno » (ou une image de caca ou encore de vomi ou tout autre truc dégueulasse).
Le problème du NSFW, c'est qu'il provoque la réaction exactement inverse : en règle générale, il suffit de lire cette mention pour éprouver une irrépressible envie de cliquer sur le lien en question. Par conséquent, certains sites affichent désormais NSFW sur tous leurs contenus, s'assurant ainsi un nombre supplémentaire de clics.

PAS D'INQUIÉTUDE

NSFW

GARDEZ VOTRE TRAVAIL GRÂCE À CET ORGANIGRAMME BIEN PRATIQUE

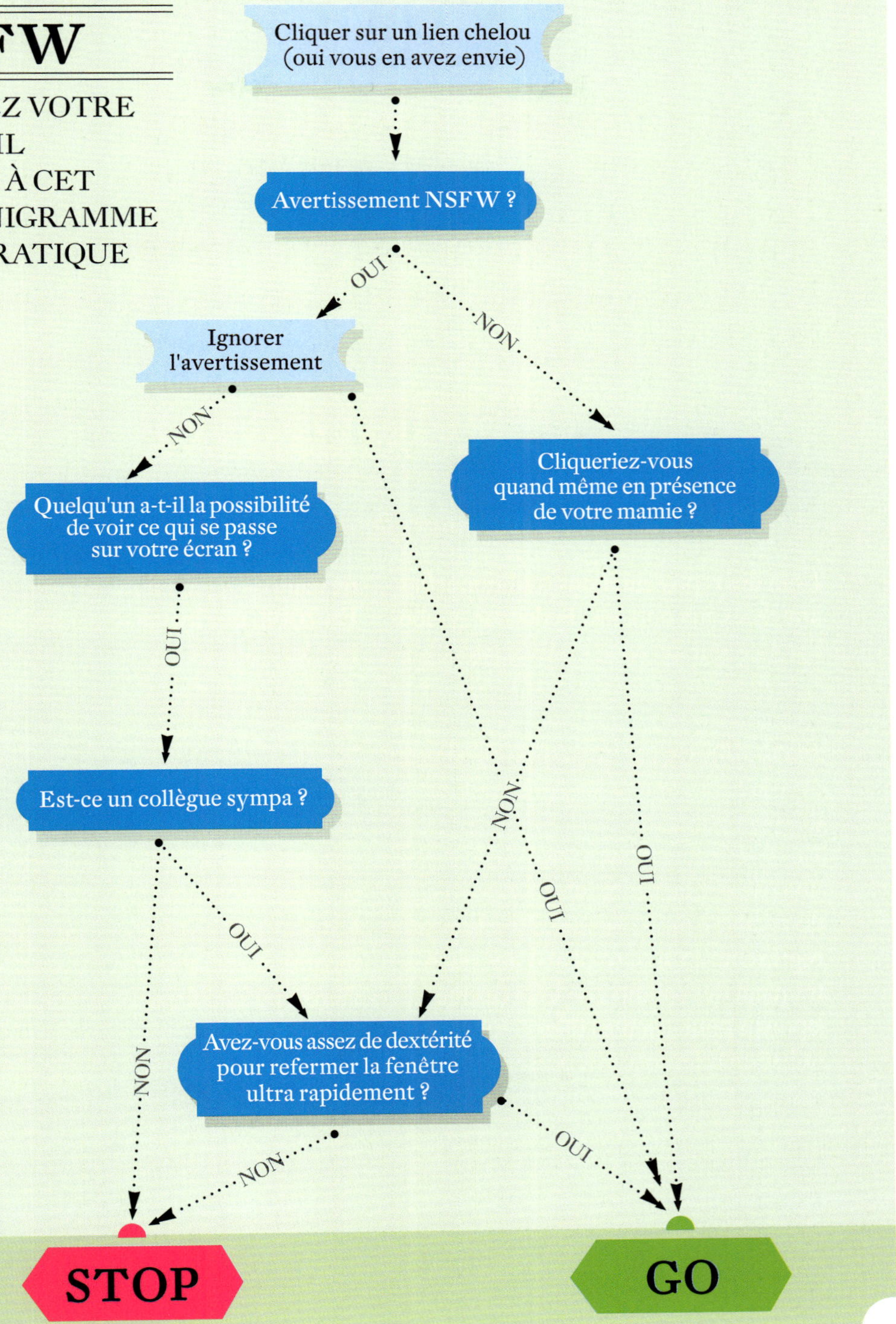

OMG

Amen.

Sigle de « Oh My God » (Oh mon Dieu). S'emploie dans des situations où il est tentant de prendre Dieu à témoin face à ce qui nous arrive ou ce qui se déroule sous nos yeux. Par extension, synonyme de « putain ».
Exemple : « OMG ! s'écria Anne d'Autriche, avec des accents de terreur. » (Alexandre Dumas, *Les Trois Mousquetaires*) ou « OMG trop mignon ton chaton ».

PEDOBEAR

Petit ours mal intentionné, figure emblématique d'Internet.

Loin des représentations traditionnelles attachées aux oursons, Pedobear symbolise avec une certaine ironie la pédophilie. Il a été popularisé sur 4chan* (où il est ordinaire de rire de l'atrocité), qui s'est par ailleurs illustré par le passé en collaborant avec la police américaine pour traquer des pédophiles.
En ce sens, Pedobear peut être vu comme une parodie de pédophile lourdaud et détectable à dix kilomètres. Il est souvent représenté en arrière-plan d'une photo, traquant des enfants ou « loli » (terme japonais pour « petites filles », souvent utilisé en référence aux personnages de manga fort peu vêtues malgré leur jeune âge). Il peut aussi être dessiné seul, par exemple au volant d'un camion de glaces ou d'un bus scolaire.
En raison de sa symbolique, les images de Pedobear sont bannies de certains sites ne maîtrisant pas l'humour noir.
En 2008, une image retouchée présentant les mascottes des jeux Olympiques de Vancouver auxquelles avait été ajouté Pedobear a été publiée par erreur dans un journal polonais. En 2010, un homme déguisé en Pedobear se faisant prendre en photo avec des enfants lors du Comic-Con de San Diego a mené la police du comté de San Luis Obispo en Californie à publier une brochure de prévention mettant en garde les parents contre le danger potentiel que représentait l'ours en question.
Pedobear étant l'une des figures les plus célèbres du Net, il en existe des produits dérivés au premier rang desquelles des peluches pour enfants – produit de consommation destinés aux parents ayant un certain sens du second degré.

AUCUN VRAI PÉDOPHILE N'A JAMAIS ÉTÉ ARRÊTÉ EN POSSESSION D'UN COSTUME DE PEDOBEAR.

PEER TO PEER (P2P)

Le P2P (pair-à-pair ou poste-à-poste en français) est un modèle de réseau informatique utilisé pour l'échange de fichiers entre différents utilisateurs connectés à Internet. Pour le meilleur et pour le peer.

À la différence du modèle traditionnel, il n'est ici pas question de serveur qui centralise les fichiers mais de différents ordinateurs qui tiennent à la fois le rôle de serveur et de client. Ainsi le peer to peer correspond à une connexion dite d'« égal à égal » : une fois téléchargé un logiciel spécialisé, chacun peut partager ses fichiers et télécharger les fichiers des autres.
C'est le modèle à l'œuvre derrière les sites Napster, eMule ou BitTorrent. Et c'est aussi le modèle visé en France par la loi Hadopi* censée mettre un terme au partage de fichiers en P2P lorsque ceux-ci se font en infraction avec les droits d'auteur (c'est-à-dire dans l'énorme majorité des cas). De fait, la loi Création et Internet, à l'origine de l'Hadopi, ignore tous les autres moyens de télécharger directement de la musique ou des films comme les sites d'hébergement rapides tels que Megaupload, Rapidshare et autres. Résultat, en novembre 2010, au moment de l'annonce de la mise en place de l'Hadopi, Megaupload a connu une hausse de son trafic de 35 % par rapport à novembre 2009.

THE PIRATE BAY

Jadis autoproclamé « plus grand serveur torrent du Web », The Pirate Bay est un site suédois créé en 2003 permettant de coordonner les échanges de pair à pair (soit un « tracker BitTorrent ») ; le mot torrent désigne les fichiers de métadonnées qui s'échangent sur le site BitTorrent et qui ont pour extension .torrent.)
Considérée à l'échelle du monde comme l'une des principales plateformes de peer to peer (revendiquant plus d'un million de visites uniques par jour), The Pirate Bay s'est vu confronté à l'ire des maisons de disque et de la justice suédoise, devenant par là même symbole de la résistance pro-piratage.
Depuis le 17 novembre 2009, au terme de trois ans de bataille judiciaire et politique, The Pirate Bay ne distribue plus que des liens vers d'autres trackers.

Le procès des pirates

Le 31 mai 2006, la police suédoise perquisitionne et saisit les serveurs du site sur ordre du ministère de la Justice. Trois administrateurs du site sont arrêtés et questionnés. Quatre jours plus tard, quelques centaines de personnes manifestent à Stockholm et Göteborg en réaction. On apprend par la suite que la MPA (Motion Picture Association, basée à Los Angeles) est intervenue dans l'affaire, menaçant le gouvernement suédois de sanctions financières. Ce chantage effectif d'un lobby sur le gouvernement fait grand bruit. Si bien que le parti centriste demande une commission d'enquête parlementaire.

En janvier 2007, The Pirate Bay annonce un appel aux dons afin d'acheter l'île de Sealand pour fonder une micro-nation. L'achat n'a pas lieu, le prince Michael Bates ayant refusé de céder l'île à quelqu'un qui irait contre les lois internationales.

Du 16 février au 4 mars 2009 se tient le procès de Pirate Bay. Les trois fondateurs du site (Peter Sunde Kolmisoppi, Fredrik Neij et Gottfrid Svartholm) et un quatrième prévenu (Carl Lundström) sont condamnés à un an de prison ferme et 30 millions de couronnes (2,7 millions d'euros) de dommages et intérêts à l'industrie du disque, du cinéma et du jeu vidéo, qui réclamait 117 millions de couronnes au titre du manque à gagner entraîné par les téléchargements illégaux. Les prévenus font appel et le site continue de fonctionner.

Le 23 avril 2009, une radio suédoise révèle que le juge du procès est membre d'organisations de protection des droits d'auteur.

26 novembre 2010 : la cour d'appel suédoise condamne les trois fondateurs, Peter Sunde, Fredrik Neij et Gottfrid Svartholm à des peines de prison réduites, de 4 à 10 mois. Les montants des dommages et intérêts sont eux revus à la hausse avec un total de 46 millions de couronnes (5 millions d'euros).

Entre-temps, les serveurs pirates ont déménagé des Pays-Bas à la Suède en repassant par les Pays-Bas puis la Suède et le nom de domaine a été vendu à la firme de logiciels suédoise Global Gaming Factory X AB pour la somme de 7,8 millions de dollars (5,5 millions d'euros).

Le Parti pirate

La médiatisation du procès de Pirate Bay a tout de même contribué à quelque chose : l'éclosion en Suède du Parti pirate (Piratpartiet en suédois). Mené par un certain Rickard Falkvinge, il a pour programme « un Internet libre, sans aucune licence, dans une société ouverte ». Il s'attache ainsi notamment à la réforme des droits de la propriété intellectuelle (copyright, brevets, etc.) et au renforcement des droits fondamentaux de la vie privée.

« Les nouvelles technologies sont quelque chose de fantastique que nous devons encourager, et non entraver en mettant en prison les gens qui fournissent des infrastructures. Les politiciens ne pourront jamais mettre un terme à l'échange de fichiers, mais ils peuvent causer des dommages à Internet et aux gens qui œuvrent pour le développer », peut-on lire dans leur programme.

EN 2009, LE PARTI PIRATE EST DEVENU LE TROISIÈME PLUS GROS PARTI SUÉDOIS EN NOMBRE D'ADHÉRENTS.

Ung Pirat, la branche étudiante du Parti, s'impose comme la plus grosse organisation politique des jeunesses suédoises.

Lors des élections européennes de 2009, le Parti pirate a obtenu 7,1% des voix et placé son vice-président Christian Engström au Parlement européen. Il y siège depuis avec le groupe des Verts / Alliance libre européenne.

DU PIRATAGE

De la piraterie au piratage, c'est dans les années 1960 que le terme change progressivement de sens, pour désigner des individus dont l'activité n'est pas de voler, mais plutôt de détourner : des pirates de l'air aux radios pirates. C'est dans ce contexte que le mot « piratage » fait son apparition en français dans le *Petit Robert* de 1979. Il désigne alors « l'action de reproduire (un ouvrage, une œuvre artistique) et de vendre sans payer de droits. »

Aujourd'hui, un pirate informatique peut désigner différents types de personnes plus ou moins qualifiées et/ou impliquées :

- Une personne qui fait de la contrefaçon d'œuvres numériques.
- Un hacker spécialisé dans la maîtrise de la sécurité informatique.
- Un cracker spécialisé dans le cassage des protections de sécurité des logiciels.

PIRATPARTIET

Un peu d'histoire

Historiquement parlant, la culture informatique est intrinsèquement liée à celle du piratage. Pour exemple, la légende vérifiée des premiers hackers : ces étudiants de la prestigieuse MIT qui, dès l'apparition des ordinateurs dans leur université, s'introduisent de nuit dans les salles des machines pour les bidouiller. À l'origine, le pirate combat la flotte impériale et pille en mer, cet espace indéfini sans police ni gouvernement. Aujourd'hui, dans une société mondialisée où l'échange de flux permanent a rendu le tout liquide, le pirate fait fi des vieilles frontières et des droits établis. Demeure l'idée d'un individu qui vit grâce au pillage de la société tout en refusant d'en faire partie.

TOUTEFOIS, SI LE PIRATE DANS L'IMAGINAIRE COLLECTIF EST SOUVENT ENVISAGÉ COMME UNE BRUTE BARBUE, VIOLENTE ET IRRÉFLÉCHIE, L'HISTOIRE NOUS APPREND QUE BON NOMBRE D'ENTRE EUX SOUSCRIVAIENT À DES IDÉES POLITIQUES RADICALES POUR LEUR TEMPS.

Ainsi Daniel Defoe relate-t-il l'élection des capitaines par les équipages au XVIIe siècle, le partage équitable des butins et des tâches sur les navires, les libérations d'esclaves, et la fraternité entre tous. Defoe évoque même un pirate qui paraissait sincèrement ne plus se souvenir, au moment de son procès, s'il était d'origine française ou anglaise. Aujourd'hui, le téléchargement de contenus culturels redonne au pirate un visage non plus individualiste mais altruiste. Dans un monde fluidifié, le pirate a pris acte de la faillite des idéaux révolutionnaires et ne tente pas de remplacer le système mais de le saboter de l'intérieur en profitant des interstices, des zones inoccupées par l'État, les « Zones autonomes temporaires » d'Hakim Bey, auteur de référence en la matière.

TAZ

La **Temporary Autonomous Zone** (zone autonome temporaire) est théorisée par Hakim Bey comme un territoire apparaissant et disparaissant dans l'espace, le temps ou l'imaginaire. Elle se dissout dès qu'elle est répertoriée et échappe en ce sens à toute tentative de définition. Elle est une « insurrection » et se manifeste à qui sait la voir pour mieux échapper aux géomètres du pouvoir institutionnalisé.

GÉOGRAPHIE DU CYBERESPACE

Les sites les plus fréquentés par les internautes français (estimations janvier 2011)

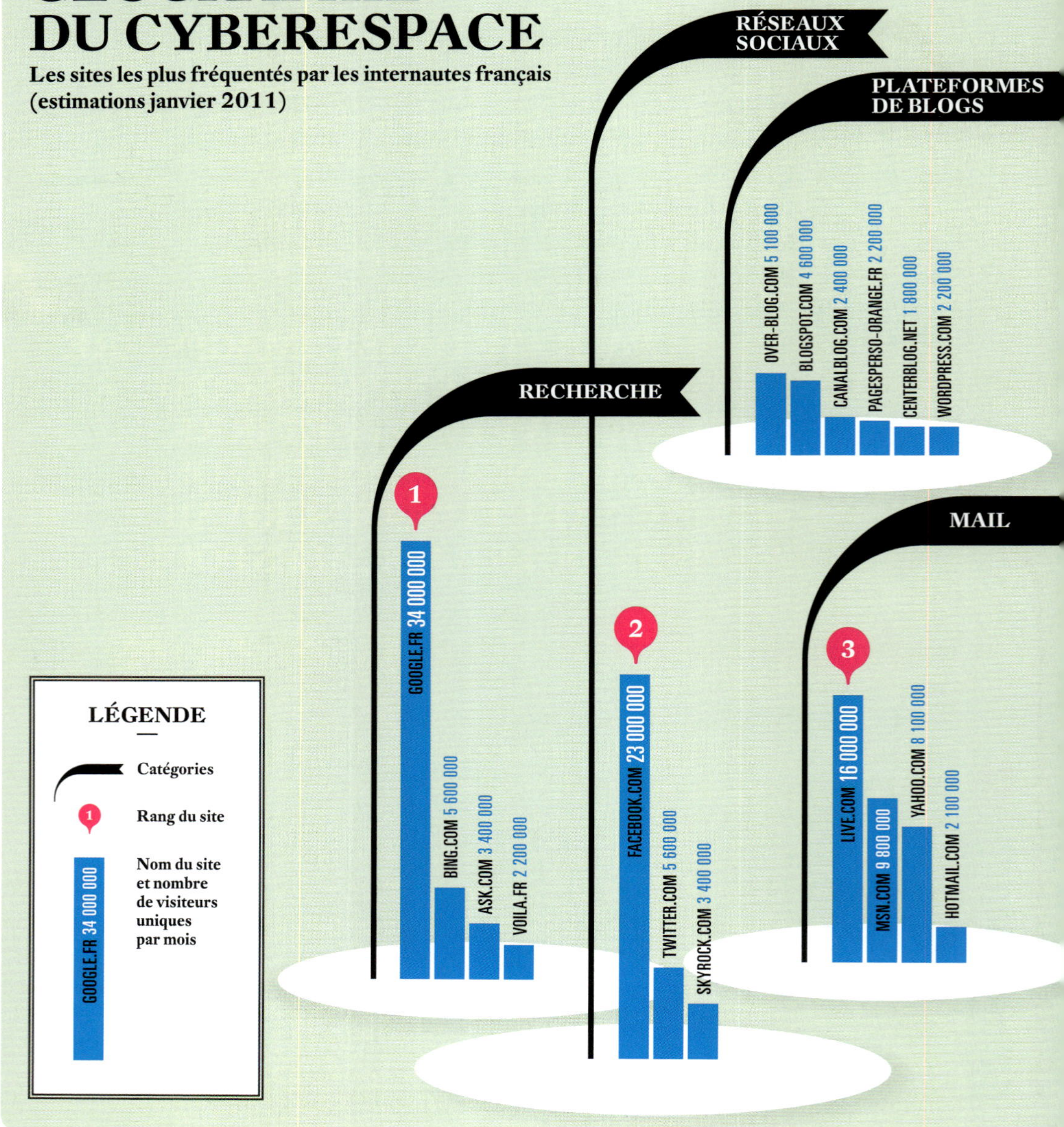

RÉPARTITION PAR CATÉGORIES DES 100 SITES LES PLUS VISITÉS EN FRANCE

SITES PRATIQUES	VENTE EN LIGNE	FRINGUES	BANQUES	SITES PRO INTERNET	BL
14	12	8	7	6	(

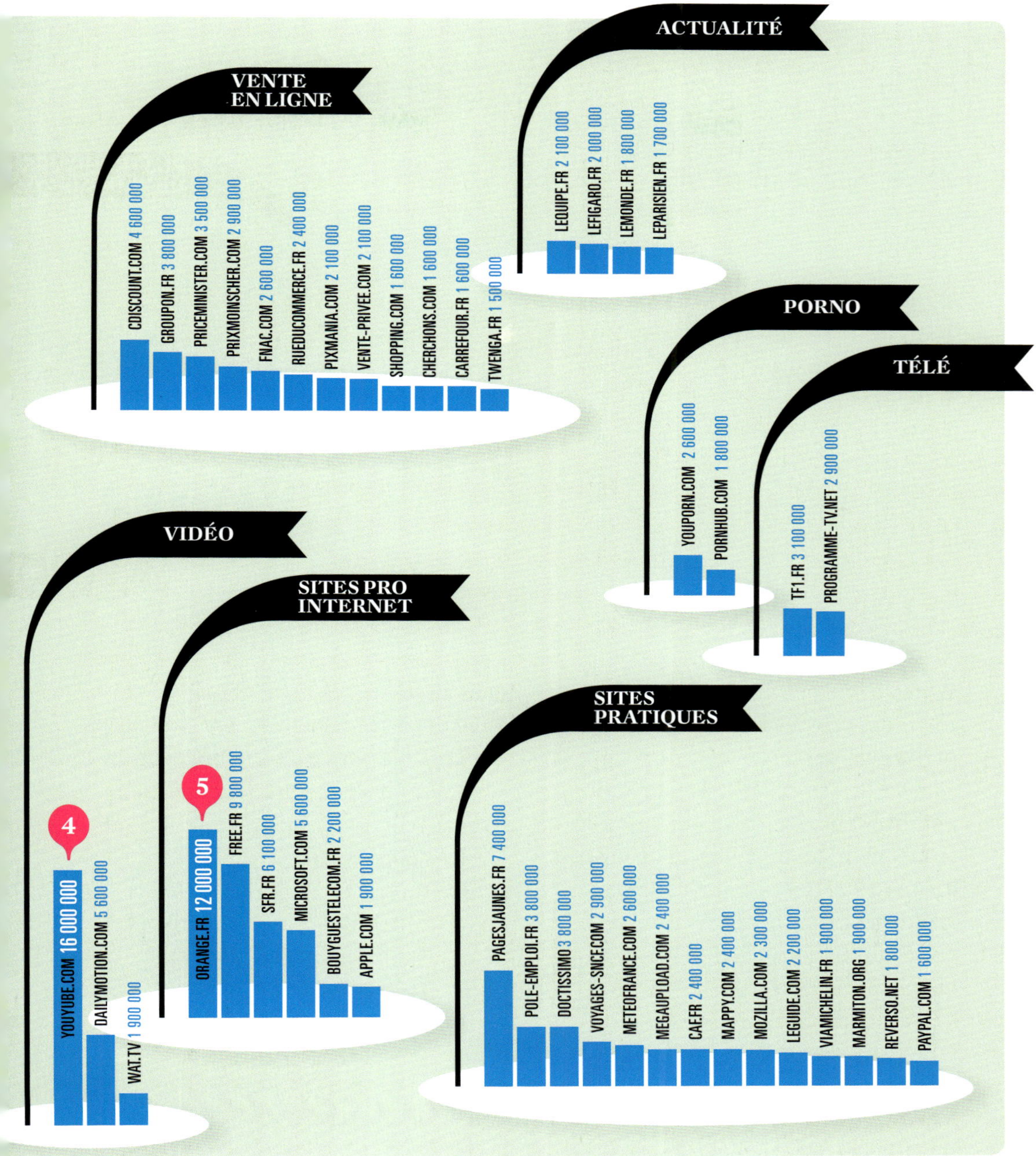

HIGH-TECH	ANNONCES	AUTRES	MOTEURS DE RECHERCHE	CULTURE	JEUX /LOISIRS	ACTU	MAIL	VIDÉOS	MOBILE	TÉLÉ	PORNO	RÉSEAUX SOCIAUX
6	5	5	4	4	4	4	4	3	2	2	2	2

PEREZ HILTON

Pseudonyme de mauvais goût de l'auteur du blog le plus détesté d'Hollywood.

Figure de la webculture reconnaissable à ses coiffures douteuses et son apparente bêtise, Perez Hilton, de son vrai nom Mario Armando Lavandeira Jr, est un des blogueurs les plus célèbres au monde. Aux dernières nouvelles, il revendique 260 millions de visites par mois sur son blog et a pour principale caractéristique d'être obsédé par les célébrités ainsi que par sa propre personne. Son blog, Perezhilton.com (précédemment PageSixSixSix.com) est connu pour ses gossips (ragots), gros fond de commerce sur Internet. Les posts quotidiens de Perez Hilton font ainsi état de rumeurs sur la chirurgie plastique des uns ou les ruptures des autres et aussi parfois de ses coups de cœur musicaux.

L'AMI DES STARS

La majorité du contenu du site donne à voir des grosses reustas ricaines représentées par des photos de paparazzi auxquelles Perez Hilton ajoute un gribouillage sur Paint via l'outil « graffiti » – que plus personne n'utilise à part lui depuis 1997. Ses commentaires* sont la plupart du temps négatifs, vulgaires voire outranciers. Ce n'est par conséquent pas une surprise si Perez Hilton affirme comptabiliser des millions de vues par jour. Dès le début, son blog s'est vu qualifié de « Hollywood's most hated website » par *The Insider*. Raison affichée : le fait que Perez Hilton se permette de faire le coming out de personnalités qui ne lui avaient rien demandé.
Paradoxalement, Perez Hilton est très actif dans la communauté gay et se présente comme un militant du mouvement LGBT.
Au fil des années et grâce à sa popularité, Perez Hilton s'est vu invité dans les soirées huppées et autres événements mondains qu'il commentait jusqu'alors de son canapé. Il en tire visiblement une certaine fierté et affirme être devenu ami de certaines personnalités au premier rang desquelles Paris Hilton (dont son pseudo est inspiré) et Lady Gaga. À ce titre et grâce à ses nouveaux réseaux, Mario Armando Lavandeira Jr, jusque-là acteur raté, a pu faire des apparitions dans les médias mainstream. Ainsi joue-t-il un petit rôle dans la série culte *Les Sopranos* en 2001, ou dans un clip de *S&M* de Rihanna (2011). Il a également présenté les MTV Europe Music Awards en 2008.

PEREZ HILTON
VS. LE RESTE DU MONDE

En raison de ses dérapages et de ses commentaires douteux, d'autres célébrités haïssent cordialement Perez Hilton. C'est le cas de Miley Cyrus, ex-égérie de Disney récemment reconvertie en pop star de supermarché. En juin 2010, il publie en effet une photo de la star des ados sortant d'une voiture dans une posture où ses jambes très écartées laissent soupçonner qu'elle ne porte pas de culotte. Un détail qui fait ricaner grassement Perez.

LA PHOTO DE STAR SANS CULOTTE SORTANT DE VOITURE EST UN CLASSIQUE.

C'est un exercice auquel se sont prêtées Britney Spears, Paris Hilton ou encore Lindsay Lohan, sans qu'on n'ait jamais bien compris pourquoi, dans leur esprit, trajet en voiture = pas de culotte. Sauf que dans le cas de Miley Cyrus, Perez Hilton semblait avoir oublié son âge : 17 ans.
Résultat : une photo classée dans la catégorie de pédopornographie. Le blogueur risquait alors une peine de prison et un enregistrement dans le fichier des délinquants sexuels. Finalement, la justice l'a laissé en paix, mais plusieurs de ses annonceurs l'ont abandonné.
En 2009, Perez Hilton se disputait publiquement avec Will.i.am, allant même jusqu'à traiter le membre des Black Eyed Peas de « faggot », terme qui pourrait se traduire en français par « tapette ». Il s'est par la suite excusé auprès de ses fans, camarades militants et gays du monde entier pour le choix de ses mots.

People Web

Perez Hilton n'est pas le seul à faire son fond de commerce des stars et de leurs bourrelets, des stars et de leur problème de drogue, des stars et de leurs culottes, des stars et de leur dépression. Voir aussi : thesuperficial.com, ohnotheydidnt.livejournal.com, awfulplasticsurgery.com (spécialisé dans la détection de toute opération de chirurgie esthétique des stars à grands coups de montages photo avant/après).

PHOTOBOMB

Pratique consistant à ruiner une photo en se plaçant, sciemment ou pas, dans son champ.

Dans les cas volontaires, il s'agit de s'immiscer au second plan, derrière de parfaits inconnus, et de pourrir leur photo. Dans le cas d'un photobomb involontaire, la scène en arrière-plan doit éclipser celle du premier plan. Un physique, une expression, un accessoire ou une scène insolites font un bon photobomb.

La pratique du photobombing est également ouverte aux animaux*. L'un des plus célèbres exemples du genre est le « Crasher Squirrel », devenu un mème* par la suite (voir photo ci-dessus).
Si le photobombing est une pratique vieille comme la démocratisation de la photographie, c'est Internet qui lui a donné ses lettres de noblesse en sortant les exploits des milliers de glorieux anonymes de la sphère privée, – pour se retrouver sur des sites dédiés (photobomb.net, thisisphotobomb.com).
Quand il est subtil, le photobombing peut être rapproché d'un autre type de mème intitulé « When You'll See It, You'll Shit Bricks » (que l'on pourrait traduire pudiquement par « Quand vous verrez ça, vous n'en croirez pas vos yeux ») ou « Mind Fuck ». Il s'agit ici d'images apparemment normales mais contenant, à mieux y regarder, un détail surprenant, dérangeant, effrayant, extraordinaire ou particulièrement curieux.
Un bon photobomb est souvent la première étape vers le WTF* absolu : le face swapping.

LE FACE SWAPPING

Cette pratique consiste à interchanger les visages des protagonistes sur une photo. Les plus connues sont celles donnant à voir un père et son enfant, chacun ayant le corps de l'autre. Pour s'y adonner, pas besoin d'être graphiste : applications pour smartphone et sites de traitement d'image permettent d'en réaliser en quelques clics.

Dans le cas d'un photobomb, il est courant de remplacer la tête de tous les protagonistes par celle de l'élément perturbateur. On parle alors de « Facebombing ».

Dernier degré du face swapping, le « tenso » est une pratique venue de forums* brésiliens et qui tient son nom de l'adjectif portugais signifiant « tension » (avec l'idée de suspens). Elle consiste à mettre en exergue une partie d'une photo en zoomant progressivement. Le tout donne une image en long qui, au fur et à mesure du scroll (mouvement de la souris), précise une partie d'une photo à travers différentes vignettes. La dernière donne en général à voir la photo dans son intégralité, toutes les têtes remplacées par celle de l'élément perturbateur.

Cigar guy

1. Photo avec élément perturbateur
2. Tenso sur l'élément perturbateur en 2 à 3 vignettes
3. Face swapping

PHOTO DE PROFIL

Choisir sa photo de profil, c'est renaître un peu.

La photo de profil est la photo choisie par un internaute pour se montrer sur les réseaux sociaux. Elle représente l'identité numérique* de l'internaute et dit comment il veut être perçu par les autres.

LA PHOTO DE PROFIL PEUT TRÈS VITE SE RETOURNER CONTRE SON PROPRIÉTAIRE.

Par exemple, si vous étiez un jour appelé à devenir ambassadeur de France en Tunisie et que vous vous étiez inscrit sous votre vrai nom, au hasard Boris Boillon, sur le site Copains d'avant, on pourrait très vite retrouver votre profil et se moquer de votre photo en maillot de bain en mode beau-gosse-de-la-plage-t'as-vu. Pire, certaines personnes pourraient même se demander si par hasard vous ne vous épilez pas le torse, ce qui pourrait discréditer vos prises de parole diplomatiques.
Le choix de cette photo est donc primordial. Il existe plusieurs stratégies.

La photo de paysage.
Souvent une photo de vacances où votre silhouette apparaît de très loin au milieu de la neige aux Arcs ou de la garrigue provençale. Pudique, vous ne souhaitez pas montrer votre visage mais vous n'avez pas non plus osé vous opposer frontalement à ce diktat. Du coup, vous avez opté pour une solution centriste molle du type : c'est moi mais on ne me voit pas.

La photo d'un artiste.
Vous préférez afficher vos goûts artistiques et votre sensibilité esthétique plutôt que de faire preuve d'égotisme de bas étage dans cette société de peopolisation à outrance. Accessoirement, vous n'avez trouvé aucune photo potable de vous.

Une photo de vous en noir et blanc ou effet sépia.
Dans l'idée, vous rêviez d'une photo style Studio Harcourt, dans la réalité vous vous retrouvez avec un autoportrait de Francis Bacon un lendemain de cuite. Le problème des effets, c'est qu'ils disent : « J'ai essayé de faire une photo classe, alors j'ai pensé qu'en sépia grisé ça serait top, mais en fait je me suis foiré et en même temps, j'ai vraiment mauvais goût mais de toute façon, comme j'y ai passé 40 minutes, je veux quand même l'utiliser. »

Une photo de vous enfant.
Vous avez toujours adoré cette photo qui vous montre tel que vous êtes vraiment, c'est-à-dire à la fois mignon(ne), drôle et déjà mélancolique. Jusqu'à l'apparition des réseaux sociaux, votre seul moyen de l'exposer à la vue des gens était de l'encadrer au milieu de votre salon. Vous êtes ravi de pouvoir enfin l'afficher aux yeux du monde.

La photo avec vos amis, vos frères, vos semblables.
Cette photo est généralement prise à une soirée, bras dessous bras dessus, en montrant toutes vos dents dans un sourire extatique. C'est vos meilleurs amis, et vous rigolez bien avec eux. D'ailleurs, votre relation est tellement forte qu'ils font partie de votre identité numérique – un peu comme les verres d'alcool visibles au premier plan. Ils sont vous, comme vous êtes eux, jusqu'à la vie jusqu'à la mort, jusqu'au bout de l'ivresse. Généralement, sur Facebook*, vous vous serez également déclaré en couple avec ces individus.

La photo d'animal.
Vous connaissez trop bien Internet, et savez quelle place primordiale y ont les animaux*. Vous êtes un lama, un slow loris, un chat mignon, un écureuil sur le dos d'une tortue. Bref, vous faites montre de votre (web)culture. En creux, vous détournez ironiquement le principe de la photo de profil en étant rigolo et/ou convoquez le concept deleuzien de « devenir-animal » pour vous la raconter.

La photo type photomaton.
Facebook vous demandait de mettre une photo alors voilà, ça c'est vous.

La photo dite « duckface ».
Elle est la forme privilégiée de l'autoportrait post-moderne. Pour être authentique, elle doit remplir plusieurs critères : être prise par l'intéressé avec un téléphone portable ou un appareil photo très basse définition, l'angle doit être la plongée à hauteur de bras donc, la bouche légèrement pincée, la lèvre supérieure s'avance pour une moue boudeuse, le regard fixe l'objectif. Pour le décor, le respect de la tradition demande de préférer une salle de bains, avec un reflet dans le miroir et un bout de serviette éponge qui apparaît dans un coin.

POP-UP

En français, « pop-up » est traduit par « fenêtre surgissante » ou « fenêtre intruse », des termes que personne n'a jamais employés.

Un pop-up est une fenêtre internet qui s'ouvre soudainement, sans qu'on lui ait rien demandé. Il fut un fléau majeur au début de l'ère internet, quand cliquer naïvement sur un lien avait pour conséquence l'ouverture d'une dizaine de fenêtres contenant des messages publicitaires grossiers suivie du bug fatal de votre vieil ordinateur poussif connecté en 56k. Si les pop-up se font rares aujourd'hui (les navigateurs récents en bloquent automatiquement l'ouverture), ceux-ci subsistent encore en marge sur les sites louches donnant à voir des personnes dénudées.

LE POP-UP RESTE TOUT DE MÊME LA MEILLEURE EXCUSE POUR REGARDER DU PORNO.

LE POP-UP EST L'ÉQUIVALENT INTERNET DE L'INCONNU INSUPPORTABLE VENANT TAPER LA DISCUTE À UNE TERRASSE DE CAFÉ EN RACONTANT SA VIE ALORS QUE VOUS ÉTIEZ PLONGÉ DANS ÊTRE ET TEMPS DE HEIDEGGER.

PERSONNE N'AIME LES POP-UP

« Kevin qu'est-ce que tu fais ? Mais maman, je te jure c'était un pop-up »

PURE PLAYERS

Contrairement à ce que pourrait laisser penser leur nom, les pure players ne sont ni joueurs ni purs.

Il s'agit de sociétés qui n'existent que sur Internet. Avec le temps, la définition s'est réduite pour désigner essentiellement les sites d'infos qui n'ont pas de version papier. Parmi eux Mediapart, Slate, Arrêt sur images, OWNI ou Rue89 (qui, après trois ans d'existence exclusivement virtuelle, a tout de même fini par lancer une version papier sous la forme d'un mensuel).

ET ALORS, C'EST QUOI VOTRE MODÈLE ÉCONOMIQUE ?

À cette question, suivie en général par l'incontournable « Mais c'est viable ? », les patrons de presse web répondent majoritairement par des explications passablement absconses sur le capital de départ qui va leur permettre de tenir encore trois ans sans aucun problème, n'est-ce pas, délai au terme duquel ils seront arrivés à l'équilibre, bien sûr.
Comment arriver à l'équilibre ? Plusieurs solutions existent, souvent combinables entre elles pour éviter de perdre trop d'argent :

1/ L'abonnement.
Exemple le plus connu : Mediapart, dont la partie journal est entièrement payante, et dont seuls les blogs sont en accès gratuits. À part ce site qui a su sortir des infos suffisamment inédites pour fédérer un public d'abonnés, ce modèle est très casse-gueule dans un Internet qui a comme postulat de départ la gratuité. Qui a envie de poster un lien vers un papier payant ? Impossible de le partager avec ses amis sur les réseaux sociaux, au risque de se faire lyncher parce que lesdits amis ne sont pas abonnés et n'y ont pas accès.

2/ La pub.
Exemple : Slate. Problème : le prix de la pub sur Internet reste dérisoire par rapport à ses équivalents papier, télé ou radio. La rentabilité est donc encore difficile à atteindre, à moins d'accepter de saturer son site de pop-up qui rendent les articles illisibles. On prédit depuis plusieurs années que la situation devrait bientôt

changer. Avec la pub, il existe deux stratégies : faire un très gros trafic, avec de la pub pas chère (parce qu'un très gros trafic est rarement de qualité), ou bien privilégier un trafic plus petit mais de qualité, donc moins de pubs mais vendues plus chères. En outre, les pro-abonnement soulignent que ce modèle entraîne un risque de dépendance envers les régies pubs et les organismes chargés de mesurer le trafic de chaque site.

3/ Le freemium.

Dans ce modèle mixte, une partie du site est accessible gratuitement, une autre est payante (pour les articles archivés ou les scoops). Exemple : sur le site d'Arrêt sur images, un onglet regroupe les papiers gratuits du jour. Un autre système freemium se concentre sur les gros lecteurs qui au-delà de plus de vingt articles lus par mois doivent payer.

4/ La vente de contenu.

Vieille pratique chez les journalistes, les acteurs ou les animateurs, traditionnellement appelée : faire des ménages. Un site vend une partie de son contenu à des marques. Il peut également organiser des événements, des soirées ou des conférences sponsorisées. Les journalistes spécialisés interviennent par exemple comme conférenciers.

5/ L'appel aux dons.

Exemple : Rue89. Via le site J'aime l'info, Rue89 annonce qu'il veut faire un reportage sur, par exemple, les conditions d'accueil des SDF sans papiers, et les internautes intéressés financent l'enquête. Rue89 a également mis en place un « wall of fame ». Les internautes achètent une place (sous la forme d'une brique numérique) sur la page d'accueil du site, avec la possibilité d'y mettre un lien vers leur propre site pour augmenter le nombre de leurs visiteurs. (Ce qui, au final, revient un peu à faire de la pub, mais à une échelle plus réduite, un peu comme de la pub citoyenne.)

6/ Le financement par une activité parallèle.

Rue89 s'est lancé dans la formation. OWNI est financé par 22mars, société de conseil, formation et production web. La bonne réputation du site principal permet à l'entreprise d'obtenir plus de contrats, donc de gagner des sous et donc d'améliorer le site.
Voir aussi Forçats du Web*.

Q

« If it exists, there's porn of it. No exceptions. »
(Si ça existe, il y en a une version porno. Pas d'exception.)
Règle 34 d'Internet.

Internet offre la possibilité de rester en contact avec ses proches malgré la distance, de fomenter une révolution, de partager des photos et d'acheter des chaussettes en ligne, mais c'est aussi et surtout un passeport illimité pour le porno.

HISTORIQUE

Dans les premiers temps du Web, le contenu purement pornographique était assez rare. Récits érotiques et photos de femmes nues dominaient dans un monde où, pour de basses raisons techniques, il était fort difficile de trouver des vidéos.

Et puis, l'industrie du X a envahi la toile. On était au début des années 2000, et à l'époque chercher naïvement le site du fanclub québécois de Britney Spears, c'était risquer de tomber sur une page intitulée petite-chatte-distendue-clique-pour-en-voir-plus-téléchargement-illimité, avec en photo d'appel des clichés qui évoquaient les boucheries chevalines d'antan. Le sexe était à la fois partout et nulle part, l'internaute tombait dessus sans le vouloir mais quand il en cherchait, ce n'était jamais ce qu'il voulait.

Depuis, la situation a beaucoup évolué et en se connectant sur Internet, on ne risque plus de tomber malencontreusement sur une écolière de 45 ans en jupe plissée sans culotte.

Grâce à Google et à ses filtres qui censurent potentiellement les résultats pornographiques, pour tomber sur du X, il faut aujourd'hui l'avoir cherché.

Cette évolution se couple avec le fait que la webosphère-du-cul a connu un sérieux phénomène de concentration avec l'ouverture de sites comme YouPorn en 2006. Désormais, l'internaute trouve ce qu'il cherche, sans errer sur le Net en quête de vidéos gratuites d'une durée de plus de 7 secondes.

PORNO 2.0

YouPorn, PornHub, RedTube, autant de sites qui fonctionnent à peu près sur le même modèle que YouTube et qui se regroupent dans l'intitulé « porno 2.0 » (voir Web 2.0*). Dans cet Internet bien rangé, les sites ont une homepage présentant les vidéos les plus récentes et celles actuellement regardées à l'instant même par d'autres utilisateurs. (Une idée assez troublante en définitive, a-t-on vraiment envie de savoir devant quoi les autres gens sont en train de se masturber ?) Il existe également un classement par catégorie qui range les vidéos par degrés de violence (de « romantic » à « hardcore »), par types de physique (gros seins, asiatiques, rousses...) et par pratiques (sodomie, triolisme, interethnique...).

Autant dire qu'on y trouve de tout, et des pratiques qui paraissaient marginales finissent par devenir mainstream grâce à l'exposition dont elles profitent sur le Web. Ainsi de l'éjaculation faciale ou du BDSM (bondage sado-masochiste). Il est également possible de noter les vidéos qui ont, du coup, chacune une cote de popularité.

La vidéo la plus visionnée depuis la création de YouPorn, avec près de 4,5 millions de vues, n'est pas une séquence de domination d'un phallus géant au bord de l'apoplexie étouffant une femme-objet. Ce n'est pas non plus la sextape de Paris Hilton (qui se classe en deuxième position des vidéos les plus vues mais avec une note catastrophique de 3,32 sur 5). Il s'agit de « Great Body, Great Sex, Great Blowjob » (mis en ligne en 2007 et noté 4,65 sur 5) porno de dix minutes, assez soft (pas même de scène de sodomie, devenue pourtant le passage obligé de ce genre d'exercice), filmé du point de vue de l'homme et somme toute plutôt rassurant sur l'état des fantasmes de notre société.

LE SEXE SUR INTERNET
CHIFFRES US
2011

Les États-Unis produisent **89 %** de tout le webporno mondial.

Requête Internet aux États-Unis n° 1 : **SEX**

2, 5 millions d'e-mails pornographiques sont envoyés chaque jour.

56 % des divorces ont pour cause l'addiction aux sites pornos de l'un des conjoints.

35 % de tous les téléchargements américains sont pornographiques.

43 % des internautes regardent du porno sur l'Internet (dont un tiers sont des femmes).

12 % des sites Internet mondiaux sont pornos (soit 25 millions de sites).

11 ans âge moyen de la première exposition au porno sur l'Internet.

QUI EST
LE MARK ZUCKERBERG DU SEXE ?

À qui appartiennent ces sites qui font maintenant partie de la vie sexuelle de la majorité des internautes ? Mystère absolu. Les sociétés qui les gèrent restent introuvables. Les noms de domaine sont enregistrés via des intermédiaires, et même les fondateurs sont inconnus. Personne ne semble vouloir revendiquer le statut de Marc Zuckerberg du cul.

YouPorn

Il semble cependant d'après plusieurs enquêtes que YouPorn et PornHub ont suivi deux évolutions contraires.
Ce qu'on sait des créateurs de YouPorn vient des interviews qu'a données Steve Hirsch, patron de Vivid Entertainment, un des plus gros producteurs de films porno. En effet, il affirme qu'en 2007 il a été contacté par un certain Stephen Paul Jones, diplômé de l'université de Stanford, qui s'est présenté comme le copropriétaire de YouPorn. Il disait gérer le site avec un associé malaisien qui vivait en Australie. Les deux hommes souhaitaient vendre YouPorn : le trafic explosait mais ils n'arrivaient pas à le monétiser à la hauteur du succès de fréquentation du site. À l'époque, ils disaient gagner environ 120 000 dollars par mois en publicité, une somme ridicule par rapport au nombre de visiteurs. Ils demandaient 20 millions de dollars qu'ils souhaitaient ensuite investir dans un business classique. Steve Hirsch refusa l'offre, ne voyant pas comment il pouvait rendre rentable un site qui pillait ses propres productions.

PornHub

L'histoire de PornHub est quant à elle un cas d'école en matière d'extension horizontale et verticale.
En 2003, trois copains de fac de Montréal, Ouissam Youssef, Stephane Manos et Matt Keezer, montent Brazzers, une petite société de diffusion de films X. Ils décident de conquérir le marché en le fractionnant. Autrement dit, ils créent des dizaines de sites porno payants de niche. L'une de leur spécialité est le stéréotype de la MILF (Mother I Like to Fuck, soit des Américaines de 40 ans aux

poitrines généreuses). En janvier 2007, Matt Keezer achète le nom de domaine pornhub.com. Officiellement PornHub, site de porno gratuit, appartient à une société nommée Interhub. Mais il semblerait que son véritable propriétaire soit Brazzers, bien que les trois associés le nient farouchement, allant jusqu'à accuser PornHub de piller leur contenu. En fait, les trois garçons joueraient sur les deux tableaux, réussissant à renvoyer une partie du trafic phénoménal de PornHub vers leurs sites payants. Ainsi, ils gagneraient plus d'argent que YouPorn, Vidi et autres Dorcel. Ils auraient par la suite revendu leurs parts à Fabian Thylmann, un programmateur allemand.

Pornhub, c'est un peu la victoire des geeks* dans le milieu du X.

Ils ne sont spécialistes ni du porno ni du marketing. Ce sont avant tout des informaticiens qui ont joué avec les règles du référencement pour que leur site apparaisse en première place dans les résultats Google* sur les recherches comme sex ou porno. Le maillage de sites qu'ils ont créé leur a assuré l'hégémonie sur le secteur.

ÉVOLUTION TECHNIQUE = ÉVOLUTION DES CONTENUS

Les caméras moins chères, plus légères et plus simples d'utilisation ont engendré un nouveau type de porno désormais majoritaire : le gonzo. À l'inverse du porno traditionnel qui misait sur un semblant de scénario, des décors et des costumes, pour faire un gonzo hétéro, il suffit en général d'un canapé devant un mur blanc et d'une fille qui dit « Salut, je m'appelle Natacha et j'ai 18 ans ». Entre alors dans le champ un monsieur et zou, en avant l'aventure. Il arrive fréquemment que celui qui tient la caméra donne des instructions à Natacha et à son partenaire, voire leur demande leurs impressions pendant l'acte sexuel.
Ce *modus operandi* et sa facilité de fabrication ont engendré un autre genre plus inattendu : la vidéo porno amateur – qui a fait le succès de YouPorn à ses débuts. Cette fois, plus d'acteur et donc plus de Natacha payée 300 euros la scène : il s'agit de vrais couples se filmant eux-mêmes en train de faire l'amour. Avec des plans très flous et des images de basse qualité, mais quand même.
Un nouvel âge du porno a-t-il commencé avec le règne de l'amateur ? Pas tout à fait. Devant ce succès, les producteurs ont multiplié les fausses vidéos amateur avec des acteurs (voir fake*), et le nombre d'authentiques vidéos amateur est resté fort limité.

LES LIMITES DU GENRE

YouPorn et consorts sont des sites de partage où les utilisateurs mettent en ligne des vidéos. En dehors de la question de la légitimité de l'industrie pornographique, ce fonctionnement pose plusieurs problèmes.

1/ Non-respect du droit d'auteur.
Comme pour le cinéma, la télé ou la musique, ces sites sont accusés de tuer l'industrie du porno, les films étant mis en ligne gratuitement, sans qu'aucun revenu ne soit reversé aux ayants droit.

2/ Droit à l'image.
La fille qui a accepté que son petit ami la filme en train de faire l'amour n'a, en règle générale, pas donné son accord pour qu'il mette ladite vidéo sur YouPorn après leur séparation. (Certains sites se sont spécialisés dans ce genre de vengeance comme www.jemevenge.com.)

3/ Âge des personnes filmées.
Tout producteur de contenu pornographique doit s'assurer que ses acteurs sont majeurs. Mais dans la mesure où les ados eux-mêmes se filment, cette prévention aboutit à un non-sens. Ainsi, en 2009, aux États-Unis, trois adolescentes de moins de 16 ans ont été poursuivies en justice pour production et mise en circulation d'images pédopornographiques parce qu'elles avaient envoyé des photos d'elles nues à leurs petits-amis (qui, eux, étaient poursuivis pour détention d'images pédophiles). Elles se retrouvaient donc à la fois victimes et coupables.

LE SEXE.XXX

Pour avoir une petite idée des chiffres en jeu dans l'industrie du porno sur Internet, prenons l'exemple des noms de domaine. Ce sont les noms des sites qu'on achète pour une durée d'un an renouvelable à l'infini. Or ces noms de domaine, quand ils sont déjà réservés, peuvent faire l'objet d'un rachat. Et c'est ainsi que deux des plus grosses opérations de rachat de noms de domaine ont concerné le milieu du cul. En 2007, le nom porn.com a été racheté pour la bagatelle de 9,5 millions de dollars. Mais le record reste celui de 2006 avec sex.com racheté pour une somme estimée entre 12 et 14 millions de dollars.
En 2011, au terme d'une bataille juridique de cinq années, les noms de domaine en .xxx ont finalement été autorisés. Ceux qui défendaient cette idée expliquaient qu'il serait plus facile de filtrer les sites porno s'ils avaient des adresses clairement identifiables. L'industrie du porno appelle cependant au boycott de ces domaines, refusant d'être marginalisée, mise au ban de d'Internet.

LES HOT-CAMS, PROSTITUTION VIRTUELLE

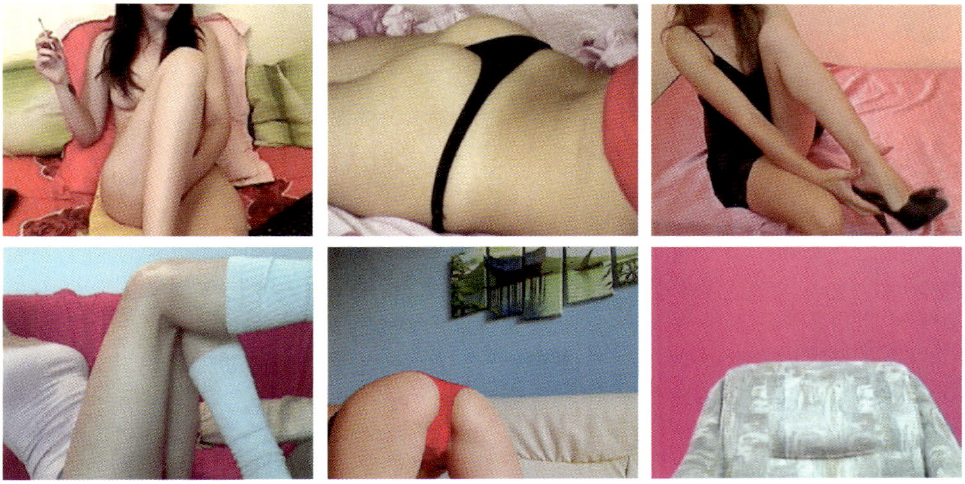

Comment générer des revenus avec des vidéos gratuites ? Il y a d'abord la pub (même s'il s'agit de pubs pour d'autres sites porno) et les abonnements payants (la formule dite freemium qui permet d'accéder à plus de contenus). Mais l'argent du sexe sur le Web vient également beaucoup de ce qu'on appelle les hot-cams, c'est-à-dire de la prostitution par webcam.

Le principe : les filles s'inscrivent sur un site dédié et posent un planning avec leurs disponibilités. Avantage : elles travaillent de chez elles, depuis leur ordinateur personnel. À l'heure dite, elles se connectent. Les clients qui viennent sur le site choisissent parmi celles qui sont disponibles. Chez la fille, une petite sonnerie retentit quand un client la sélectionne. L'intéressé lui demande alors par chat ce qu'il veut qu'elle fasse (strip-tease, masturbation, etc.) et paye en fonction du temps passé virtuellement avec elle.

Si cette activité permet aux femmes d'avoir des fiches de paie et les protège des agressions physiques, elles sont nombreuses à déplorer d'être sous-payées et de devoir faire beaucoup d'heures pour atteindre un revenu décent. En 2007, un client payait 45 euros pour 15 minutes alors que la fille gagnait 50 euros par heure. Les macs virtuels (aucun lien avec Apple*) ont encore de beaux jours devant eux.

RAGE COMICS

Ou la comédie humaine version Internet.

Les rage comics sont des BD à quatre cases dessinées grossièrement sur un logiciel d'image basique et relatant le plus souvent une anecdote du quotidien. Toutes les situations mènent à une conclusion imagée par la tête d'un personnage éprouvant une forte émotion. Celle-ci peut aller de la rage à l'euphorie en passant par la résignation, l'incrédulité, le contentement ou l'affliction.
Ces rage comics doivent respecter une charte graphique : quatre cases, un fond blanc et des dessins crus faits au pinceau noir via un logiciel d'image lambda (quelques couleurs primaires ou des photos extraites de vidéos ou de films sont toutefois acceptées). Leur simplicité et les générateurs disponibles sur le Net font que chacun peut sans grande difficulté reprendre le modèle pour mettre en images ses propres anecdotes.
Chaque personnage peut être retravaillé à l'envi à condition qu'il garde son trait de caractère. Il n'est pas rare de rencontrer des rage comics où les différents protagonistes se rencontrent et interagissent.
Avant les rage comics étaient les « MS Paint Relationships » comics, dessinés à la souris sous MS Paint, qui narraient des anecdotes sentimentales foireuses. Moins calibrés et sans personnages récurrents, les MS Paint Relationships peuvent toutefois être vus comme les ancêtres des rage comics en ce qu'ils racontaient, avec une esthétique proche, une anecdote de la vie quotidienne à laquelle chacun pouvait s'identifier.

Rage guy

Père originel de tous les rage comics, Rage guy est l'illustration parfaite, avec une grande économie de moyens, des petites et grosses loses du quotidien dont l'Internet est si friand (voir FAIL*). Petit personnage très énervé par une situation décevante ou exaspérante, il est représenté la bouche ouverte et les yeux exorbités, accolé aux lettres « F » et « U » (pour « FUCK ») répétées plusieurs fois et écrites en rouge.

LES DIMENSIONS DE LA RAGE

ÉVALUATION ÉMOTIONNELLE DES PRINCIPAUX RAGE COMICS

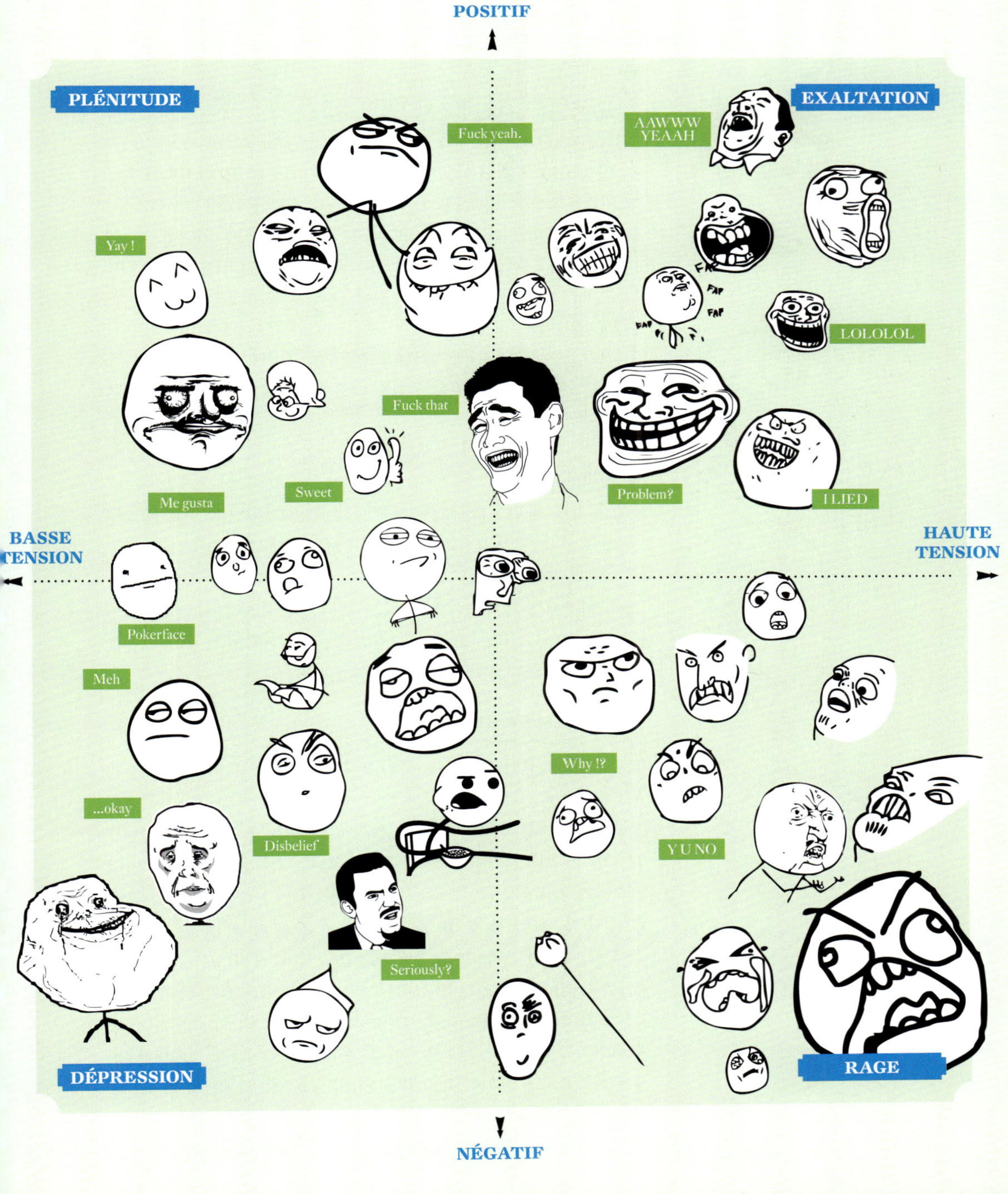

Everything went better than expected

Yeux mouillés, nez pincé et sourire niais, le petit personnage accolé à la formule « Everything went better than expected » (Tout s'est mieux passé que prévu) incarne le concept du happy ending insoupçonné.

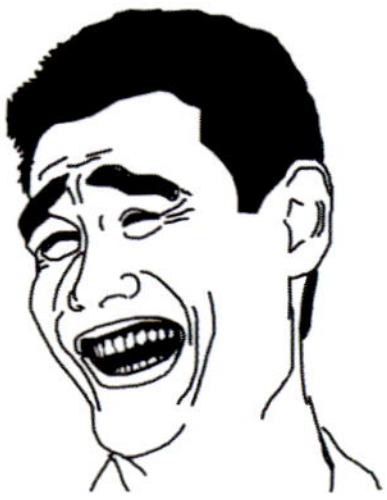

Fk That Guy / Dumb Bitch**

Inspiré d'une photo de Yao Ming, basketteur chinois évoluant en NBA, ce dessin – dont l'intérêt dramatique réside dans les sourcils – dépeint une attitude méprisante envers quelqu'un ou quelque chose. Pour exemple, il est souvent utilisé dans les blagues misogynes.

LOL guy

LOL guy est l'incarnation du lol* potentiellement lâché à l'oral par mégarde. Il exprime un rire instinctif et premier degré.

Y U NO guy

Le Y U NO Guy exprime la frustration et l'incompréhension de celui qui voudrait se faire entendre mais s'y prend fort mal (il est souvent représenté parlant en langage texto hasardeux). Le front plissé, il reproche en général à ses interlocuteurs de ne jamais lui répondre, non sans une certaine impatience.

Forever Alone

Incarnation du no-life qui n'a, par définition, aucune vie sociale, il est représenté les larmes coulant de manière incontrôlée sur ses grosses joues. Très populaire, il a largement dépassé le prisme du simple personnage de rage comics puisqu'il est devenu l'incarnation online de la solitude moderne.
Ainsi, au printemps 2011, /b/ (voir 4chan*) lançait une flash mob involontaire en son honneur. Mode opératoire : créer de faux comptes sur des sites de rencontre*, y ferrer des pigeons, les convier massivement à un premier rendez-vous à Times Square et, le

jour venu, observer tous ces célibataires attendre une personne fictive via une webcam de la ville de New York. Cette opération « gros lapin collectif » a même réussi a faire planter la webcam de Times Square grâce à laquelle, des sadiques non moins seuls, pouvaient observer des jeunes garçons attendre, parfois une rose à la main, une fille qui n'existait pas. En arrière-plan, un poster « Forever Alone » judicieusement collé sur un arrêt de bus.

Cereal guy

L'intérêt dramatique du rage comics Cereal guy tient en deux temps. Tout d'abord il donne à voir un petit personnage mangeant tranquillement des céréales et faisant un commentaire définitif sur une photo ou un dessin présenté(e) dans la première case. Exemple : il ou elle n'aura jamais de petit(e) ami(e). Suit une image contredisant en puissance ses dires à laquelle s'ajoute dans la quatrième case le petit personnage crachant ses céréales.

Challenge accepted

Il s'agit ici d'un personnage toujours prêt à relever des défis absurdes, même lorsqu'il n'en est pas du tout question. Il est représenté les bras croisé et l'air blasé typique du fanfaron.

Troll* face

Aux origines baptisé « Cool face », cette tête déformée est rapidement devenu le symbole du troll. Il incarne la jouissance qu'a le troll à troller. Comme Forever Alone, il est un mème* à lui tout seul dont l'ampleur dépasse largement le cadre des rage comics. Poster une image sur laquelle il apparaît est ce qu'on pourrait appeler « un post performatif », car il constitue ce qu'il indique. En d'autres termes, le poster, c'est troller.

Okay guy

Okay guy est le plus triste de tous. Il donne à voir un personnage résigné et peu sûr de lui auquel est simplement accolé le mot « Okay ».

F*ck Yeah guy

Dessiné en contre-plongée, l'air triomphant, F*ck Yeah guy incarne ces petits moments de la vie lors desquels un individu se sent au sommet. Comme par exemple : gagner à pile ou face.

Me Gusta

Personnage effrayant, Me Gusta intervient toujours après un propos bizarre voire dégoûtant pour dire qu'il aime ça (en espagnol). Il est en général question de pratiques sexuelles déviantes ou autres trucs un peu dégueux.

Poker face

La bouche droite et les yeux vides, Poker face est un personnage au faciès impassible. Il fait en général semblant de rien alors qu'un torrent d'émotions se déverse à l'intérieur de lui.

LES SITES LES PLUS VISITÉS DANS LE MONDE

VISITEURS UNIQUES PAR MOIS (EN MILLIONS).

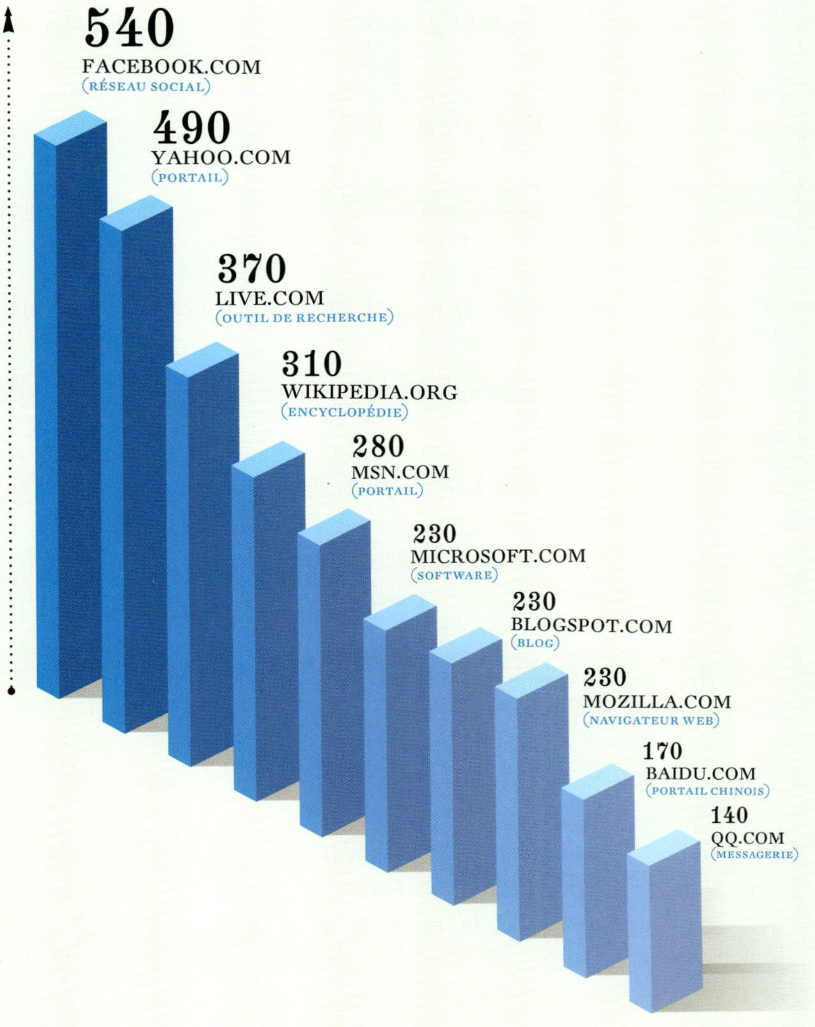

Source : enquête google, mai 2010

NB : IL CONVIENT DE NOTER QUE GOOGLE A VOLONTAIREMENT RETIRÉ DE CE CLASSEMENT SES PROPRES SITES.

RÉALITÉ AUGMENTÉE

À quoi ressemblera le Web dans dix ans ? Quelques ingénieurs sont en train d'inventer l'Internet du futur. Spielberg, nous voilà.

La réalité augmentée, à savoir une fusion entre le virtuel et le réel, est sans nulle doute l'un des avenirs du Net. Sur un écran ou à travers des lunettes électroniques se juxtaposeront les images du réel et du virtuel pour créer une nouvelle dimension. Il existe déjà plusieurs modes d'interaction entre les deux mondes :

1/ La reconnaissance du monde réel par l'ordinateur. Très utilisé notamment par les sites d'achats de meubles. On prend en photo son salon, on charge la photo sur son ordinateur et sur le site. Un logiciel calcule alors automatiquement les perspectives, mesures et proportions. Ensuite, il ne reste plus qu'à sélectionner des meubles pour les voir apparaître en 3D sur la photo et déterminer si la table basse ira bien avec le canapé et laissera quand même un passage devant le poste de télé.

2/ La boîte de Chocapic (ou n'importe quel autre support du monde réel). En 2009, un dessin est reproduit sur l'emballage en carton des céréales. En le positionnant face à sa webcam, on faisait apparaître sur l'écran de l'ordinateur un véritable jeu vidéo en superposition sur le paquet. Il suffisait d'agiter ledit paquet pour commander les actions du personnage. Et transformer ses Chocapic en bouillie.

3/ Navigateurs routiers nouvelle génération. Plutôt que de simplement nous montrer la carte de la route avec des flèches, certains GPS affichent l'image de la route réelle, telle que la voit le conducteur et y superposent des indications. Cette technique est utilisée depuis longtemps dans l'aéronautique pour faciliter le travail des pilotes.

4/ L'écran du smartphone. Les constructeurs sont en train d'y intégrer de plus en plus de technologies de la réalité augmentée. Bientôt, on n'aura plus la tête penchée vers son smartphone mais on le brandira fièrement à bout de bras pour regarder le monde réel à travers lui (augmenté d'informations supplémentaires, comme le nombre de pains au chocolat qu'il reste dans la boulangerie d'en face). Équipés de caméras pour filmer le monde réel, les smartphones vont pouvoir afficher la réalité augmentée en 3D.

Sur iPhone, nombre d'applications utilisent déjà la réalité augmentée (mais sans la 3D qui est la prochaine étape), notamment les jeux. Signalons la plus poétique : Pocket Universe. On pointe son iPhone vers la nuit étoilée, l'appli reconnaît les constellations et les affiche sur l'écran, par-dessus l'image réelle du ciel. Finis les « heu… attends, c'est la Grande ou la Petite Ourse ça ? ».

5/ Lunettes électroniques. Outre l'écran, une autre solution à terme est le port de lunettes sur lesquelles se superposent les deux univers. C'est le projet « 3e Œil ». En portant ces lunettes, on percevrait tous les panneaux publicitaires en version animée et 3D, les informations seraient transformées en 3D ou traduites automatiquement dans notre langue (par exemple les sous-titres au cinéma ou les menus des restaus japonais). En octobre 2008, Yahoo déposait un brevet pour des lunettes de ce genre, mais, depuis, plus de nouvelles.
Étape suivante : les lentilles. L'université de Washington a présenté en 2007 le prototype d'un circuit d'un nanomètre intégré à la lentille. Pour avoir les yeux de Superman ou de la femme bionique.

6/ Disparition de la frontière entre les deux univers. C'est avec cette étape ultime que l'on touche à l'informatique ubiquitaire, soit le fait de développer et simplifier au maximum les interactions humain/machine.
L'ambitieux projet du jeune chercheur Pranav Mistry s'appelle le « 6e sens », tout un programme (pranavmistry.com). L'idée est de créer un ordinateur dématérialisé et le plus possible intégré au monde physique et au corps de l'humain. Il s'agit de ne plus être assis face à une machine ou les yeux vissés à un écran portable, mais d'être en activité dans le monde physique tout en restant connecté. Pour cela, une caméra et un microsystème informatique sont intégrés sous forme de petit pendentif, et on enfile des bouts de caoutchouc rouge, bleu, jaune et vert à ses doigts. La caméra interprète les mouvements de la main devant un mur par exemple et ce mur se transforme en écran tactile. Autre exemple : en extérieur, il suffit de faire le signe de prendre une photo avec ses doigts et hop, la caméra a pris la photo. L'informatique s'intègre à notre monde physique.
La caméra doit pouvoir également identifier les objets. Il suffit de lui montrer son billet d'avion pour que s'affiche en superposition un éventuel retard du vol annoncé. En librairie, on placerait un livre face à soi et s'afficherait dessus les différentes critiques publiées sur Internet. Avec ce système, le journal papier s'anime également et peut même intégrer des vidéos. On ne bascule plus d'un univers à l'autre, les deux s'interpénètrent totalement.

RÈGLES D'INTERNET

Les tables de loi du Net non civilisé, celui du porno, de la mauvaise foi, du harcèlement et du lol.*

Les règles d'Internet apparaissent sur 4chan* en 2006. On présume toutefois que plusieurs d'entre elles existaient déjà sous forme de running gag (notamment la règle n° 34, la plus célèbre : « If it exists, there is porn of it. No exceptions ». Si ça existe, il y en a une version porno. Pas d'exception). Elles prennent naissance dans ce qu'on peut qualifier de « grosse déconnade entre gens rigolos d'Internet ». En effet, dans son principe, une règle sert à améliorer le bon fonctionnement d'un système et permettre aux individus de coexister pacifiquement. L'idée d'édicter des règles telles que « TITS or GTFO » (montre tes nichons ou dégage, règle n° 31) détourne donc l'essence même du concept de loi.

INTERNET SUIT-IL VRAIMENT CES RÈGLES ?

En réalité, dans ces tables de la loi, on peut souvent remplacer « Internet » par « 4chan ». Supériorité de l'anonymat, pas de règle pour poster un commentaire, pas de règle pour modérer, autant de principes qui valent essentiellement pour ce site. Mais derrière cet aspect anecdotique, ce qui transparaît, c'est l'état d'esprit propre à un certain Web pour lequel la valeur suprême est l'humour cynique – valeur à laquelle toutes les autres sont subordonnées, comme le commandent les règles n° 20 « Nothing is to be taken seriously » (Rien ne doit être pris au sérieux), n° 42 « Nothing is sacred » (Rien n'est sacré), n° 43 « The most beautiful and pure a thing is – the more satisfying it is to corrupt it » (Plus une chose est belle et pure – plus il est satisfaisant de la corrompre).
On y retrouve également les thématiques les plus fortes de cet Internet : réhabilitation de la notion d'échec (règles n° 15, 16, 17), liberté totale (n° 8, 9, 38), droit inaliénable à la mauvaise foi (n° 11, 12, 13, 25, 26), difficultés à trouver une partenaire sexuelle (n° 28, 29, 30, 31).

LES RÈGLES LES PLUS CÉLÈBRES

« 1. Do not talk about /b/.
2. Do NOT talk about /b/. »

/b/ étant la section « random » (hasard) de 4chan, la partie la plus célèbre du site. Ces règles seraient inspirées de *Fight Club*, livre culte de Chuck Palahniuk et film non moins culte de David Fincher : « Rule number 1. You don't talk about Fight Club. Rule number 2. You DON'T talk about Fight Club. »

« 34. There is a porn of it, no exceptions.
35. If no porn is found at this moment, it will be made. »

La règle 34 est la règle la plus exacte et vérifiable d'Internet. Elle peut en outre donner lieu à des insultes faciles. « Si ta mère existe, y en a forcément une version porno. »

La règle 35 est presque performative et permet de justifier la règle 34. En effet, si aucune version porno n'existe alors il est de notre devoir d'en créer une. Il existe donc toujours une version de porno de tout, même si cette version n'existe pas encore.

Pour assurer la pérennité de la règle 34 et faciliter le respect de la 35, des channers (membres de 4chan) ont mis à disposition un petit logiciel qui permet d'ajouter facilement un pénis sur n'importe quelle photo pour la « pornographier ».

INTERNET POSSÈDE SES RÈGLES.

SUIVEZ-LES.

RULES OF THE INTERNET

1. Do not talk about /b/.
2. Do NOT talk about /b/.
3. We are Anonymous.
4. Anonymous is legion.
5. Anonymous does not forgive.
6. Anonymous can be horrible, senseless, uncaring monster.
7. Anonymous is still able to deliver.
8. There are no real rules about posting.
9. There are no real rules about moderation either – enjoy your ban.
10. If you enjoy any rival sites – DON'T.
11. All your carefully picked arguments can easily be ignored.
12. Anything you say can and will be used against you.
13. Anything you say can be turned into something else – fixed.
14. Do not argue with trolls – it means that they win.
15. The harder you try the harder you will fail.
16. If you fail in the epic proportions, it may become a winning failure
17. Every win fails eventually.
18. Everything that they can be labeled can be hated.
19. The more you hate it the stronger it gets.
20. Nothing is to be taken seriously.
21. Original content is original only for a few seconds before getting old.
22. Copypasta is made for ruin every last bit of originality.
23. Copypasta is made to ruin every last bit of originality.
24. Every repost is always a repost of a repost.
25. Relation to the original topic decreases with every single post.
26. Any topic can be easily turned into something totally unrelated.
27. Always question a person's sexual references without any real reason.
28. Always question a person's gender – just in case it's really a man.
29. In the internet all girls are men and all kids are undercover FBI agents.
30. There are no girls on the internet.
31. TITS or GTFO – the choice is yours.
32. You must have pictures to prove your statement.
33. Lurk moar – it's never enough.
34. There is porn of it. No exceptions.
35. If no porn is found of it, it will…
36. There will always be even more fucked up shit than what you just saw.
37. You can not divide by zero (just because the calculator says so).
38. No real limits of any kind apply here – not even the sky.
39. CPASLOCK is cruise control for cool.
40. Even with cruise control you stil have to steer.
41. Desu isn't funny. Seriously guys. It's worse than Chuck Norris jokes.
42. Nothing is Sacred.
43. The more beautiful and pure a thing is, the more satisfying it is to corrupt it.

LES RÈGLES
D'INTERNET

1. Il est interdit de parler de /b/.
2. Il est INTERDIT de parler de /b/.
3. Nous sommes les Anonymous.
4. Anonymous est légion.
5. Anonymous ne pardonne jamais.
6. Anonymous peut être un monstre horrible, insensible et indifférent.
7. Anonymous est néanmoins capable de tenir ses promesses.
8. Il n'y a pas de règle pour poster.
9. Il n'y a pas de règle non plus pour modérer – savoure ton exclusion.
10. Si tu apprécies un site concurrent – ARRÊTE.
11. Tous tes arguments soigneusement choisis peuvent facilement être ignorés.
12. Tout ce que tu diras pourra être et sera utilisé contre toi.
13. Tout ce que tu diras peut être transformé – corrigé.
14. Ne discute pas avec les trolls – ça signifie qu'ils ont gagné.
15. Plus fort tu essaies, plus fort tu échoues.
16. Si tu échoues dans des proportions épiques, ton échec deviendra victorieux.
17. Toute victoire finit en échec.
18. Tout ce qui peut être étiqueté, peut être détesté.
19. Plus tu détestes quelque chose, plus elle devient forte.
20. Rien ne doit être pris au sérieux.
21. Le contenu original n'est original que pendant quelques secondes avant de devenir vieux.
22. Le copier-collé a été inventé pour ruiner toute once d'originalité.
23. Le copier-collé a été inventé pour ruiner toute once d'originalité.
24. Chaque repostage est toujours le repostage d'un repostage.
25. Le lien avec le sujet de départ diminue à chaque réponse.
26. N'importe quel sujet peut facilement être détourné.
27. Demande toujours à une personne ses préférences sexuelles, sans aucune raison.
28. Demande toujours à une personne son sexe – juste au cas où ce soit vraiment un homme.
29. Sur l'Internet, toutes les filles sont des hommes et tous les gamins sont des agents infiltrés du FBI.
30. Il n'y a pas de filles sur l'Internet.
31. Tes nichons ou tu dégages – à toi de choisir.
32. Tu dois avoir des photos à l'appui de tes dires.
33. Traîne et espionne encore plus – ce n'est jamais assez.
34. Il y a une version porno de ça. Pas d'exception.
35. Si aucune version porno n'est trouvée pour le moment, elle sera bientôt faite.
36. Il y aura toujours une merde plus dégueulasse que ce que tu viens de voir.
37. Tu ne peux pas diviser par zéro (simplement parce que la calculatrice le dit).
38. Aucune limite d'aucune sorte ne s'applique ici – même pas le ciel.
39. Verrou Maj est le régulateur de vitesse du cool.
40. Même avec un régulateur de vitesse, il faut continuer de conduire.
41. Desu n'est pas drôle. Sérieusement les gars. C'est pire que les blagues sur Chuck Norris.
42. Rien n'est sacré.
43. Plus une chose est belle et pure – plus il est jouissif de la corrompre.

LE E-COMMERCE EN FRANCE

SITES DE E-COMMERCE LES PLUS VISITÉS EN FRANCE AU PREMIER TRIMESTRE 2011

Visiteurs uniques moyens par mois

Source : Mediametrie//NetRatings / mai 2011

LES ACHATS SUR L'INTERNET AU COURS DES 12 DERNIERS MOIS

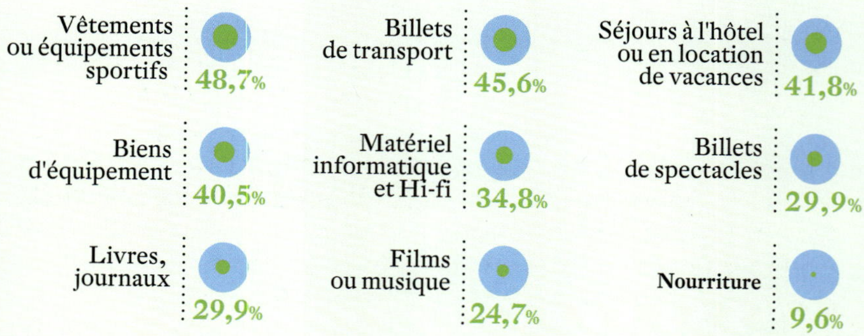

Lecture : 48,7 % des internautes ayant fait un achat sur Internet au cours de l'année ont acheté des articles de sport.

Source : Insee, enquête Technologies de l'information et de la communication d'avril 2010.

RENCONTRE (SITES DE)

Fenêtre ouverte sur le monde et les petits cœurs qui y battent de concert, Internet a signé l'arrêt de mort des agences matrimoniales et autres journaux spécialisés dans les petites annonces.

Le flirt sur le Net, déjà bien présent sur les groupes de discussion, forums* et autres chats, s'est vu institutionnalisé avec le lancement des sites de rencontre, précurseurs dans la forme et dans le fond des réseaux sociaux. En France, où Meetic règne en maître depuis dix ans avec plus de 850 000 clients, une personne sur cinq se serait déjà inscrite sur un site de rencontre et une sur dix le serait toujours.
Aujourd'hui, les sites de rencontre sur Internet sont désormais vus comme un moyen légitime, ordinaire et assumé de trouver un compagnon de route à plus ou moins long terme. À la différence des agences matrimoniales ou des petites annonces, il ne s'agit pas là d'une manière de faire par défaut mais bien d'un nouveau mode de rencontre à part entière.

QUI RENCONTRER ?

Des hommes principalement. Sur toutes les études disponibles sur le sujet, ils représentent à peu près 70 % des inscrits contre 30 % de femmes.
Qu'il s'agisse d'hommes ou de femmes, deux sociotypes s'opposent : il y a ceux qui s'inscrivent dans une démarche proche de celle des agences matrimoniales et désirent sérieusement rencontrer « la bonne personne » et ceux qui y vont pour s'amuser, éventuellement multiplier les aventures et pourquoi pas tomber sur quelqu'un avec qui faire « un petit bout de chemin on sait jamais ».
En 2007, une étude Ifop révélait que les inscrits sur les sites de rencontre étaient d'abord motivés par la curiosité (41 %), devant le souhait de trouver l'âme sœur (38 %). 75 % des personnes interrogées déclaraient avoir obtenu au moins un rendez-vous.

MEETIC REVENDIQUE 200 000 MARIAGES SUR LES CINQ DERNIÈRES ANNÉES, SOIT 5 % DES UNIONS EN FRANCE.

38 % des clients qui se sont désinscrits l'auraient fait parce qu'ils avaient trouvé ce qu'ils étaient venus y chercher. Il s'agirait là du premier motif de résiliation.

QUELS AVANTAGES ?

Les sites de rencontre facilitent la prise de contact et l'éventuelle rencontre. Derrière un écran et un pseudo, chacun peut visionner une infinité de profils, comparer, tester et dialoguer sans risquer de perdre la face en société.
Pour les cyniques, un abonnement revient moins cher que deux places de ciné et un dîner. Ces derniers font souvent partie de la catégorie « pros », à l'image d'un certain Nick qui, en 2005, relatait une année sur Meetic sur son blog finement intitulé « Je nique sur Meetic » (par la suite rebaptisé « Je nique, c'est mythique » à la demande du site). Graphiques et fiches descriptives venaient agrémenter les récits de ses 52 rencontres dont 27 plus si affinités.
Ce genre de comportements – où il s'agit de gérer sa vie sexuelle et sentimentale comme les ressources humaines d'une entreprise à base de poste à pourvoir, de CV, d'entretiens et de licenciements abusifs – s'est vu sévèrement critiqué. Les « gros frustrés », les « esprits chagrins » ou les « gens lucides » (selon les points de vue) condamnent cette boulimie consommatrice typique de nos sociétés capitalistes. Dans cette perspective, le sociologue Jean-Claude Kaufmann regrette dans son ouvrage intitulé *sex@mour* la banalisation de la sexualité devenue « une sorte de loisir ».
De manière générale, Internet a révolutionné la relation amoureuse pour la tranche de la population connectée. De la rencontre, qu'elle soit virtuelle ou IRL*, du premier baiser en passant par la drague ou les engueulades, chaque étape du processus amoureux ou du flirt est désormais rythmée par les applications connectées (chats, mails, commentaires*, Facebook*, etc.). Aux États-Unis, des universitaires ont étudié la vie amoureuse de 3 000 couples. Ils en ont retiré que le Net représentait le troisième « lieu » de rencontre, derrière le cercle d'amis et au coude à coude avec les bars et restaurants.
Concernant les sites de rencontre, les sociologues s'accordent à dire que même s'il ne se passe concrètement rien, ce genre de flirt virtuel est crucial pour la confiance en soi. Il y a derrière tout ça l'idée que même s'il est difficile de trouver un partenaire pour former un couple, l'individu lambda sait au moins qu'il peut plaire à quelqu'un.

SUR QUEL SITE ALLER ?

Parallèlement aux mastodontes type Meetic ou Match qui ont pour avantage de réunir un grand nombre d'inscrits et donc un large choix (mais le désavantage de faire jouer à plein la règle de l'offre et la demande), il existe des outsiders qui ont les mêmes options indispensables (messages privés, chat, recherche par critères, clins d'œils ou flashes). Dernièrement, les plus médiatisés sont les sites de niche pour les gens à chien.

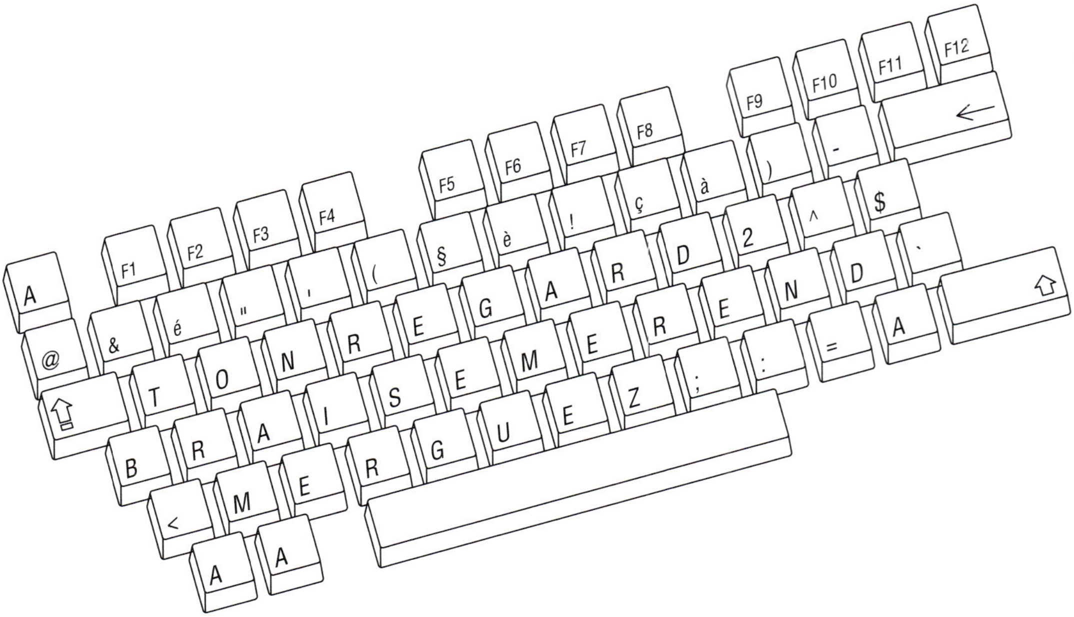

Politique
Découvrir sur le tard que l'autre a voté Balladur en 1995 n'est plus un risque avec les sites droite-rencontre.com et gauche-rencontre.com, lieux de rendez-vous de « ceux qui veulent bien discuter politique, mais pas se disputer toute leur vie », lancés fin 2009.

Religion
Si en France le sujet reste un peu délicat, les sites de rencontre n'hésitent pourtant pas à jouer la carte du communautarisme au sens anglo-saxon.
Le fervent musulman aura le choix entre inchallah.com (baseline : « Une rencontre, si Dieu le veut »), mektoube.fr ou amourmaghreb.com, pour trouver l'élu(e) de son cœur, tandis que l'internaute de confession juive draguera sur jdream.fr, jdate.fr ou feujworld.com et que le bon chrétien ira, lui, sur theotokos.fr ou mariagechretien.com.

Âge
Plus besoin de mentir sur son âge pour pécho dans la génération du dessous. Surfant sur la mode des « cougars », ces femmes dites « mûres », croqueuses de minets, des sites comme allocougar.com, femmecougar.com ou cougar-rencontre.net fleurissent aujourd'hui. Pendant masculin : hommepuma.com pour les « séducteurs » qui n'ont « pas peur de la différence d'âge » et aiment « les jeunes femmes, de quinze, vingt ou trente ans de moins ». Soit la variante politiquement correcte du Sugar Daddy, homme à l'aise financièrement et aimant la compagnie de jeunes filles intéressées ? Si le site américain sugardaddie.com existe depuis 2002,

il a désormais son pendant français : sugardaddy.fr qui met à l'honneur en homepage une jeune fille blonde, peu vêtue et bien trop maquillée pour être honnête.

Adultère

Nombreuses sont les personnes déjà maquées sur les sites de rencontre lambda. Gleeden.com, jtetrompe.com, rencontres-adulteres.org, ashleymadison.com ou air-adult.com leur dédient des espaces. Valeur ajoutée : une « discrétion totale ». Et la grande classe avec ça.

Physique

Chouchou des médias dans sa catégorie, beautifulpeople.com est un site réservé aux « gens beaux » où, pour être réellement inscrit, il s'agit de se soumettre à un vote populaire pendant 48 heures. Passé ce délai, l'intéressé(e) se voit autorisé(e) à entrer dans cette communauté dite « élitiste » ou être sévèrement blackboulé(e). Pour les filles (soit la majorité de ceux qui tentent l'inscription), il y a aussi curvyblackbook.com qui offre aux filles rondes exclues par beautifulpeople un abonnement gratuit d'un an et une dignité partiellement retrouvée.

En France, le site le plus connu de la catégorie est attractiveworld.net. Créé par deux Français pas encore trentenaires en 2007, ce site joue sur une sélection encore plus féroce. Les candidatures ne sont pas jugées uniquement sur un critère physique mais également sur le niveau social et l'emploi. Ce que le site nomme pudiquement la « rencontre haut de gamme », comprendre : les ploucs bas de gamme, restez chez vous. Surtout que les « événements » de cette communauté se passent souvent dans des bars hors de prix. Moins d'un tiers des demandes d'inscription sont acceptées.

Écologie

En l'absence de partiecologiste-rencontre, le sympathisant vert trouvera l'âme sœur sur ecolorencontre.com qui garantit des « relations durables », ainsi que des jeux de mots de haut niveau. À en croire la page d'accueil, il s'agit de se promener dans un champ d'herbes hautes en montrant du doigt les nuages. Une vie saine comme celle des membres d'amours-bio.com ou de lovepeace.ch, le site de rencontre germanophone lancé par Greenpeace et qui promet de bien bonnes soirées à la cool autour d'un plat de quinoa au tofu.

Profession

Pour les fans d'*Une femme d'honneur* et ceux qui n'ont pas le temps de sortir de la caserne, rencontre-militaire.com se présente comme « le premier site européen communautaire spécialisé dans les rencontres amicales et amoureuses entre militaires (toutes corporations confondues) et ou avec des civils ». Moins ciblé et plus relax, pole-rencontre.fr reprenait l'esthétique du site de Pôle Emploi et proposait à tous les chômeurs de s'inscrire en précisant s'ils recherchaient un autre chômeur ou un salarié. Une belle idée malheureusement disparue peu après son lancement, le vrai Pôle Emploi n'ayant visiblement pas apprécié le clin d'œil.

Virginité

40 ans toujours sur rencontre-puceau.com ? Phoenix Corp., société de e-business spécialisée dans les sites de rencontre par affinités (dont beaucoup de sites susnommés), présente la chose comme suit : « Si vous êtes majeur et puceau, vous trouverez sur ce site des femmes qui veulent bien vous faire découvrir le bonheur de coucher. Elles savent que ce sera votre première fois, qu'il y aura des maladresses, des actes trop rapides et même des ratés. Mais tous les hommes passent par là ! Rencontrez de vraies femmes : finis les vidéos et les mouchoirs ! », rencontre-pucelle.com promet en revanche de « faire l'amour » dans le respect.

Hobby

Si votre passion n° 1 consiste à fumer des cigarettes en tous lieux, rencontrefumeur.com se propose de vous faire rencontrer l'âme sœur – à l'image de la dame toute nue sur la homepage, d'ailleurs beaucoup plus chaude que celle de rencontrenonfumeur.com. Côté contre-culture, metalmeet.fr réunira les fans français de metal à la manière du site américain punkmatch.com qui réunit les punks ou de trekpassions.com destiné aux fans de science-fiction. On recense également cupidtino.com, site international destiné aux accros d'Apple*, marmitelove.com pour les cuisiniers en herbe qui aiment les marmites ou rencontremonchien.com qui pose la question en page d'accueil : « Pourquoi ? » Réponse : « Parce que ceux qui aiment les chiens ont envie de rencontrer quelqu'un qui aime les chiens » ou « Pour des rencontres très canines ».
Grand n'importe quoi. En la matière, la palme revient aux sites américains. Dans le pire, on recense : womenbehindbars.com et inmate.com pour femmes et hommes incarcérés, 420dating.com pour les fumeurs de ganja pas encore écroués, littlepeoplemeet.com pour les personnes de petite taille, nolongerlonely.com pour les malades mentaux, stachepassions.com pour les fans de moustaches, positivesingles.com pour les gens qui ont (déjà) des MST, diapermates.com pour les gens qui aiment se déguiser en bébé et uniformelove.com pour les gens qui aiment se déguiser tout court.

COMMENT SCORER SUR LES SITES DE RENCONTRE ?

Il n'y a pas de recette miracle mais, pour les âmes en peine à la recherche de compagnie, certains philanthropes se sont lancés dans des guides en ligne. Parmi eux, le formidable seduction-online.com qui donne gratuitement aux hommes quelques conseils pataudss. La version longue est un e-book commercialisé sur le site et intitulé *Secrets de la séduction en ligne. Une méthode infaillible pour rencontrer et séduire les femmes sur Internet.* À en croire l'auteur, plume comique qui s'ignore, voici les règles d'or.

1/ Choisir un pseudo « original» afin de se distinguer de la masse et de prendre « du relief ».

Pour son premier conseil, le coach séduction propose de choisir un pseudo « original ». Ainsi est-il conseillé de s'inspirer de ses goûts musicaux ou cinématographiques («DeepPurple56 », « IndianaJones12 »), de ses traits de caractères ou de ses passions « DouxRêveur25 » « kitesurfer16 »). L'occasion, donc, de montrer à quel point on manque d'imagination, de références et de subtilité.

2/ Choisir ses photos avec soin.

En ne postant pas de photos, l'utilisateur de site de rencontre donne d'emblée l'impression qu'il a quelque chose à cacher précise le coach de séduction en ligne. Il s'agit ici évidemment de comprendre « En ne postant pas de photos, l'utilisateur de site de rencontre donne d'emblée l'impression qu'il est très laid ». Tout simplement.

3/ Rédiger une annonce de présentation correcte.

Pour cela plusieurs marches à suivre : il s'agit de parler de ses qualités avec modestie (« par exemple des tournures comme : " Mes amis disent de moi que… " »), être drôle mais à petite dose, être concis et synthétique, préserver le mystère, ne pas hésiter à énoncer ce que l'on n'aime pas, soigner son orthographe et surtout, comme dans les émissions de téléréalité, rester soi-même.

4/ Bien draguer.

Il s'agit ici tout d'abord de ne pas être trop sélectif et d'écrire des messages courts (maximum 10 lignes) à ses targets. Pourquoi ? Eh bien pour faire semblant d'être très occupé par ailleurs et entretenir le mystère afin d'inciter « la miss » à vouloir vous rencontrer IRL. Sur le fond, le coach conseille de ne pas envoyer des mails trop drôles ou flagorneurs et surtout, de conserver l'intégralité des échanges dans un dossier afin de « se rappeler le moment venu que sa fleur préférée est le lys, qu'elle est allergique au poisson et qu'elle a peur des araignées. Des petits détails qui la blufferont et qui vous permettront de la faire craquer lors du premier rendez-vous… » L'occasion aussi de ne pas s'emmêler les pinceaux entre différentes targets. Ainsi, « plus de risque d'inviter une hippie végétarienne à une dégustation bovine au salon de l'agriculture». Ouf. Trêve de plaisanteries : plus scientifique, OkCupid, site de rencontre américain, livre régulièrement des analyses statistiques à partir des données récoltées sur un corpus considérable. On sait donc à peu près ce qui marche à partir d'indices clairs. Parmi leurs conclusions statistiques, quelques informations à retenir :

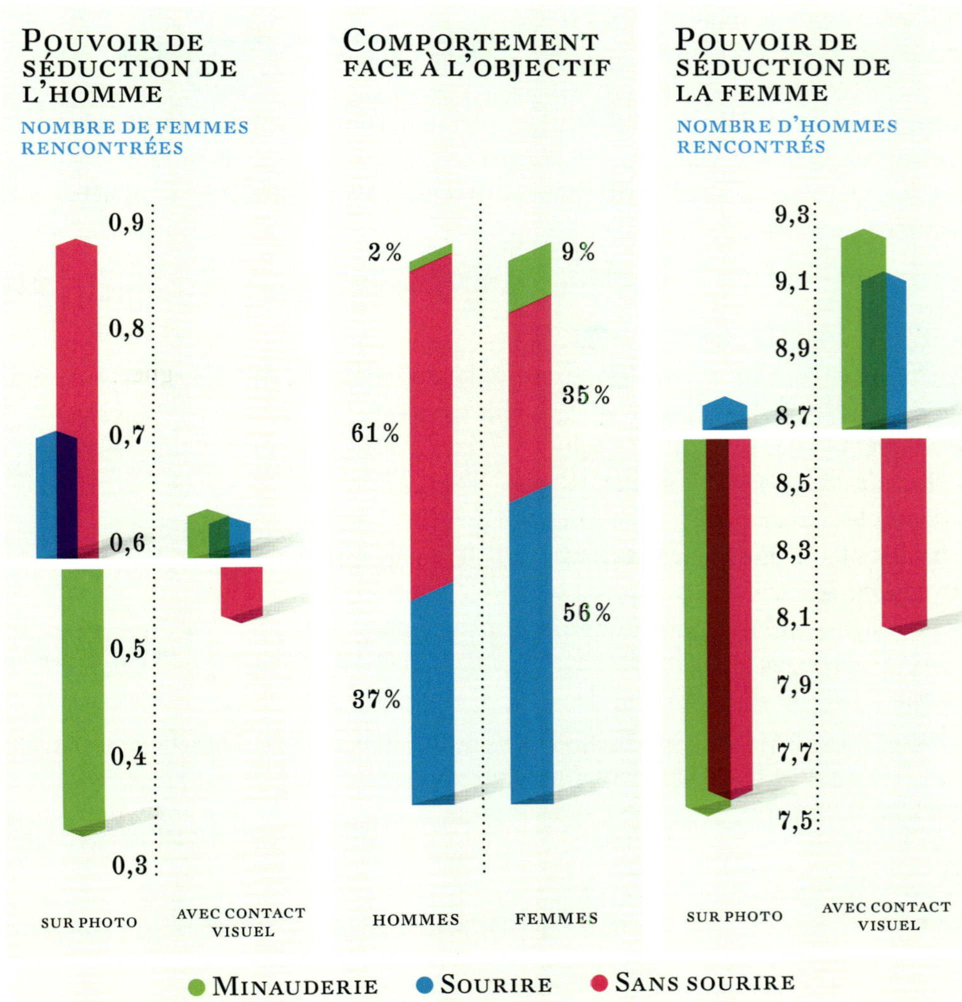

Concrètement, l'information la plus cruciale d'un profil sur des sites de rencontre reste la photo.

- Cependant, selon une étude sur plus de 5 000 utilisatrices, plus les hommes divergent sur la beauté d'une femme, plus elle a de chance de se faire draguer. En question ici, la peur de la compétition.
- Les filles qui ont le plus de messages sont celles qui sourient sur leur photo ou, mieux, font une « flirty-face », en français, une minauderie. Quoi qu'il advienne, quand on est de sexe féminin, il faut toujours regarder l'objectif dans les yeux.
- Au contraire, les hommes qui reçoivent le plus de messages sont ceux qui ne regardent pas l'appareil photo et ne sourient pas non plus. Il s'agit ici d'être mystérieux.
- L'angle de la photo importe aussi : pour une fille le « MySpace* angle » (voir Photo de profil*) c'est-à-dire la photo prise en plongée à bout de bras avec l'air pas vraiment effarouché, est le plus efficace pour se faire de nouveaux contacts.
- L'équivalent pour les hommes pourrait être la photo d'abdominaux. C'est un « Internet cliché » et cela peut vous mettre au ban du bon goût, mais montrer ses abdos est au moins aussi, voire, plus efficace pour nouer de nouvelles amitiés qu'une photo avec son animal de compagnie. Attention toutefois : l'efficacité des « abs pic » diminue fortement avec l'âge.

Concernant les messages envoyés.

D'après une analyse textuelle poussée selon des mots-clés et sur un corpus de 50 000 messages. Il existe des règles à suivre pour recevoir une réponse à ses messages et ainsi tisser un dialogue :

- Ne pas écrire en SMS, ce style a pour conséquence directe la chute du taux de réponse.
- Éviter les compliments sur le physique et privilégier les termes « génial » « fascinant(e) » plutôt que les qualificatifs basique de type « sexy », « hot » ou « mignon(ne) ».
- Ne pas dire coucou de manière trop banale. Un simple « salut » s'avère désastreux au contraire de « quoi de neuf ? », « comment va ? » qui appellent une réponse.
- Parler d'intérêts communs en fonction des informations données par l'autre sur son profil. Les plus évoqués sur OkCupid sont les suivants : la musique, le régime végétarien, les zombies, le cinéma, les tatouages, la physique et les jeux vidéo.

Informations complémentaires.

- Les athées ont plus de succès que les croyants.
- Les femmes et les hommes noirs enregistrent un taux de réponses parmi les plus faibles. À chance égale, chaque communauté préfère clairement sa propre com-

munauté. Concrètement, les gens de toutes les origines confondues répondront moins à des Noirs et des Latinos qu'à des Asiatiques ou des Blancs.
- D'après une étude menée sur 9 785 abonnés du site OkCupid, les utilisateurs d'Android auraient moins de partenaires sexuels que les utilisateurs de BlackBerry ou d'iPhone.
- Pour les photos, de manière générale et selon l'étude des photos des membres les plus populaires sur le site : il s'agit d'utiliser un appareil photo décent, d'y aller mollo sur le flash, de se prendre en photo dans l'après-midi et de ne pas avoir trop d'éléments dans le cadre.

Pour les hommes d'affaires qui n'ont ni le temps ni la patience d'aller faire les jolis cœurs sur ces sites pour obtenir un rencart, il existe des entreprises de nègres numériques qui s'occupent de gérer vos profils sur les sites de rencontre. Ils vont draguer pour vous et vous n'avez plus qu'à vous pointer le jour du rendez-vous (après avoir quand même lu la fiche récapitulative de vos faux échanges avec ladite personne). Entre du Cyrano 2.0 et de la sous-traitance amoureuse.

RICKROLL

« Never gonna give you up, never gonna let you down. »

À ce jour, des millions de personnes ont été victimes de rickrolling, phénomène absurde qui consiste à cliquer sur un lien censé contenir une information intéressante – une sex-tape de Scarlett Johansson ou le trailer (bande-annonce) d'un nouveau jeu vidéo – et d'être en fait dirigé vers le clip du tube de 1987 de Rick Astley : « Never Gonna Give You Up ».

CETTE VIDÉO EMBLÉMATIQUE DES ANNÉES 1980, TOUT EN COIFFES LAQUÉES, DÉHANCHÉS CHALOUPÉS ET JEANS TAILLE HAUTE N'A JAMAIS CESSÉ DE HANTER INTERNET.

Comme beaucoup d'autres phénomènes virtuels, le Rickroll est né en 2007 sur 4chan*, quand un anonyme poste un lien censé mener vers le trailer très attendu

du jeu vidéo GTA IV et pointant en réalité vers le clip de Rick Astley.
Il n'en a pas fallu beaucoup plus pour que des centaines de milliers d'internautes reprennent le principe et en arrivent à déifier Rick Astley, devenu figure emblématique du chaos absurde et organisé du Web. Des centaines de vidéos du clip ont ainsi fleuri sur les plateformes de partage (sans compter les très nombreuses déclinaisons de la chanson), des sites spéciaux ont ouvert et un petit malin a même créé une extension Firefox remplaçant toutes les vidéos lancées sur le navigateur par le clip de Rick. Pour le 1er avril 2008, YouTube* s'est même joint à l'hystérie collective en remplaçant toutes les vidéos de sa page d'accueil par le clip de « Never Gonna Give You Up ».

FAT COME BACK

Devenu hymne d'Internet, la chanson et son interprète ont reçu en 2008 le MTV Music Award de la meilleure performance de l'histoire (Best Act Ever). Interrogé sur le phénomène, le principal intéressé répondait alors au Los Angeles Times : « Si ça avait été une sorte de chanson rock avec des paroles qui veulent vraiment dire quelque chose genre « God bless America » de Bruce Springsteen ou même une chanson anti-quelquechose, je comprendrais mieux. Je ne veux pas faire le modeste, parce que je pense encore que c'est une bonne chanson de pop, mais ce n'est qu'une chanson pop. Vous voyez ce que je veux dire ? Ça n'a pas d'épaisseur, ou presque. Mais peut-être est-ce l'ironie de la chose. » Dans le mille.

SMILEY

Petit signe ridicule, source de crispation pour nombre d'internautes, le smiley fait partie des formes langagières propres au Web. Impardonnable faute de goût pour certains, signe de coolitude pour d'autres, son usage divise l'Internet.

HISTOIRE, GRAPHISME ET EMPLOI

En des temps immémoriaux, les smileys se réduisaient à deux expressions assez simples :

:-) et :-(

Le 19 septembre 1982, à 11 h 44 précises, Scott E. Fahlman, professeur à l'université, vient d'envoyer un message dans lequel il propose l'emploi de ces deux symboles pour simplifier les communications informatiques. Contrairement aux usages modernes, il ne s'agit pas d'une opposition entre content et pas content. À l'époque, le premier devait servir à préciser que le message était à prendre sur un ton humoristique alors que le second était sensé souligner le caractère sérieux du libelle – parce que quand on est sérieux, on fait la gueule.
Au fur et à mesure, les smileys se sont développés jusqu'à représenter toute une palette d'émotions, d'où le fait qu'ils soient également connus sous le nom d'emoticons. Il existe deux grandes familles d'emoticons : les japonais et les occidentaux, en résumé les très beaux compliqués et les simples moches. Les emoticons occidentaux, qui à l'usage l'ont emporté, ont deux défauts par rapport à leurs homologues japonais : il faut se tordre la tête vers la gauche pour qu'ils prennent sens et ils sont nettement moins expressifs.

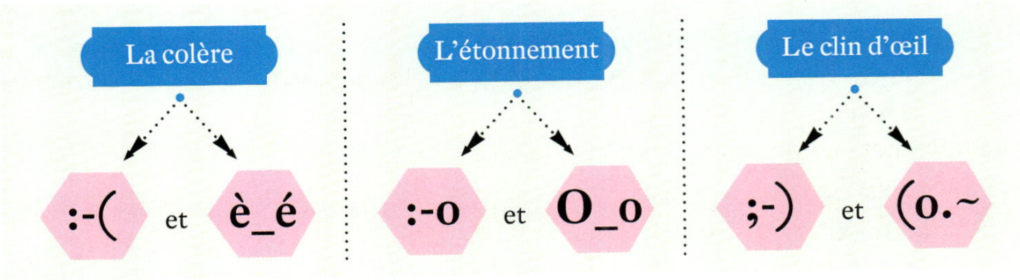

Le smiley permet de préciser le ton du message. En linguistique, on dit que le smiley sert à compenser l'absence de paraverbal, c'est-à-dire les intonations, postures, regards de notre interlocuteur. Cette compensation n'est pas négligeable, la communication inter-individus s'appuyant autant sur ce qui est explicitement dit que sur la manière dont c'est dit.
Imaginons une situation de la vie de tous les jours. Un garçon écrit à une fille « va te faire foutre ». Comment doit-elle le prendre ?

va te faire foutre :(

Avec le smiley triste, s'entend clairement comme « je t'emmerde ».

va te faire foutre :)

Peut signifier « arrête de me taquiner avec ça » voire carrément être un discret appel du pied dans une perspective copulatoire jouant sur la polysémie de la lexie « foutre ». (évidemment, s'il s'était targué d'un imagé « 8====D » la chose aurait été tout de suite beaucoup plus claire.)

LE SMILEY, DÉFAITE DU LANGAGE ?

Bien sûr, nos ancêtres s'écrivaient et Mme de Sévigné n'a jamais eu besoin de smiley pour se faire comprendre de sa fille. On pourrait donc penser que l'emoticon marque une défaite du langage, l'incapacité des mots à traduire nos inflexions. Avant, les gens s'exprimaient intelligemment, maintenant ils sont tellement analphabètes qu'ils ont recours à de ridicules personnages pour mimer leurs intentions.
En fait, la vitesse de transmission des messages s'est considérablement accélérée depuis les pigeons voyageurs ou les pneumatiques. Et corrélativement, le nombre de messages. On peaufine donc moins ses mails qu'anciennement ses lettres. De même pour les chats où la règle est généralement d'aller au plus direct. Le smiley permet de lever en deux touches une possible ambiguïté verbale. En outre, le langage internet marquant une tendance à copier l'oralité, des expressions plus crues transposées à l'écrit nécessitent parfois une précision (comme dans l'exemple ci-dessus du « va te faire foutre », que Mme de Sévigné employait assez peu).

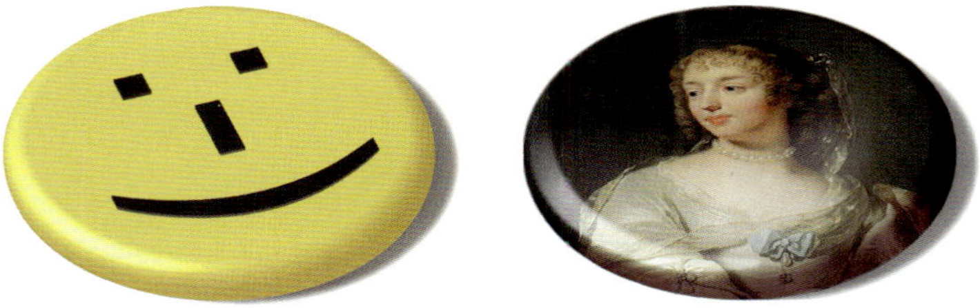

STYLISTIQUE

Il existe un code implicite du bon goût régissant les emplois stylistiques des smileys. Si pour les puristes l'apparition d'un :) est une faute impardonnable, d'autres acceptent sa modernité et tentent d'en exploiter la richesse. Tout l'art de la chose consiste à jouer sur les degrés de décalage entre la valeur du smiley et le sens verbal du message qui l'accompagne.
En règle générale, plus l'adéquation entre message et smiley est forte, plus l'emploi du smiley paraîtra maladroit car redondant. C'est toute la différence entre deux réponses à une même question.

la soirée s'est bien terminée?

j'ai vomi : (

Ici, le smiley ne sert qu'à insister sur un état voire un pathos et souligne finalement la pauvreté du message.

la soirée s'est bien terminée?

j'ai vomi :)

Ici, l'apparente contradiction entre le smiley et les mots qui le précèdent enrichit le message : « J'ai vomi parce que j'ai beaucoup bu, on était tous bourrés, on a bien rigolé. ».
Le côté gentillet crétin du :) peut également être détourné au profit d'une bonne vanne, de n'importe quelle blague atroce ou d'insanités totales. Le locuteur marque alors sa satisfaction d'avoir donné la pire réponse possible.

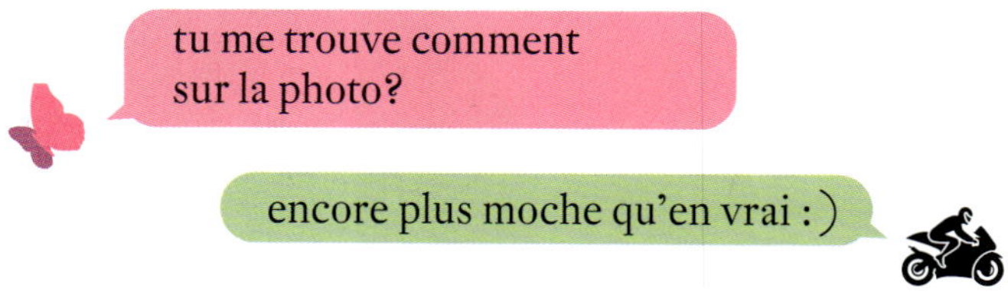

LE CAS DU ;)

Le clin d'œil occupe une place à part dans la mesure où il n'exprime pas une émotion mais sert à atténuer le propos.
Une règle simple et de bon goût consiste à éviter d'utiliser un ;) dans un message ironique. Le propre de l'ironie étant d'être diffuse, un panneau « c'est de l'ironie » ne fait que souligner que l'on n'est pas très sûr de son effet. En clair, si l'on reçoit un message avec un ;) c'est soit que notre interlocuteur use d'une référence commune (il est dans une démarche de connivence) soit, plus généralement, qu'il y a quelque chose dans ce message que l'on aurait pu et donc dû mal prendre. ;)

SPAM

Il reste du jambon ?

HISTOIRE

Le premier spam de l'histoire a été envoyé le 3 mai 1978 par Gary Thuerk, un commercial de Digital Equipment Corporation. 1978 ? Certains crieront au fake* parce que le Web n'existait pas vraiment à cette date. Effectivement, il s'agissait du réseau Arpanet, son ancêtre. Lors de cette première entreprise de spamming, Gary Thuerk aurait envoyé environ 400 messages identiques, soit à peu près à la totalité des personnes connectées à Arpanet, pour les inviter à une démonstration des produits de son entreprise. La Défense américaine, propriétaire d'Arpanet, s'est immédiatement plainte au patron de Gary. Le spam (qui ne portait pas encore de nom) fut dès sa naissance perçu comme un accroc aux règles de bienséance du réseau.

JAMBON ÉPICÉ

Le mot SPAM est une marque déposée en 1937 par la société Hormel Foods. Il s'agit d'une conserve pas très ragoûtante de jambon (SPAM = Spiced Ham, soit jambon épicé). Pendant la Deuxième Guerre mondiale, les soldats des forces alliées étaient largement spammés puisque 15 millions de boîtes par semaine leur étaient fournies.

La BBC, dans un reportage de 1999, explique qu'au début du World Wide Web, des internautes avaient créé un newsgroup (ou forum*) dédié aux Monthy Python. Or ces derniers avaient fait un sketch parodiant une pub radio pour le Spam où le mot était répété jusqu'à l'écœurement. En hommage, sur le newsgroup, un message est publié recopiant simplement des centaines de fois le mot SPAM. Très vite, le fait de publier des messages inintéressants, voire indésirables, fut qualifié de spamming. Avant que le terme ne se limite aux mails.

QUI EST LE ROI DU SPAM ?

Contre toute attente, derrière ces mails illégaux et souvent ridicules, se cachent de vraies personnes. Plus précisément : à l'origine des opérations de spamming se trouvent des sociétés spécialisées, payées par des marques pour promouvoir leurs produits. Eddie Davidson, fondateur d'une de ces sociétés, travaillait de chez lui et rémunérait d'autres spammeurs pour l'aider dans sa grande entreprise de pollution de nos boîtes mails quand, en 2007, il a été arrêté par le FBI (entre 2003 et 2006, son activité lui aurait rapporté 3,5 millions de dollars). En comparution devant le grand jury fédéral, il plaide coupable pour l'accusation de spamming. Il est condamné à une peine de 21 mois d'incarcération dans une prison fédérale et à une amende de 714 139 dollars. Le 20 juillet 2008, il parvient à s'évader. Quatre jours plus tard, il est retrouvé mort suicidé après avoir tué sa femme et sa petite fille de trois ans. Un détail : il a également tiré sur son autre fille, âgée de 16 ans, qui survivra à ses blessures. Ambiance.

BILL GATES, L'INTERNAUTE LE PLUS SPAMMÉ AU MONDE ?

C'est en tout cas ce qu'a affirmé Steve Ballmer, le CEO de Microsoft, en 2004.

BILL RECEVAIT À L'ÉPOQUE 4 MILLIONS D'E-MAILS PAR JOUR DONT LA MAJORITÉ ÉTAIT DES SPAMS.

On comprend mieux la motivation de Microsoft pour lutter contre ce fléau. D'ailleurs, Bill Gates a déclaré solennellement en 2004 que le spam ferait partie du passé deux ans plus tard. Pour ce faire, Bill Gates a envisagé de demander à l'expéditeur de recopier un mot-clé (captcha*) avant d'envoyer un mail. Il a également proposé de rendre les mails payants, ce qui a provoqué un vaste tollé. Une idée qui aurait sans doute changé la face d'Internet.

LE BUSINESS DU SPAM

Comment ça marche ? D'abord, des entreprises récupèrent illégalement des adresses e-mail qu'elles revendent aux spammeurs. Elles constituent ces fichiers de deux manières.

- Soit grâce à des robots qui les repèrent sur le Web – c'est pourquoi, quand on donne publiquement son mail, il est conseillé de le rédiger avec des espaces, afin qu'ils ne soient pas détectés par les robots. Ex : libellule92@hotmail.fr s'écrira libellule 9 2 @ hotmail . fr.
- Soit de façon frauduleuse par l'intermédiaire de sociétés qui revendent leurs fichiers clients. Le spammeur, lui-même rémunéré par une marque, achète ces adresses. S'il existe encore quelques spammeurs manuels, dans plus de 80 % des cas, les envois sont faits automatiquement grâce à un logiciel installé sur un ordinateur. N'importe quel ordinateur. Peut-être même le vôtre. En effet, c'est le principe du « botnet ». Un ordinateur est contaminé par un virus qui le transforme en zombie. De l'extérieur, l'ordinateur fonctionne normalement, à votre insu il fait des opérations commandées.

En 2010, on estime à 5 millions le nombre de botnets en activité, sachant qu'un botnet est constitué de plusieurs ordinateurs zombies. Pour donner une idée de leur pouvoir de nuisance : en 2010, un PC infecté appartenant à un botnet envoyait en moyenne 77 spams par minute.

Le spam en quelques chiffres :

- En avril 2011, en France, 75,6 % des e-mails envoyés étaient des spams.
- Le nombre de spams tend à décroître. Peut-être grâce au démantèlement en mars 2011 du plus gros botnet mon-

dial nommé Rustock. Ainsi, en avril 2011, en France, les spams représentaient 75,6 % des e-mails envoyés (contre 82,1 % le mois précédent). Par contre, de plus en plus de spams contiennent des virus.
- 64,2 % des spams concernent des produits pharmaceutiques.
- Les spams polluent la planète. Pour l'année 2008, une étude avait estimé que les 62 milliards de spams qui ont été envoyés ont entraîné la consommation de 33 milliards de kWh. 52 % de l'énergie utilisée vient de la destruction des spams par les receveurs. 1 spam « fabrique » 0,3 gramme de CO_2.

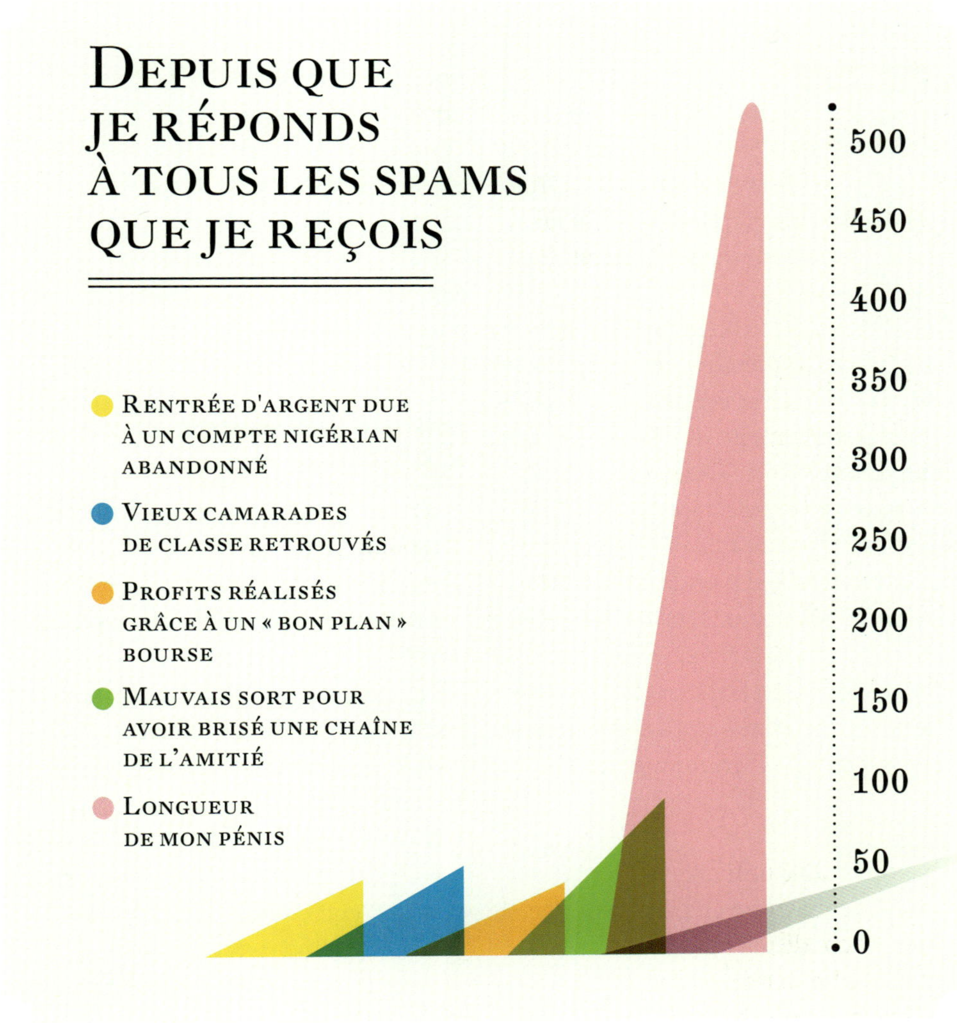

STALKING

Sport international sur Internet.

Quand on s'ennuie au bureau, quand on baille devant *Joséphine ange gardien*, quand on s'est engueulé avec sa moitié, quand la voisine nous énerve, il reste toujours quelque chose à faire pour se vider l'esprit : stalker.
C'est-à-dire chercher toutes les traces numériques laissées par un individu.

Étymologie

To « stalk » signifie espionner. Le stalkeur (« stalker » en anglais) est à l'affût des moindres faits et gestes de sa proie. Il ne cherche pas forcément à lui faire du mal, il se contente de rôder autour d'elle.
Sur Internet, le stalkeur amateur se contentera de taper le nom de la personne dans Google* et Facebook*. Le stalkeur légèrement plus averti ira chercher dans les caches de Google qui affichent les pages web même après qu'elles aient été effacées ou modifiées, il refera plusieurs recherches en croisant les informations, il sera persévérant c'est-à-dire prêt à élargir au maximum son champ de stalking (en effet, stalker efficacement une personne implique souvent de stalker également son entourage).

Attention

Si dans certains milieux, stalker ses proches est devenu une chose acceptable, il reste une condition essentielle à respecter : se limiter aux infos qu'Internet nous fournit sans tomber dans l'infraction. Ainsi, fouiller la boîte mails de quelqu'un reste toujours plutôt mal vu. En général, le stalkeur de tous les jours est moins obsédé par sa proie que par la chasse en elle-même. Ce qui l'intéresse, c'est de stalker, peu importe qui. En dernier recours, s'il a épuisé toutes ses connaissances, il sera prêt à stalker la gardienne de l'immeuble d'en face.

Quelques suggestions de personnes à stalker

- Cibles amoureuses (pour vérifier leur disponibilité et mettre au point des stratégies de séduction).
- partenaire (pour vérifier sa non-disponibilité).
- Ex. Évidemment, si l'ex a un/une nouvelle partenaire, on stalkera également cette personne, entrant alors dans le cercle infernal du stalking.
- Anciens camarades d'école. Perdus de vue depuis longtemps, il peut être rassurant de comparer leur vie à la nôtre.
- Voisins, quand ils font chier.
- Collègues. Stalker son patron peut se révéler très utile.

- Inconnus. Simplement parce qu'ils étalent leur vie privée sur l'Internet et qu'ils nous agacent ou nous fascinent, qu'on a envie d'en savoir plus et qu'on a déjà vu cet épisode de *Joséphine ange gardien*.
- Victimes d'un fait divers. Le cas d'école étant l'affaire Dupont de Ligonnès. Suite à l'assassinat, à Nantes, d'Agnès Dupont de Ligonnès et de ses quatre enfants, et la disparition du père de famille, nombre d'« internautes enquêteurs » ont stalké la famille, espérant trouver des indices sur la tuerie.

CE QUE JE FAIS QUAND J'AIME BIEN QUELQU' UN

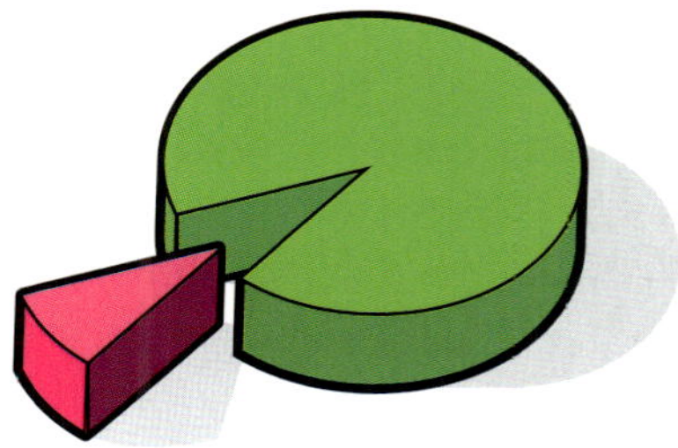

STREAMING

Ou l'infini possibilité de saouler vos amis en soirée en leur montrant par exemple le top 100 de vos clips préférés.

Le streaming (de l'anglais stream, « flux ») désigne un principe utilisé pour la lecture immédiate de contenu audio ou vidéo. Il s'oppose au téléchargement qui nécessite de récupérer l'ensemble des données d'un fichier avant de pouvoir l'écouter ou le regarder. C'est le modèle derrière YouTube*, Dailymotion, YouPorn, etc.

LE STREAMING VIDÉO

L'adoption de la loi anti-piratage Hadopi* a fait exploser la fréquentation des sites de streaming qui ne sont pas concernés par le dispositif Hadopi. Si YouTube ou Dailymotion proposent des contenus légaux et le plus souvent non diffusés à la télévision, d'autres ne s'encombrent pas des autorisations. C'est le cas par exemple de Megavideo qui s'impose lui comme la télé du futur pour les accrocs aux séries. Les sites de streaming sont en outre nettement plus simples d'utilisation que le peer to peer*. Ce sont le cauchemar des chaînes de télé qui ont payé très cher

pour avoir l'exclusivité des droits de diffusion d'un programme. Il est en effet très difficile de lutter face à un avantage trois en un.
1/ Contrairement aux offres légales de VOD (vidéos à la demande que vous achetez aux chaînes de télévision), ils sont gratuits.
2/ Les épisodes sont disponibles quelques heures après leur diffusion aux États-Unis (alors qu'ils ne seront programmés que 28 mois plus tard à la télé française).
3/ Ils sont proposés en VO – mais à chaque fois sous-titrés par des passionnés qui ont passé leur nuit à cette occupation non rémunérée (et en oublient parfois certaines règles d'orthographe de base).

72 minutes

Cependant, l'habitué de Megavideo connaît son défaut majeur. Au beau milieu du climax d'un épisode (Joey va-t-elle quitter Pacey ? JR va-t-il gifler Sue Ellen ? Sawyer va-t-il embrasser Jack ?), l'écran devient noir et le message « vous avez regardé 72 minutes » apparaît. À cause de cette limitation de temps de visionnage, Il faut attendre trois plombes pour avoir droit à un rab de 52 minutes, et regarder un long-métrage est hors de question.
Heureusement, il existe une alternative : Megaupload qui permet de télécharger illégalement les épisodes. (Megaupload n'est pas du peer to peer mais du téléchargement direct donc illégal pour les séries mais sans risque – pour l'instant – de tomber dans les pattes griffues de l'Hadopi qui, jusqu'à aujourd'hui, ne s'est concentré que sur le P2P.)

LE STREAMING AUDIO

Si aucun accord n'a été passé pour le streaming vidéo, les sites de streaming audio ont eux réussi à s'entendre avec celle dont le nom tue toute velléité poétique : « l'industrie musicale ». Deezer ou Spotify ont ainsi signé des accords avec les différents labels qui misent désormais sur eux pour promouvoir les sorties des albums de leurs artistes. En plus des bannières de pubs sur le site, des spots de réclame viennent retentir entre les morceaux, au bout d'un certain temps d'écoute en ligne. Contre cette pollution sonore assez anxiogène, les deux sites proposent des versions payantes pour avoir accès à tout le catalogue sans pub ni limite de temps d'écoute.

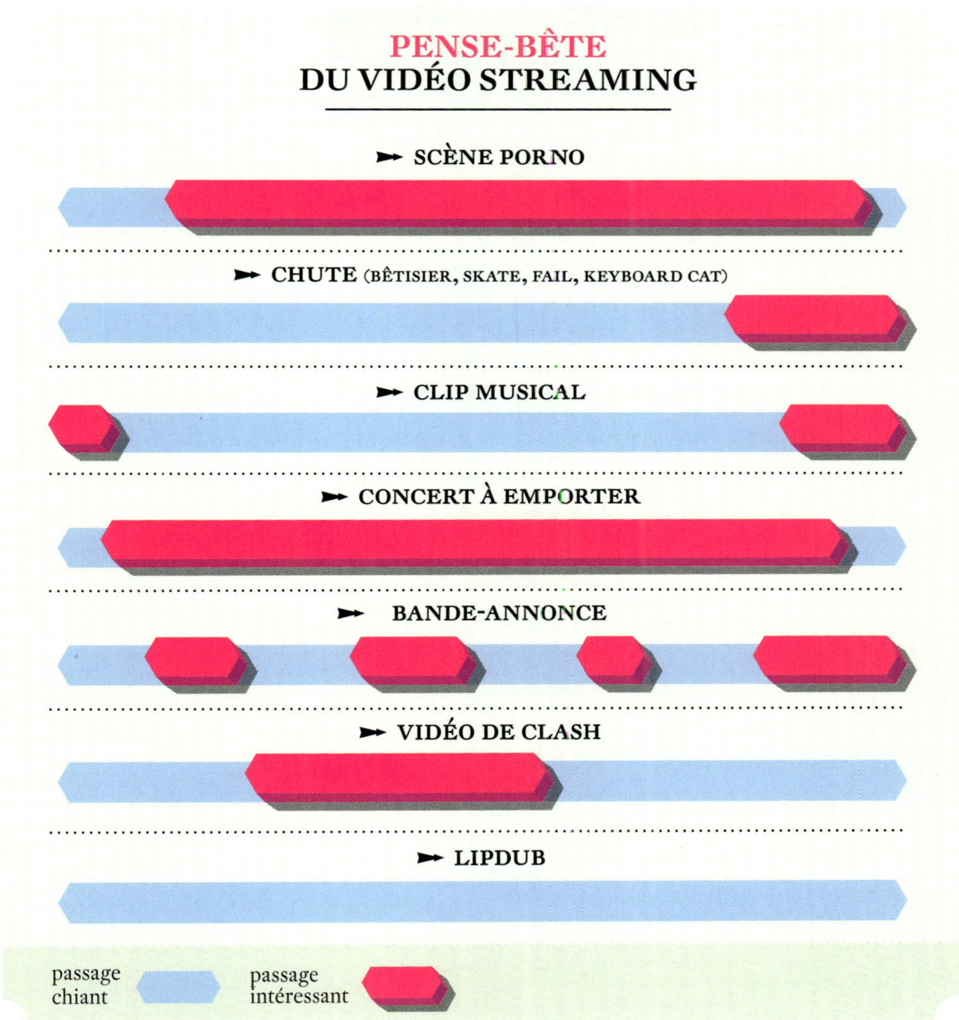

DÉSAVANTAGE DU STREAMING

Le désavantage principal du streaming est que, à défaut d'une bande passante suffisante, l'internaute se retrouve à la merci du lag, le délai nécessaire à la transmission des données de la source à la destination, délai qui peut interrompre le visionnage. Pour le contourner, voir ci-dessus la chromatographie du streaming vidéo (d'après une idée originale d'Henry Michel).

TL ; DR

« Too long ; didn't read. »

Récurrent sur les forums* ou les blogs (voir Blogosphère*), l'acronyme TL ; DR (en français « Trop long ; pas lu ») est l'une des formules préférées du troll* sur Internet.
Le point-virgule permet de donner un air savant à celui qui aura pourtant eu la flemme de lire un texte de plus de dix lignes.
La récurrence du TL ; DR vient apporter de l'eau au moulin de la théorie en vogue selon laquelle Internet rendrait ses utilisateurs potentiellement stupides.

L'INTERNET NOUS REND-IL STUPIDE ?

En juin 2008, le magazine américain *The Atlantic* publiait un long papier de l'écrivain Nicholas Carr intitulé « Is Google Making us Stupid ? » (Google nous rend-il stupide ?). Un article abondamment commenté sur l'Internet par des TL ; DR ironiques mais aussi largement repris dans de nombreux pays comme point de départ d'un débat intellectuel sur les méfaits d'Internet.
La thèse : Internet et les moteurs de recherche modifiraient profondément nos méthodes de travail intellectuel et dégraderaient nos capacités cognitives.

De la plongée au jet-ski

Partant de sa propre expérience, Carr affirme que son esprit « attend désormais les informations de la façon dont le Net les distribue : comme un flux de particules s'écoulant rapidement. [...] Auparavant, j'étais un plongeur dans une mer de mots. Désormais, je fends la surface comme un pilote de jet-ski ». Une métaphore originale appuyée par des analyses sérieuses à l'image d'une étude datée de 2008 de l'université de Londres concluant que les jeunes, prompts et qualifiés pour utiliser les moteurs de recherche, « voient plutôt que lisent et ne possèdent pas les compétences critiques et analytiques pour évaluer l'information qu'ils trouvent sur le Net ».
À cela s'ajouterait une certaine impatience et une tolérance zéro quant à l'insatisfaction de leur requête. Des caractéristiques qui deviendraient progressivement la norme pour tous les groupes d'âge, des jeunes élèves aux étudiants de premier

cycle en passant par les professeurs. Conclusion : il est évident que les utilisateurs ne lisent pas en ligne dans le sens traditionnel. En effet, des signes montrent que de nouvelles formes de « lecture » apparaissent lorsque les utilisateurs « super-naviguent horizontalement » par les titres, les résumés ou les hyperliens.

Des habitudes cognitives en pleine évolution

Si sur le court terme, les études psychologiques et neurologiques n'ont pour l'instant pas donné de résultats définitifs allant dans le sens (ou pas) de la théorie de Nicolas Carr, quelques recherches ont quand même donné un aperçu de l'évolution des habitudes cognitives des internautes. Une étude de l'UCLA en 2008 menée sur des personnes de 55 à 76 ans a-t-elle tendu à prouver que l'activité de lecture et la recherche sur le Web stimulent exactement les mêmes zones du cerveau. La recherche sur Internet convoquant en plus les fonctions liées à la prise de décision et au raisonnement complexe.
D'autre part, Nicolas Carr précise que nous lisons davantage aujourd'hui qu'il y a trente ans, quand la télévision était le média roi, et il rappelle que l'arrivée de l'imprimerie de Gutenberg au XVe siècle déclencha beaucoup de grincements de dents (« L'humaniste italien Hieronimo Squarciafico s'inquiétait que la facilité à obtenir des livres conduise à la paresse intellectuelle, rende les hommes «moins studieux» et affaiblisse leur esprit »). Il maintient cependant que cette « super-navigation horizontale » influerait négativement sur notre capacité à penser. Appuyant son argumentation sur le zapping qu'autorise et encourage le Web, ce glissement incessant d'un document à l'autre dégraderait nos capacités intellectuelles et notre pouvoir de concentration.

ÉLÉMENTS DE RÉPONSE

De nombreuses études ont montré que l'internaute lambda passe en moyenne très peu de temps sur une même page, et lit rarement plus de 20 % du texte. Il est indiscutable que lire sur Internet n'a rien à voir avec lire un roman. Pourtant, instituer ce dernier exemple comme la seule expérience valable, c'est aussi nier qu'il existe, depuis des siècles, différents types de silencieuse. De l'expérience ascétique, méditative, au pur divertissement ; de la lecture muette (celle qui surprenait saint Augustin dans ses *Confessions* (VI, 3) à la vue de saint Ambroise) à celle qui se fait à haute voix et, pourquoi pas, collectivement ; du papillonnage à la lecture monolithique.

Défense et illustration du TL ; DR

Ainsi, au XVIe siècle, Montaigne, que l'on ne peut pas qualifier de cerveau nécrosé, écrivait dans ses *Essais* (III, 3) : « Là je feuillette à cette heure un livre, à cette heure un autre, sans ordre et sans dessein, à pieces descousues : Tantost je resve, tantost j'enregistre et dicte, en me promenant, mes songes que voicy. » Carrément.

Citons encore Michel Foucault dans *L'Archéologie du savoir* : « Les marges d'un livre ne sont jamais nettes ni rigoureusement tranchées : par-delà le titre, les premières lignes et le point final, par-delà sa configuration interne et la forme qui l'autonomise, il est pris dans un système de renvois à d'autres livres, d'autres textes, d'autres phrases : nœud dans un réseau. » Tiens tiens, un réseau.

Pour aller plus loin, on peut aussi se référer à Deleuze et Guattari qui, dans leur introduction à *Mille plateaux*, envisagent eux « le livre classique [...] belle intériorité organique, signifiante et subjective » comme « la pensée la plus classique et la plus réfléchie, la plus vieille, la plus fatiguée ». Théorisant « la pensée par le milieu » (rhizome) Deleuze et Guattari affirment : « dans un livre, il n'y a rien à comprendre, mais beaucoup à se servir » ; ou encore, « le livre doit être un petit outil sur un dehors ».

Internet a, d'une certaine manière, rendu concret et quotidien le rhizomatique ou la « pop'analyse ». Lire sur Internet, c'est se plonger dans une immense bibliothèque souterraine et labyrinthique. C'est piocher dans un texte, le zapper pour y revenir ensuite, remonter vers ses références, penser en réseau et considérer la multiplicité des échanges et des agencements à l'œuvre. C'est parfois aussi donner moins d'importance à ce que l'on comprend qu'à ce que l'on en fait.

En ce sens, la lecture sur Internet modifie effectivement notre manière de réfléchir et de travailler mais ne nous rend pas stupides pour autant. Dans tous les cas, il s'agirait avant tout de faire preuve de curiosité, de réflexion et d'être en mesure de convoquer les outils analytiques nécessaires.

TROLL

Terme qui désigne sur Internet un individu ayant des pratiques malveillantes qui visent à perturber la communauté. En d'autres termes, un gros relou.

Phénomène assez courant dans un monde « virtuel » où certains pensent que leurs actes sont sans conséquence, pénale ou autre. À l'abri derrière son ordinateur, chacun peut laisser libre cours à son mauvais esprit avec plus ou moins de succès, selon ses connaissances en informatique. Le troll pratique le lulz, version maléfique du lol*.

ABUS DE LANGAGE

À l'origine terme assez confidentiel, son emploi généralisé a donné lieu à un abus de langage. Désormais, on parle de troll aussi bien pour désigner un abruti qu'un malpoli dans la mesure où ils nuisent effectivement au bon déroulement de la vie sur Internet. Ce qui soulève l'épineuse question : faut-il laisser le droit d'expression aux cons ? (voir Commentaires*). Car le troll existe depuis des temps immémoriaux. Le troll idiot n'est finalement qu'un abruti tout à fait classique qui se retrouve aussi bien sur les forums web que dans les réunions de famille.
Alors que certains trolls se limitent à inonder les forums de flots d'insultes gratuites, d'autres font du « trolling » un véritable art de vivre, avec ses figures imposées et quelques réussites marquantes – dont certaines ont fini devant les tribunaux. Le spectre de la « malveillance » étant remarquablement large, voici une typologie des trolls (à noter : les différents types de trolling sont combinables).

TYPOLOGIE DES TROLLS

LE CON — OU TROLL DE BASE

Profil :
C'est la forme de trolling la plus répandue et la plus bénigne. L'emmerdeur réagit à des propos qu'il n'a pas compris, à un article qu'il a lu en diagonale. Il est incapable de saisir la moindre pointe d'ironie, prend tout au premier degré et a un certain penchant pour les théories complotistes. Pire, il pense que le fait de trouver suspecte l'absence de certains employés juifs dans les Twin Towers le 11-Septembre est une preuve de son incroyable discernement.
Message type :
« Ce genre de billet fait le lit de la monocratie sarkozyste. »
Dans la vraie vie il est :
Éditorialiste et/ou comique de fin de

repas dans les déjeuners dominicaux. Le troll emmerdeur n'est finalement qu'un idiot tout à fait classique.

OÙ HABITENT LES TROLLS?

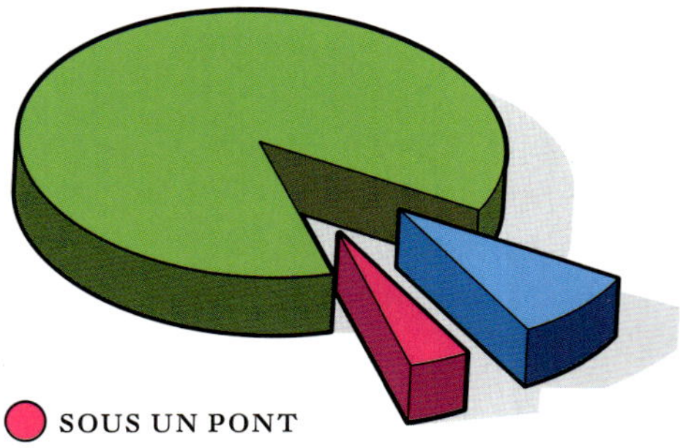

LE TROLL ONTOLOGIQUE

Profil :

Est ontologique le troll qui trolle à dessein, le troll intelligent, le troll qui a une haute conscience de sa nature de troll. Ce troll-là est délibérément pétri de mauvaises intentions. Il décide sciemment de foutre en l'air un topic (sujet) sur un forum, voir même le forum tout entier. Parce qu'il s'emmerde, parce que le sujet l'énerve, parce que ce jour-là il a un problème de constipation mais surtout PARCE QUE C'EST RIGOLO.

Il ne poste pas pour donner son opinion, il verse dans la provoc pour faire déraper la discussion. Ses techniques de pollution sont dignes d'Aristote.

Message type :

« les noirs ils sont ken meme tre sportifs »

Le plus incroyable, c'est que ça marche et qu'il y a toujours au moins un, si ce n'est cinquante internautes, pour lui répondre que non, la couleur de peau n'a rien à voir avec les capacités sportives. Erreur fatale, l'adage

« DO NOT FEED THE TROLL »

(ne nourrissez pas le troll) est pourtant une des règles premières du Net. Pour se débarrasser d'un troll, il faut l'ignorer. Une fois ses proies ferrées, le troll ontologique enchaîne avec un degré de mauvaise foi inégalé une argumentation absurde (« mè si! cé normal puisk'ils dessendent du singe »). Or rien ne rend les gens aussi fous que la mauvaise foi.

À partir de là, c'est bon, le forum est définitivement foutu pour une plus ou moins longue période.

Message type 2 :

« y'a un problème avec le forum, non ? J'ai l'impression que ça marche pas »

« jamai ça prend pas jamai de s ? »

Un troll ontologique plus fin pratiquera volontiers la méthode hautement vicieuse de l'ergotage (lancer des sujets parallèles l'air de rien, avec une innocence démoniaque). Il y aura toujours quelqu'un pour répondre « non, je crois que ça marche, moi, j'ai pas de problème » ou « la règle c'est avec toujours » et adieu le sujet de départ du forum, le fil de la discussion est définitivement rompu.

Dans la vraie vie il est :
Laurent Baffie ou l'équipe d'Action discrète.

LE TROLL FLATTEUR

Profil :
Enfin une belle expression française de trolling apparue en 2008. Le troll flagorneur s'extasie sans nuance devant le talent de divers journalistes ou intellectuels médiatiques sur les forums du NouvelObs.com ou le site de *Libé*. La plupart du temps il est pris au pied de la lettre, notamment par la rédaction en chef de *L'Obs* qui, à la question : « *Le Nouvel Observateur* a-t-il les moyens de rester un îlot de liberté, d´indépendance et de regard critique sur le monde, à partir des valeurs des Lumières, et avec une exigence intellectuelle et d´écriture singulière? » a répondu très sérieusement : « Pas facile, mais avec le talent de nos rédacteurs et l´aide de nos lecteurs, nous allons y arriver. »

Message type :
« Alain Minc est un laboratoire d'idées à lui tout seul. Aux Pays-Bas, il nous fait souvent penser à notre illustre Spinoza. On se demande parfois si ce n'est pas Spinoza qui a lu Minc » ou « Minc n'est pas qu'un essayiste. C'est aussi un homme qui transforme notre regard sur le monde. Alain Minc est l'Alain Afflelou de la pensée » (deux commentaires lus sur Libe.fr).

Dans la vraie vie il est :
Un membre de la brigade des fatals flatteurs, groupe de trolls.

LES TROLLS CHASSEURS

Profil :
Quand ils s'associent, les trolls peuvent lancer de véritables chasses à l'homme. Dans ce cas, on « trolle » quelqu'un. Les véritables trolls étant de bons pirates, quand ils se fixent sur une victime, ils pratiquent un harcèlement systématique (voir Stalking*) et récupèrent pour les répandre sur l'Internet, adresse, numéro de téléphone, numéro de sécu, etc.

Message type :
« Bonjour, je suis l'iPod de Mitchell, je veux rentrer à la maison. »
Mitchell Henderson est un jeune garçon qui s'est suicidé d'une balle dans la tête au printemps 2006. Les internautes-trolls (voir 4chan*) ont été interpellés par un détail précis dans cette histoire : quelque temps auparavant, Mitchell avait perdu son iPod. Un détail qui a suffi à lancer un délire collectif. La page MySpace* de feu Mitchell a été hackée, certains ont poussé la plaisanterie jusqu'à aller sur sa tombe, y déposer un iPod et prendre une photo. Les parents du jeune homme ont reçu des mails et messages téléphoniques du type « Bonjour, je suis l'iPod de Mitchell, je veux rentrer à la maison ». Mitchell Henderson est devenu une sorte de running gag des trolls.

Dans la vraie vie il est :
Nous tous, quand on fait des blagues sur le petit Grégory. Mais la différence essentielle, c'est que via la caisse de résonance que représente le Net et l'effet de groupe multiplié par mille, ces délires prennent des proportions impressionnantes.

LES STARS TROLLS

Eh oui, il existe des trolls élevés au rang d'étoiles.
Jason Fortuny. Son premier fait d'arme date de 2006. Il poste sur l'Internet une petite annonce, se faisant passer pour une femme qui recherche des hommes pour des rapports sexuels dominateurs et violents. Par mail, il reçoit plus d'une centaine de réponses. Il décide alors de publier sur son blog les mails, photos, noms et numéros de téléphone de ces hommes. L'une des victimes porte plainte. Fortuny est condamné à payer 74 252,56 dollars, la plus grosse partie de cette somme représentant les frais d'avocats et de justice, 35 000 dollars pour avoir utilisé sans autorisation la photo de la victime et seulement 5 000 dollars pour atteinte à la vie privée. Pour se justifier, Fortuny envoie une lettre au juge. Il explique sa passion pour le trolling comme une forme d'expérimentation sociologique sur le comportement humain. Il ne cherche pas forcément à briser la vie des gens, mais simplement à tester leurs réactions (voir également Megan Meier*).

Weev. Il est à la fois un troll et un hacker (voir pirate*). En tant que troll, il défend une vision élitiste du Web. Pour lui, le trolling ressemble à une méthode d'eugénisme qui permet d'éliminer du réseau ceux qui ne méritent pas d'y être. Il est membre du GNAA, Gay Nigger Association of America, association de trolls qui s'attaquent particulièrement aux blogueurs, considérés comme la lie du Web.

David Thorne. Cet Australien proclamé « king of trolls » par les internautes s'est rendu célèbre en postant sur son site l'intégralité d'un échange d'e-mails avec un service client lui réclamant le paiement d'une facture. Réponse : « Je n'ai pas d'argent donc à la place je vous envoie ce dessin d'une araignée que j'ai fait. J'estime la valeur de ce dessin à 233,95 dollars, veuillez donc considérer que cela règle le problème. » Après une quinzaine de mails échangés et un débat stérile sur le nombre de pattes de l'araignée, David finira par demander à son interlocutrice atterée quoique toujours polie de lui renvoyer le dessin en pièce jointe comme on s'échangerait de la monnaie. L'image de l'araignée à sept pattes finira d'ailleurs sur eBay, les enchères débutant à 10 000 dollars.
En 2009, David Thorne publiait un livre compilant ses œuvres de trollage actif intitulé *The Internet Is A Playground* (L'Internet est un terrain de jeux). Livre que n'ont toujours pas reçu un certain nombre de ses fans

ayant fait l'erreur de le commander sur son site internet.

Trolling in France. Dans l'Hexagone, le trolling n'est pas encore un sport professionnel et n'atteint qu'un niveau assez pathétique. L'histoire de troll la plus médiatisée concerne Alex92, un fan de l'émission de téléréalité « Secret Story ». L'internaute au pseudo d'une originalité époustouflante, très remonté contre l'animateur Benjamin Castaldi pour des raisons restées obscures, s'est étalé en insultes et menaces de mort sur le forum de Jean-Marc Morandini. Malgré les avertissements des modérateurs du site, l'internaute a persisté, protégé pensait-il, par son anonymat. C'était sans savoir qu'une adresse IP (l'adresse informatique qui permet de se connecter sur l'Internet) ça se remonte facilement - même quand on se connecte depuis son lieu de travail. Au final, Jean-Marc Morandini et Benjamin Castaldi ont porté plainte contre lui et, dans la foulée, il s'est fait licencier.

TWITTER

Kesskisspass ?

Twitter est un site de microblogging créé en 2006 par Noah Glass et Evan Williams (déjà fondateur de Blogger, plateforme de blog rachetée par Google* pour devenir Blogspot). À l'origine, il encourage ses utilisateurs à répondre à la question pas vraiment existentielle : « What are you doing ? » (Qu'êtes-vous en train de faire ?)
Un croquis préliminaire sur papier (quand Twitter était encore un projet intitulé « stat.us ») donne à voir l'architecture actuelle du site et des tweets manuscrits indiquant : « Reading », « In bed », « Going to the park » (je lis, au lit, je vais au parc).
Chose révolutionnaire pour l'époque : dès son lancement, Twitter permet d'updater (mettre à jour) sa page via SMS, l'Internet mobile étant alors peu démocratisé.
Chaque post (ou tweet, littéralement « gazouillis » en français) est quantitativement limité à 140 signes, soit une ou deux phrases. Prenant acte des nouvelles pratiques sur le site devenu un lieu central pour s'échanger des informations et des liens plutôt que pour décrire son repas de midi, Twitter a remplacé en 2009 le « What are you doing ? » par « What's happening ? » (Que se passe-t-il ?).
Concrètement, le principe de Twitter est de « suivre » des personnes. Dès que celles-ci postent un tweet, le message apparaît immédiatement sur notre home (page d'accueil)

(nommée « timeline » ou TL). À l'inverse, les autres utilisateurs peuvent choisir de nous suivre (ils deviennent alors nos « followers »). On peut également retweeter, à savoir reposter le tweet de quelqu'un, ce qui permet une propagation très rapide d'une info ou d'une blague, souvent de mauvaise qualité.

DE L'ANECDOTE AU FIL D'INFORMATION PLANÉTAIRE

Depuis sa création, Twitter gagne des centaines de milliers d'utilisateurs à chaque événement d'envergure internationale ; de l'élection de Barack Obama (qui s'est beaucoup appuyé sur son compte lors de sa première campagne et dont le tweet de victoire « We just made history » (Nous venons d'écrire une page de l'Histoire) est considéré comme un classique du genre) au Printemps arabe, en passant par la couverture en temps réel des catastrophes naturelles, l'affaire DSK 2011 ou les aventures d'une sonde de la NASA sur Mars (qui rendait compte à la première personne du singulier le 19 juillet 2009 : « Champagne ! Tenez-vous prêts : Nous avons de la GLACE !!!!! Oui, de l'EAU GELÉE sur Mars ! w00t !!! Plus beau jour de ma vie !! »).
Le service repose sur deux qualités techniques pour l'instant inégalées : sa rapidité et son moteur de recherche. Le système des hashtags (# que l'on place devant le thème de son tweet, ex. : #DSK) permet des recherches en temps réel. Facebook* tente depuis longtemps de copier cette rapidité sans pour autant réussir. Les hashtags permettent à Twitter d'afficher les « trending topics » à savoir les sujets les plus évoqués du moment. Des marques peuvent apparaître dans ce classement contre rémunération, le hashtag est alors signalé comme « promoted ».

TWITTER ET LES JOURNALISTES

Depuis 2008 s'accentue un bruit de fond dans les rédactions : ni le cliquetis des claviers ni les sonneries de téléphone mais les gazouillis de journalistes. Le site de microblogging fait aujourd'hui l'objet de toutes les attentions. Comprendre ici « de toute l'attention des journalistes ». Car c'est le corps de métier le plus structuré sur le réseau – particulièrement les journalistes spécialisés dans le Web. Ce réseau dans le réseau a pour conséquence évidente un effet de loupe. Car si le site compte aujourd'hui **200 millions d'inscrits à travers le monde**, peu nombreux sont les Français réellement rompus au gazouillis numérique.

Twitter se présente comme un fil AFP interactif, donc forcément plus rigolo. Des breaking news resteront dans les annales : l'annonce sur Twitter des émeutes en Iran en 2009 avant qu'un média traditionnel en fasse mention, l'annonce de l'arrestation de DSK et les tweets depuis la salle d'audience à New York. « Twitter, c'est le crack des drogués des médias », écrivait début janvier 2010 un journaliste du *New Yorker*, dubitatif face à l'avalanche d'informations auxquelles doit faire face le professionnel de la profession. Certes, l'actualisation permanente des infos peut rapidement se révéler aliénante. Mais en contrepartie, pour qui est bien implanté dans le réseau et sait s'en servir, c'est le lol* et une certaine notoriété qui sont à la clé.

Entre Versailles et la cour de récré

Pour beaucoup de journalistes web, se priver de la puissance de Twitter serait « une hérésie ». En terme d'information, mais aussi de réseau. Entre la cour de récré et Versailles, Twitter s'impose comme l'outil parfait pour s'exercer à l'art du bon mot. Une discipline respectée dans la profession. La chose aboutit à une situation plutôt amusante : des journalistes dont les tweets sont plus lus que les articles. Et qui sont souvent plus suivis sur le réseau, voire plus connus, que leur rédac chef. Un bouleversement des rapports de force dans les rédactions où les jeunes journalistes ont tout intérêt à profiter de leur rayonnement au gazouillis. Et du sentiment de supériorité sur « les vieux médias » qui peinent à s'y mettre. Ainsi, au *New York Times*, alors qu'un grand reporter avouait que sa couverture sur Twitter de la tornade de Joplin dans le Missouri était probablement son meilleur reportage, Bill Keller, rédacteur en chef, s'inquiétait lui de ce que nous pourrions désapprendre au fil des tweets : la complexité, la patience, la sagesse, l'intimité. En France, Canal + interdit à ses journalistes de tweeter pour combattre « la dictature de l'instantané et de la photo volée ».

Aujourd'hui, nombreuses sont les personnalités, marques ou hommes politiques qui préfèrent tweeter au lieu de publier un communiqué de presse. À ce titre, le mot « tweet » est entré dans le *Robert* édition 2012… quelques jours avant que le CSA ordonne aux chaînes de télévision de ne plus citer Twitter (et Facebook*) à l'antenne pour ne pas leur faire de publicité. Pourtant, plus qu'une marque, Twitter est essentiellement devenu un espace public où l'on peut discuter et échanger des informations en ayant parfois la primeur sur les organes de presse traditionnels. **S'il n'est pas forcément l'un des canaux d'information les plus sûrs, il est indiscutablement le plus rapide. Et le plus con, une bonne moitié du trafic étant dévolu à faire des blagues ou pointer des liens insolites.**

LA POLÉMIQUE TWITTER = COURSE À L'INTOX

Sous-partie de la polémique plus vaste Internet = poubelle (voir Ennemis d'Internet*). Vu sa rapidité, et la facilité de retweeter un contenu (c'est-à-dire, on l'a vu, de copier le tweet de quelqu'un d'autre pour que tous vos followers y aient accès et puissent éventuellement le retweeter à leur tour), on imagine la vitesse de propagation d'une fausse information. À cela, plusieurs contre-arguments :
1/ Il faut savoir choisir les gens que l'on suit, regarder s'ils ont tendance à vérifier leurs infos ou pas.
2/ Twitter est déconseillé aux personnes naïves qui prennent tout au premier degré. Sur Twitter comme sur le reste du Web, il faut apprendre quelques réflexes simples pour débusquer les faux comptes (voir Fake*) et les hoax*.
3/ La vitesse de propagation d'une information fausse est égale à la vitesse de propagation de son démenti. Ainsi le réseau tend-il à s'autoréguler. Certains « twittos » (petit nom donné aux individus qui tweetent) qui se dévouent pour vérifier les faits produisent alors des tweets de démenti qui sont à leur tour retweetés.

LES CHIFFRES

Il est très difficile d'évaluer le nombre de comptes Twitter véritablement actifs. En effet, selon Twitter, un compte inactif est un compte sur lequel l'utilisateur ne s'est pas connecté depuis 6 mois. En conséquence, se connecter une fois tous les trois mois, c'est appartenir à la catégorie des twittos actifs. Un critère très large qui incite à minorer un peu les chiffres donnés par Twitter.
Mais à l'occasion du cinquième anniversaire de Twitter, en mars 2011, on apprenait que trois ans, deux mois et un jour avaient été nécessaires pour qu'un milliard de tweets soient publiés sur la plateforme depuis sa création. Désormais, un milliard de tweets est le nombre moyen de micro-publications envoyées chaque semaine par les utilisateurs.

Le record du nombre de tweets a eu lieu le 28 août 2011, avec 8868 tweets postés par seconde su un même sujet : la grossesse de Beyoncé.

Une étude menée en mars 2011 par Semiocast sur un échantillon de 52 millions de comptes Twitter (soit 24 % du total) nous apprenait que :
- 1,1 % des utilisateurs seraient français soit 2,2 millions. Problème, selon l'étude d'une autre agence, les twittos français seraient 225 000. Même en tenant compte du trouble qui entoure la notion de compte actif, la différence est énorme.

- 7,8 % des twittos ont décidé de ne pas laisser leur compte public mais de le protéger en en limitant l'accès (un chiffre logique dans la mesure où il s'agit d'échanger un maximum et, souvent, de se faire connaître, à la différence de Facebook qui semble davantage perçu comme un lieu privé).
Comme un tweet dans la nuit : vous vous sentez seul sur Twitter ? Normal.

95,8 %
des utilisateurs ont moins de 500 followers,

58 %
entre 5 et 10 followers,

21 %
100 ou plus,

2 %
plus de 1 000 followers (chiffres de janvier 2011).
Vous avez l'impression de crier dans le désert sans jamais obtenir de réponse ou apercevoir au loin l'ombre d'un retweet ? Normal aussi.

71%
des tweets sont totalement ignorés,

6 %
sont retweetés,

23 %
ont une réponse.
(Étude de l'agence Sysomos, 2010.)
En outre, les gens les plus retweetés sont tous des stars. Dans les 10 tweets les plus retweetés en 2010 on trouve pêle-mêle : Justin Bieber, Rihanna, Lady Gaga, Kanye West. La palme revenant à Stephen Colbert, humoriste et présentateur satirique américain pas mal actif sur Internet.

LES STARS ET TWITTER

Si, en France, le phénomène reste limité, aux États-Unis, les peoples ont très vite compris combien le site pouvait leur être utile. Il s'agit d'un outil simple et gratuit pour communiquer directement avec leurs fans, faire la promo de leur nouveau film/album/concert, et

La martyre de Twitter

Cheng Jianping, chinoise de son état, est arrêté le 28 octobre 2010 (jour qui devait accessoirement être celui de son mariage) pour « comportement illégal ». En cause, un tweet ironique au sujet des jeunes nationalistes chinois : « Allez, jeunes en colère, foncez ! Allez-y ! ». Elle a été condamnée à un an de rééducation par le travail dans un camp. Son fiancé, qui essayait de médiatiser l'affaire pour faire pression sur le gouvernement, a lui aussi été emprisonné en février 2011 pour « incitation à la subversion de l'État ».

TOP 6 DES SUJETS LES PLUS TWEETÉS

- la mort de Michaël Jackson
- la finale de la Coupe du monde de football féminin en juillet 2010
- le tsunami japonais
- la mort de Ben Laden
- le mariage de Kate et William
- la grossesse de Beyoncé

contrôler les infos les concernant. Annonce de mariage, de grossesse, de séparation, nouvelle coupe de cheveux ou rendez-vous chez le dentiste, les stars tweetent et grillent ainsi la priorité aux habituels paparazzis. De même, en postant des photos prises « dans l'intimité » (Eva Longoria regarde la télé, Lady Gaga prépare une sauce tomate, Demi Moore sort de la douche, Katy Perry mange une pizza dans son bain), ils offrent à leurs fans des photos qui ressemblent tout en les contrôlant..

Certains trouvent d'autre part un autre avantage au service : gagner des sous avec « les tweets sponsorisés ». Certaines marques payent en effet jusqu'à 10 000 dollars pour qu'une star poste simplement qu'il adore vraiment cette nouvelle ligne de t-shirts.

À ce petit jeu, le grand gagnant est le rappeur 50cent. Très actif sur Twitter, il a publié des tweets pour vanter les qualités d'une marque d'écouteurs fabriqués par H & H Imports Inc. Sans vergogne, il aussi conseillé au passage à ses followers d'investir dans cette société, signalant qu'il avait lui-même quelques actions. En réalité, il possède 30 % des parts et grâce à ses quelques tweets, le cours de l'action a augmenté de 780 %. Conséquence :

50CENT A VIRTUELLEMENT GAGNÉ 10 MILLIONS DE DOLLARS, EN 140 SIGNES.

LA BALEINE

Twitter connaît fréquemment des surcharges de trafic qui font planter le site. Le twittos désœuvré est alors renvoyé vers une page illustrée par une grosse baleine bleue. Chez certains, l'apparition de la baleine provoque des crises de rage. Or sa créatrice, retrouvée par le site Mashable, l'avait dessiné non pas pour représenter un échec mais pour symboliser les pensées positives et les rêves. #fail*.

LES FORCES POLITIQUES SUR TWITTER

SEPTEMBRE 2011

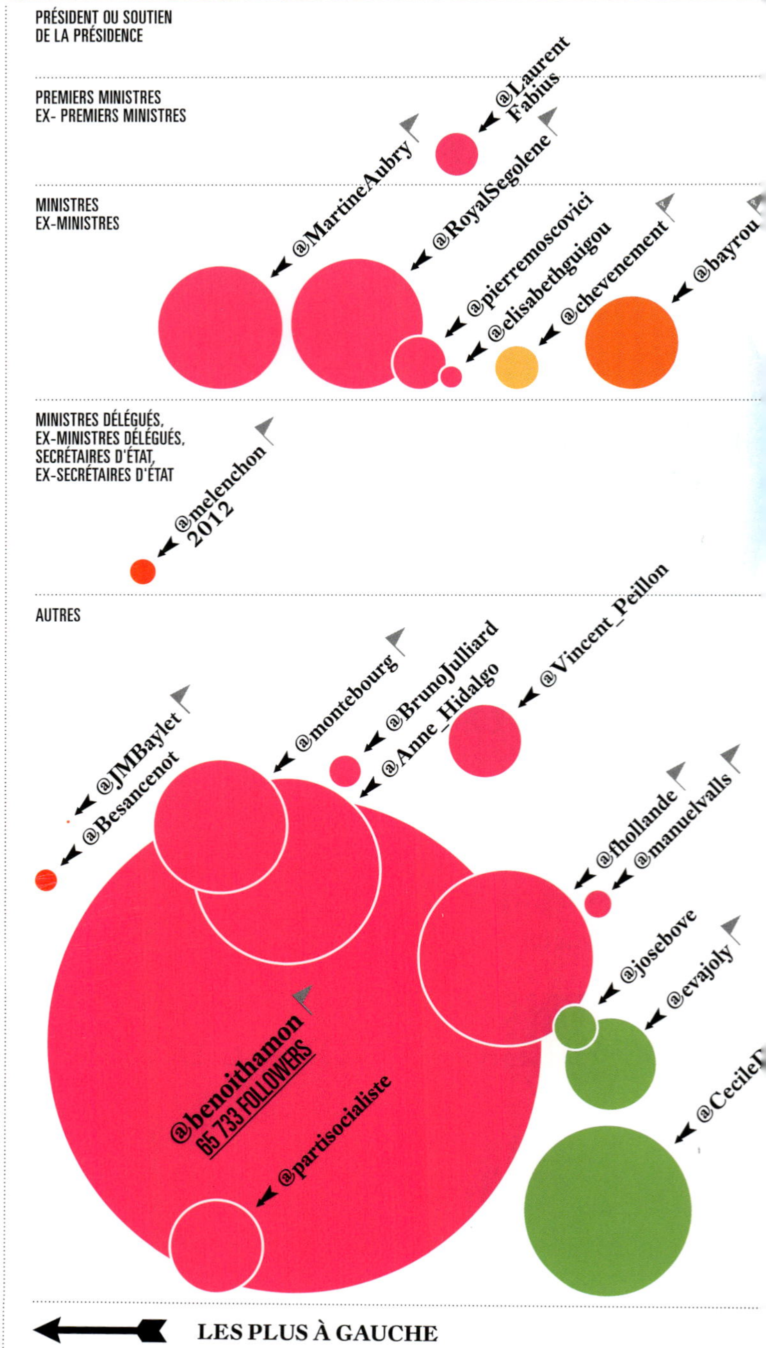

NOMBRE DE FOLLOWERS

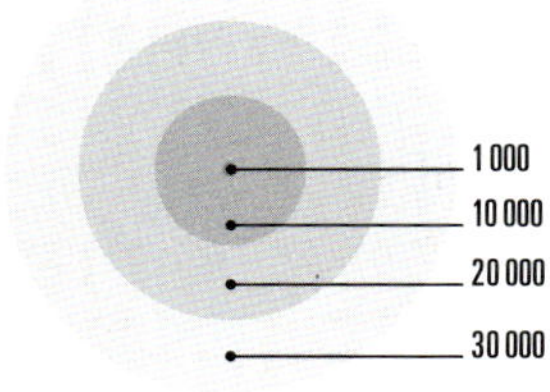

APPARTENANCE POLITIQUE

- Front de gauche
- Nouveau parti anticapitaliste
- Parti radical de gauche
- Parti socialiste
- Europe-écologie — Les Verts
- Mouvement républicain et citoyen
- Mouvement démocrate
- Parti radical
- Nouveau centre
- Union pour un mouvement populaire
- République solidaire
- Debout la République
- Mouvement chrétien démocrate
- Front national

PRÉSIDENTIELLE 2012

- Candidat déclaré
- Candidat probable

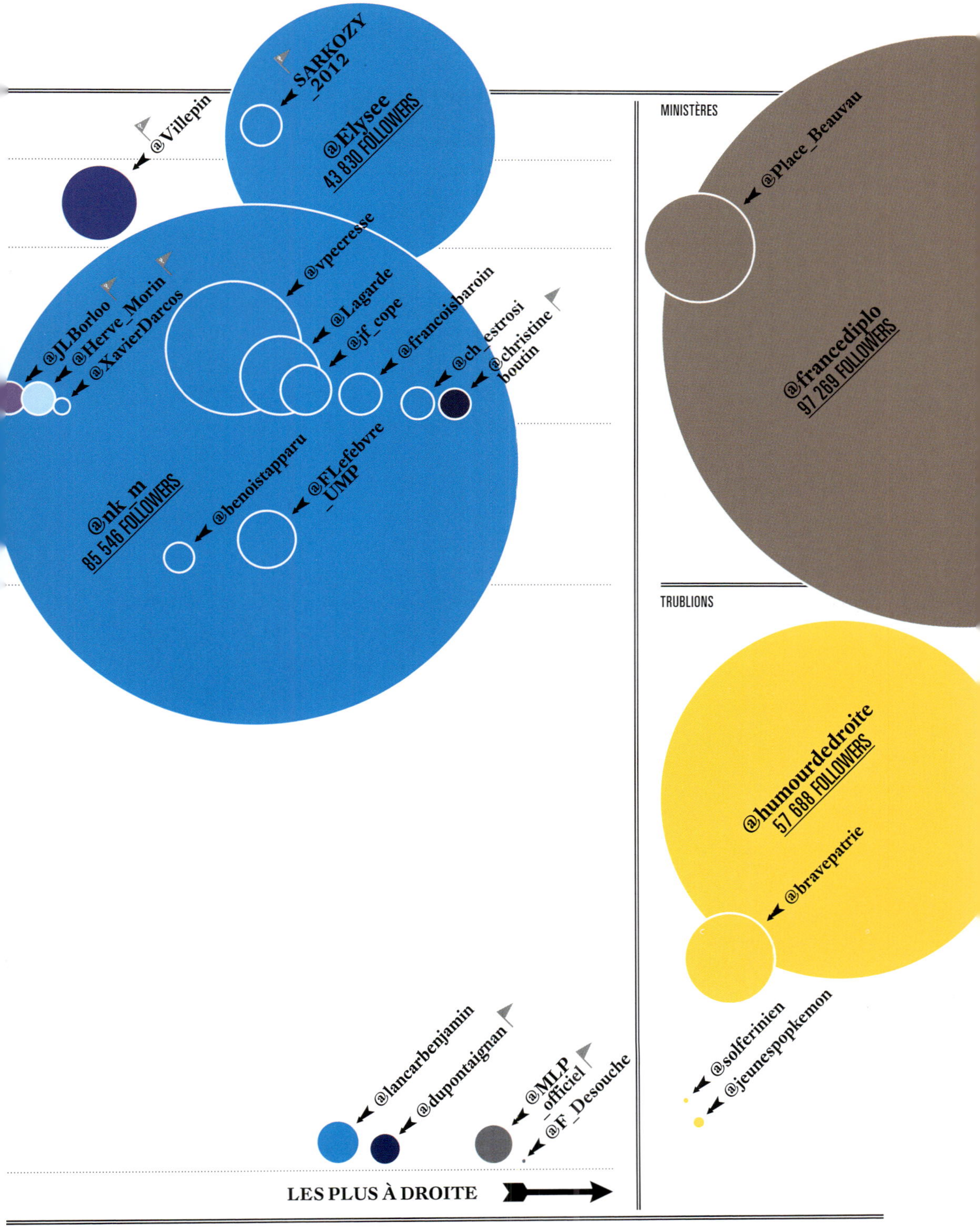

SARKOZY_2012
@Elysee
43 830 FOLLOWERS
@Villepin
MINISTÈRES
@Place_Beauvau
@francediplo
97 269 FOLLOWERS
@vpecresse
@JLBorloo
@Herve_Morin
@XavierDarcos
@Lagarde
@jf_cope
@francoisbaroin
@ch_estrosi
@christine_boutin
@nk_m
85 546 FOLLOWERS
@benoistapparu
@FLefebvre_UMP
TRUBLIONS
@humourdedroite
57 688 FOLLOWERS
@bravepatrie
@solferinien
@jeunespopkemon
@lancarbenjamin
@dupontaignan
@MLP_officiel
@F_Desouche
LES PLUS À DROITE

WEB 2.0

Expression largement tombée en désuétude,
totalement proscrite hors contexte exceptionnel.

Si l'on en croit Frédéric Lefebvre interrogé par Jean-Jacques Bourdin en 2009, le Web 2.0 c'est « tout simplement heu… l'Internet d'aujourd'hui, c'est-à-dire le… le… c'que 'fin… sur quoi surfent tous les Français, moi comme les autres ».
En réalité, « Web 2.0 » est une expression apparue en 1999 mais qui connaît un vrai succès à partir de 2003. Elle désigne des évolutions de l'infrastructure technique qui tendent à simplifier l'appropriation du Web par les internautes et à privilégier l'interactivité (facilité pour créer un blog, une page wiki, poster des commentaires*, des vidéos, des photos). Les réseaux sociaux font donc partie de ce Web 2.0, au même titre que Wikipédia*, les flux RSS (flux de contenus gratuits en provenances de sites internet) ou la recherche sémantique (par mots-clés).
Les implications du Web 2.0 sont majoritairement sociologiques, elles permettent à l'internaute lambda, c'est-à-dire non titulaire d'un diplôme en informatique, de passer d'une position passive où il consultait simplement des pages web, à une attitude active où il crée lui-même du contenu, l'organise et le partage.
Le Web 2.0 étant désormais rentré dans les mœurs et coutumes des internautes, on emploiera ce terme uniquement quand il s'agit de le différencier de l'ancien Web 1.0.

« JE SURFE SUR LES AUTOROUTES DE L'INFORMATION DU WEB 2.0 POUR VOIR LE DERNIER BUZZ EN RAPPORT AVEC MA E-RÉPUTATION. »

Les mots interdits

WEB 2.0
AUTOROUTES DE L'INFORMATION
SURFER SUR LA TOILE MONDIALE
BUZZ
E-RÉPUTATION, E-MARKETING, E-ADMINISTRATION, E-CONNERIE

WIKILEAKS

Site internet censé faire sauter tous les gouvernements du monde.

Très grossièrement : les internautes en possession de documents importants et si possible hyperconfidentiels peuvent les rendre publics de façon anonyme, sécurisée et surtout non identifiable via le site de WikiLeaks, créé en décembre 2006. C'est la force technique du site de pouvoir garantir, grâce notamment à la cryptographie, une certaine sécurité à ses sources. L'équipe de WikiLeaks tente d'authentifier ces documents avant de les mettre en ligne. L'idée est que les citoyens ont le droit d'être infomés des actions de leur gouvernement. Exemples les plus connus, en 2010 :

- Les War-logs, des centaines de milliers de documents de l'armée américaine concernant les guerres en Afghanistan et en Irak ont été rendus publics, détabilisant lourdement les diplomaties occidentales.
- Le Cablegate : la fuite de milliers de câbles diplomatiques américains dévoilant la politique étrangère des États-Unis.

INTERNET ≠ WIKILEAKS

Suite au Cablegate, WikiLeaks a dû faire face à plusieurs formes de pressions. Pour exemple : Amazon a refusé de continuer d'assurer l'hébergement du site ; tandis que Paypal, service qui permettait aux internautes de faire des dons en ligne à l'organisation, a suspendu le compte de WikiLeaks. Une campagne internet a alors été organisée pour défendre WikiLeaks. Les Anonymous* ont lancé des attaques, notamment contre le site de Paypal, donnant ainsi l'impression que tout l'Internet prenait fait et cause pour WikiLeaks. Effectivement, les hacktivistes de l'Internet sont très attachés au droit à la liberté d'expression et faire pression pour mettre hors ligne un site relève du blasphème pur et simple. Cependant, l'erreur à ne pas commettre est d'assimiler l'Internet à WikiLeaks.

Sur le fond, la démarche du site tend plutôt à faire l'unanimité pour elle. Mais l'omniprésence médiatique de son porte-parole, Julian Assange, en agace plus d'un. Cette sur-personnalisation heurte une partie de la webculture. Et le positionnement d'Assange, Jésus-Christ du 2.0, n'arrange pas les choses. En outre, une partie des tenants du lol* et du lulz ont fini par être lassés à la fois par l'omniprésence de WikiLeaks et le côté trop sérieux de l'affaire. Quand les Anonymous se sont lancés dans une croisade politique très premier degré et absolument dénuée d'humour, certains s'en sont éloignés.

WIKILEAKS A-T-IL CHANGÉ LA FACE DU MONDE ?

Avec la fuite des câbles diplomatiques, nombre de journalistes, intellectuels ou politiques se sont étendus sur le thème : « Ah bah, ça y est, c'est la dictature de la transparence ». Ces prises de parole marquaient un véritable décalage, notamment générationnel, entre les habitués du Web et certaines personnes moins familières avec cette culture.
Question : n'est-ce pas surestimer WikiLeaks que de décréter qu'il marque la fin du secret d'État ? Les câbles diplomatiques qui ont fuité n'étaient pas classés top secret. Les journalistes n'ont pas attendu WikiLeaks pour enquêter et « sortir des affaires ». Suite au Cablegate, plusieurs sites d'information se sont équipés de dispositifs similaires à celui de WikiLeaks pour récupérer des informations. En définitive, la conséquence la plus directement constatable du Cablegate a été le renforcement des mesures de sécurité du système informatique fédéral américain. Ce que WikiLeaks révèle en revanche, c'est une exigence de transparence de plus en plus partagée. L'Internet ne crée pas cette demande, mais il met à disposition des moyens techniques élargis pour tenter de satisfaire cette exigence.

WIKIPÉDIA

Wikipédia est la première encyclopédie en ligne participative. Créée en 2001 et dotée de 3, 6 millions de pages pour la seule langue anglaise, elle permet à l'internaute lambda de partir d'une recherche initiale sur L'Être et le Néant *pour se retrouver 1 h 30 plus tard sur la page du Nutella.*

Wikipédia pose un gros problème de copié-collé de ses articles par : des élèves pour leurs devoirs, des auteurs pour leurs livres. À ce titre, la plupart des phrases suivantes sont tirées de l'article « Wikipédia » de Wikipédia.
N.B. : Le contenu de Wikipédia est majoritairement en « Creative commons paternité », à savoir qu'il est libre d'utilisation à condition de citer Wikipédia. (Un détail qu'oublient parfois certains élèves.)

« Wikipédia a pour slogan : " Le projet d'encyclopédie librement distribuable que chacun peut améliorer ". Ce projet est décrit par son cofondateur Jimmy Wales comme " un effort pour créer et distribuer une encyclopédie libre de la meilleure qualité possible à chaque personne sur la terre dans sa langue maternelle ". Ainsi, Jimmy Wales proposa comme objectif que Wikipédia puisse atteindre un niveau de qualité au moins équivalent à celui de l'Encyclopædia Britannica. »

COMMENT ÇA MARCHE ?

« Sur chaque page, un onglet permet d'accéder à son code source au format Wiki, permettant sa modification. En plus de la page de discussion attachée à un article, un historique recense les auteurs et les modifications successives de l'article par ses rédacteurs.
Les modifications de chaque page sont identifiées par l'adresse IP du rédacteur ou par son pseudonyme, s'il s'est préalablement identifié. Les différentes communautés linguistiques de rédacteurs de Wikipédia élaborent des règles, des conventions et des principes guidant la rédaction des articles qui leur sont propres. Une part significative du site est constituée par d'autres pages que les articles, qui permettent aux utilisateurs de communiquer et collaborer autour de la rédaction des articles. »

N'IMPORTE QUI PEUT ÉCRIRE N'IMPORTE QUOI ?

Pas tout à fait. Un système de surveillance permet qu'une erreur ou une fausse information malveillante soit corrigée en quelques heures. Ainsi les annonces de fausses morts de personnalités qui, pour être crédibles, doivent également être affichées sur la page Wikipédia des intéressés, ne restent jamais longtemps en ligne. (Sauf évidemment si tout le monde se fout de l'article en question. Ce qui explique peut-être que plusieurs personnalités françaises répètent que leur fiche est fausse. Ceci étant, ils pourraient la modifier, s'ils faisaient un effort.)
Les plus grosses controverses concernent des articles relevant des thèmes religieux et philosophiques.

Qui peut participer et comment ?

- « **les utilisateurs anonymes** identifiés par leur adresse IP peuvent uniquement créer et modifier les articles, et intervenir sur les pages de discussions ;
- **les utilisateurs enregistrés** peuvent faire de même, mais en plus renommer une page et copier des fichiers d'illustration (images, vidéos, etc.). Ils peuvent aussi voter lors des différentes consultations, comme les élections d'administrateurs ou d'arbitres ;
- **les administrateurs** sont élus par la communauté qui leur confère ce statut. Leur rôle est essentiellement technique, et correspond à des outils dont l'usage nécessite l'approbation de la communauté : supprimer une page, supprimer des versions intermédiaires d'une page (dite « purge d'historique »), mettre en place différents niveaux de blocage filtrant l'édition de pages ayant des problèmes, et bloquer un utilisateur au comportement problématique. Ils ne peuvent juger du contenu d'un article, mais peuvent intervenir pour limiter l'édition d'une page lorsqu'elle est le terrain d'un conflit entre utilisateurs ;
- **les bureaucrates** sont élus par la communauté, et peuvent renommer un compte utilisateur. Ils examinent aussi les résultats d'une candidature au rôle d'administrateur ou de bureaucrate, et la valident en effectuant le changement de statut du compte utilisateur concerné s'il a obtenu l'approbation de la communauté ;
- **les arbitres** sont élus par la communauté qui leur confère ce statut. Ils forment le Comité d'arbitrage qui étudie les conflits entre utilisateurs et peuvent décider de sanctions, notamment des blocages en édition ou des restrictions plus spécifiques. Ils ne peuvent juger du contenu d'un article, leur rôle se limite à évaluer les conflits entre personnes, et leur comportement sur Wikipédia. »

QUELQUES CHIFFRES ET INFOS

- Wikipédia est le **5e** site le plus consulté mondialement.
- En avril 2011, il a eu **380 millions** de visiteurs uniques.
- Il existe dans **280 langues**.
- La version anglaise compte **3,6 millions d'articles**. Viennent ensuite les versions allemande (1,2 million), puis française (1,1 million).
- **Une page = 12 volumes**. C'est le cas de l'entrée en langue anglaise de « Guerre en Irak ». Depuis sa création en 2004, cette fiche a été modifiée un nombre tellement incalculable de fois qu'un internaute a décidé de compiler le tout sur papier. Voir le résultat ci-dessus.
- En 2010, le FBI menace d'attaquer en justice Wikipédia. L'agence ordonne au site de retirer de la page qui lui est consacrée la reproduction de son sceau officiel. La raison : l'image serait tellement précise qu'elle pourrait être utilisée par des faussaires.

WIKIPÉDIA
ET LES FEMMES

En août 2009, Wikipédia a sorti une étude sur son fonctionnement participatif. Un chiffre retient particulièrement l'attention : seulement 13 % des rédacteurs sont des femmes. Il semblerait que peu de femmes viennent ajouter ou corriger des entrées de l'encyclopédie en ligne. Pire : quand elles le font, ce serait sur les articles traitant de sujets plutôt féminins (comme la fiche de la série *Sex and the City* par exemple). Ces fiches « féminines » sont nettement plus courtes que celles de sujets plus masculins (comme les entrées sur la série *Les Sopranos* ou sur les soldats de plomb). Sue Gardner, l'une des directrices du site, s'est fixé pour objectif de faire monter les proportions de contributrices à 25 % d'ici 2015. Selon elle, le problème viendrait du fait que le monde informatique est traditionnellement un univers d'hommes. Mais d'autres analystes font remarquer que ce taux d'environ 13 % est aussi celui du nombre de femmes siégeant au Congrès américain.

WTF ?

Seriously ?

Sigle de « What The Fuck ? » parfois traduit en français par « Quel est le Fuck ? ». Cette expression signifiant « C'est quoi ce bordel ? » a été popularisée sur Internet où les chatrooms bannissent quiconque ose écrire un gros mot. S'emploie face à une situation troublante afin d'exprimer son incrédulité. Par extension, s'emploie n'importe quand. Exemple :

« WTF CE PAN BAGNAT AVEC DE LA MAYO ? »

ZONE DE NON-DROIT

L'internaute est un loup pour l'homme.

Expression servant à qualifier le Web pour tous les ennemis d'Internet*. Il est de bon ton de l'alterner avec les comparaisons Internet = Far-west ou Internet = jungle moderne. **Selon cette légende, Internet serait un espace sans foi ni loi où chacun s'entretuerait à coups de codes html.**
Cette zone de non-droit doit être au choix : régulée, réglementée, civilisée, surveillée, nationalisée.
Sur Internet s'appliquent exactement les mêmes textes de lois que IRL*, par exemple sur la calomnie, la diffamation, les arnaques diverses et variées. S'y ajoutent également des dispositions propres à la structure du Web comme, entre autres, la responsabilité d'un hébergeur ou d'un éditeur. Cette accumulation fait du Net un espace soumis à davantage de règles que le reste de la société. Le Web a plutôt tendance à être saturé de textes de lois que le contraire.

4CHAN

Présenté tour à tour comme les égouts de la Toile, la poubelle d'Internet, les toilettes du www, 4chan est l'un des sites les plus influents de la webculture.

Imageboard anonyme initialement dédié à la culture anime (dessins animés japonais) et manga, 4chan est surtout l'un des endroits les plus créatifs du Web, une institution de l'underground à qui l'on doit les phénomènes internet les plus connus (voir Mème*).

L'ADO QUI CHANGEA L'INTERNET

Le fondateur de 4chan est connu sous le pseudo de Moot. Fan des imageboards japonais (sortes de forums* qui permettent de partager facilement des images ayant principalement trait aux mangas), il décide de monter un site similaire. 4chan ouvre le 1er octobre 2003, Moot a alors 15 ans.
Le site connaît plusieurs fermetures

pour raisons financières (en raison du coût de la bande passante de plus en plus élevé dû au trafic exponentiel du site). N'ayant pas les moyens économiques pour assurer la viabilité de son infrastructure, Moot lance des appels aux dons. Pendant les cinq premières années, au cours desquelles 4chan ne cesse de gagner en notoriété, Moot reste anonyme. Ni sa mère (avec qui il vit alors dans un deux pièces à New York), ni ses amis, ni ses profs ne savent qu'il est le fondateur du site. Cette double vie arrange bien l'ado, en raison de la réputation du site surtout présenté comme une compilation d'images porno et/ou dégueus. Sa mère dira plus tard qu'elle se demandait bien ce qu'il faisait pendant toutes ces heures passées dans sa chambre sur l'ordi.
C'est en 2008 que Moot fait son coming out auprès de journalistes. Il donne son identité civile : Christopher Poole. Initiales : CP ce qui pour les habitués du site évoque Child Porn (pédo-pornographie donc), d'où des doutes persistants sur un possible faux nom.

En 2009, le magazine *Time* lance un vote par Internet pour désigner la personne la plus influente du monde pour l'année 2008. Moot récolte le plus de voix, devant Vladimir Poutine et Barack Obama.

On soupçonne évidemment une fraude informatique mise au point par les channers (= intervenants sur 4chan). Moot assurera n'avoir donné aucun mot d'ordre.

Il devient alors un acteur important du Web, régulièrement invité pour intervenir de manière très sérieuse en tant que conférencier. Pourtant, dès 2008, il explique que 4chan ne lui rapporte pas un sou. Les rentrées d'argent d'approximativement 6 000 dollars par mois lui servent uniquement à faire tourner le site.
Malgré un trafic et un impressionnant nombre de pages vues, les annonceurs ne se précipitent pas pour communiquer sur 4chan, les marques n'ayant aucune envie d'être associées à un site aussi contesté. Résultat : l'essentiel des pubs sur 4chan concerne des sites porno.
Dans le même temps, Moot abandonne ses études, 4chan lui prenant tout son temps. Il cherche un travail mais il n'a

pas de compétences professionnelles claires. Les entreprises ne voient pas très bien comment elles pourraient employer le petit prodige. Moot décide alors de monter un nouveau projet. En 2010, il arrive à faire une levée de fond pour financer le site Canvas, sorte de 4chan en version propre qui met des outils à disposition pour créer facilement de nouveaux mèmes*.

FONCTIONNEMENT

4chan est constitué de 49 imageboards, dont 10 interdits aux moins de 18 ans. Chaque « board » est dédié à un sujet, à part le board /b/ (dit random, soit hasard), autoproclamé « trou du cul d'Internet ».

Quand on parle de 4chan, c'est généralement par métonymie pour désigner cette section /b/, la plus active en termes de création de mèmes et de grand n'importe quoi. Pour autant, sur les autres boards, on trouve des êtres sensibles, aux centres d'intérêt plus divers que les catégories de YouPorn (voir Q*), les blagues sur la Shoah ou l'homosexualité, allant des fans d'origami sur /po/ aux discussions spéculatives sur la géopolitique de la Troisième Guerre mondiale sur /int/.

La règle principale de 4chan est l'anonymat*. Une valeur à laquelle tient particulièrement Moot et qui l'oppose idéologiquement à un Mark Zuckerberg.

SUCCÈS

Moot lui-même donne quatre explications au succès de 4chan.

1/ Tous les imageboards étaient japonais. 4chan est donc arrivé en position hégémonique sur le marché occidental.

2/ L'anonymat des posts (ou commentaires*) a permis de laisser libre cours à la créativité des internautes.

3/ Rien n'est archivé. Et la proportion de posts est tellement importante que certains ont une durée de vie d'une seconde (forcément, quand vous atteignez 40 000 posts par jour...). Les posts qui vont durer dans le temps sont donc mathématiquement les plus forts.

4/ L'absence de règles. Même si à l'arrivée sur le site on vous enjoint de lire le règlement, on ne peut pas dire que celui-ci soit contraignant.

LE PARADOXE DE 4CHAN : LES RÈGLES DU SITE VONT À L'ENCONTRE DE CE QUE L'ON CONSEILLE D'ORDINAIRE SUR L'INTERNET.

Il n'est pas question de structurer une communauté donnée, de mettre en avant l'individualité propre des internautes, ni d'archiver son contenu. De même, le graphisme du site ferait hurler à la mort les webdesigners.

PHILOSOPHIE 4CHANIENNE

« Vous n'avez ABSOLUMENT rien compris à 4chan. 4chan, ce n'est pas Fark «oh salut tout le monde j'ai trouvé un lien rigolo héhé». 4chan, ce n'est pas les conversations pseudo-intellectuelles qu'on trouve sur Slashdot. 4chan n'est pas LiveJournal, SuicideGirls ou HotOrNot. 4chan est un site fait pour que les gens laissent apparaître leur monstruosité – l'horrible, l'absurde, l'insensible monstre que nous sommes tous réellement », pouvait-on lire au moment de la guérilla lancée par /b/ contre l'Église de scientologie.

Ni /b/ ni 4chan ne représentent une communauté homogène. À son origine en 2003, le site, étant donné l'espace de liberté qu'il représentait, a attiré des hackers revendiquant une philosophie libertaire. Même si leurs actions les plus récentes marquent un éloignement de ces valeurs, on peut voir dans leur démarche un certain dynamitage du spectacle médiatique.

Ce que danah boyd (sans majuscules, elle y tient), chercheuse spécialisée dans le Web, appelle le « hacking (piratage) de l'attention » : «Je dirais que 4chan est le point zéro [ground zero] d'une nouvelle génération de hackers [...]. Alors que les hackers traditionnels s'en prenaient à l'économie de la sécurité, c'est-à-dire au centre du pouvoir et de l'autorité avant Internet, ces hackers de l'attention montrent à quel point les flux d'information sont manipulables. [...] Leurs singeries poussent les gens à réfléchir au statut et au pouvoir et ils encouragent les gens à rire de tout ce qui se prend trop au sérieux. [...] Alors que la plupart de ceux qui font ça "pour le lulz" n'ont aucune intention politique, leur impact a fini par être profondément politique, façonnant le développement des systèmes technologiques. Dans un environnement médiatisé où les marketeurs ont pris le pouvoir, il y a quelque chose de délicieusement subversif de parier sur la sub-culture anarchisante » (zephoria.org, le blog de danah boyd).

QUELQUES FAITS D'ARMES

Les /b/tards (habitués de /b/) sont capables du meilleur comme du pire. Se moquer de gamines qui n'ont rien demandé et transformer leur vie en enfer ou aider la police à retrouver des pédophiles. À chaque fois, le principe central est qu'il n'y a pas de limite. Que leurs actions soient jugées bénéfiques ou néfastes, le problème reste le même : /b/ peut monter une armée qui décide de sa propre justice avec un certain sentiment d'impunité.

Bébé Lano
En 2010, Lano, une marque de savon norvégienne a décidé de se lancer dans la publicité participative en organisant un concours du plus beau bébé. Les parents devaient envoyer une photo de leur progéniture et les internautes voter pour élire celui ou celle qui aurait l'honneur de représenter la marque pendant un an. A priori, tout le monde s'attendait à ce que le gagnant soit un bout de chou blond aux grands yeux bleus (Norvège oblige). Mais 4chan s'est mêlé du vote et a fait gagner Mikael, un enfant handicapé ressemblant assez peu aux stéréotypes traditionnellement appréciés des pubards. Au final, Lano imprima bien la photo de Mikael au dos de ses savons - l'entreprise aurait eu du mal à justifier l'éviction de l'enfant sans paraître discriminer les handicapés.
Dans ce cas type de « hacking de l'attention », 4chan a eu l'intelligence d'utiliser les propres armes démagogiques du système pour les retourner contre lui.

4CHAN ET LES ADOLESCENTES

Deux adolescentes ne sont pas prêtes d'oublier le jour où 4chan s'est mêlé de leur vie : Boxxy et Jessi Slaughter.

Boxxy est le pseudo d'une jeune emo-gothique plutôt jolie, visiblement accro à l'eye-liner et complètement surexcitée. En 2008, cette joueuse du site Gaiaonline poste une vidéo face caméra pour déclarer son amour éternel à un autre joueur. Elle y déblatère des stupidités euphoriques avec un débit de parole et des tics à faire pâlir d'envie les plus gros cocaïnomanes du monde. Quelques mois plus tard, cette vidéo atterrit sur le board /b/ de 4chan où elle mène quasiment à la guerre civile. La tradition de /b/ veut que tous les participants unissent leur force pour faire le meilleur lulz (mauvaise blague) du monde, aux dépends de l'individu visé. Or, cette fois, la communauté s'est scindée en deux groupes antagonistes : ceux qui voulaient voir mourir Boxxy, insupportable gamine hystérique, et ceux qui voulaient lui faire des bisous. Alors que les « nouveaux » (« the newfags », comprendre « les nouveaux pédés ») se passionnent pour Boxxy, cherchent par tous les moyens à trouver sa véritable identité (via une opération joliment nommée Valkyrie) et ne parlent plus que d'elle (allant jusqu'à la nommer Queen of /b/) les anciens (« the oldfags ») commencent à être agacés par cette obsession pour une « cutie » (mignonne) décérébrée. Boxxy devient alors à leurs yeux l'archétype du cancer qui ronge le site, l'esprit 4chan, et plus généralement le Web underground.
Le 10 janvier 2010, Moot, fondateur de 4chan, prend alors une décision extrême. Pour tuer Boxxy, il faut tuer le site, il le fait donc crasher pour

quelques heures. Même après ce nettoyage, le problème n'est pas réglé. Tous les utilisateurs postant un message mentionnant Boxxy sont alors systématiquement bannis pour deux jours.
Au final : une gamine de 16 ans qui n'a rien, mais alors vraiment rien demandé à personne, se retrouve menacée, et toutes ses infos personnelles éparpillées sur le Net. Une guerre pour savoir ce que doit être 4chan et l'underground viral a eu lieu.

C'EST LA PREMIÈRE GUERRE CIVILE INTRA-GEEKS, MENÉE PAR DES CHANNERS CAPABLES D'ALLER JUSQU'À UNE ESPÈCE D'HIROSHIMA VIRTUEL.

Boxxy a finalement demandé aux channers, y compris ceux qui voulaient faire d'elle leur reine, de la laisser tranquille, merci beaucoup, à bientôt. Elle a effacé tous ses comptes internet au nom de Boxxy et a disparu.
On retrouve sa trace en novembre 2010 sur eBay où elle vend l'un de ses sacs, suivi d'une photo où elle demande carrément à ses fans de lui envoyer de l'argent.
En janvier 2011, elle fait son grand retour avec une nouvelle vidéo dans laquelle elle revient sur l'emballement dont elle a été la cause et dit combien elle a été dépassée et effrayée par l'ampleur du phénomène.

Jessi Slaughter est l'autre figure victimaire emblématique de 4chan. Mini-pouf de 11 ans devenue une martyre d'Internet, elle est un cas d'école des opérations de harcèlement d'anonymes* par 4chan et en contrepoint un guide de ce qu'il ne faut surtout pas faire si on veut échapper à leur vindicte.
Le début de cette histoire suit le schéma narratif classique :

JESSI > VIDÉOS PUTASSIÈRES DE PRÉ-ADOLESCENTE > 4CHAN > BLAGUES.

À l'échelle de plusieurs milliers de channers, autant dire une meute, la chose passe rapidement de « blagues » à « harcèlement ».
La première erreur de Jessi Slaughter est d'avoir posté des vidéos où elle se présente comme une jeune femme aguicheuse et libérée – rappelons qu'elle n'a que 11 ans. Sitôt les vidéos découvertes par 4chan, les channers commencent à la tacler. Seconde erreur de Jessi : piquée au vif par les moqueries, elle décide de leur répondre dans une vidéo où elle insulte 4chan. (N'oublions pas que dans ce genre de cas, il faut toujours suivre l'adage « don't feed the troll* » et ne rien répondre en espérant qu'on nous oublie.) Comme cette vidéo, bizarrement, ne calmait pas les choses, Jessi s'est plainte à son père. Père et fille ont alors commis une autre vidéo repoussant les limites de l'effroyable. À l'image d'une séquence de l'émission « Confessions intimes », elle donne à voir au premier plan le père qui hurle face à la webcam, insultant les voyous qui harcèlent sa fille, pendant qu'au deuxième plan, ladite fille pleure toutes les larmes de son petit corps. Les deux ont l'air en plein épisode psychotique.
En fait, le père, qui visiblement n'avait alors aucune connaissance du Web, a réagi en s'adressant à /b/ comme s'il engueulait une bande de merdeux de 13 ans qui emmerdaient sa fille devant l'école. Au Japon, on appelle ça une mission kamikaze. D'autant que Mr. Slaughter a quelques légers problèmes de syntaxe qui ont donné naissance à des phrases cultes aussitôt reprises et détournées par les internautes :
- « You done goofed » (vous avez été pris) ;
- « Cyberpolice » (un mot qui a fait hurler de rire tous les channers) ;
- et surtout « Consequences will never been the same » (les conséquences ne seront jamais les mêmes).
Devant le nombre de coups de téléphone anonymes, de menaces de mort que recevait la famille Slaughter (les channers avaient évidemment trouvé toutes leurs coordonnées) et surtout – leur attaque favorite – la commande de centaines de pizzas à l'adresse de la victime, Jessi et sa famille ont été placées sous protection policière.

4chan versus Gawker

L'affaire Jessi Slaughter prend une tournure qui la distingue d'autres cas similaires quand Gawker.com s'en mêle. Ce site culturel fort respecté sur l'Internet a relayé l'histoire de Jessi en décidant de prendre sa défense et donc en attaquant frontalement 4chan et ses méthodes. Le journaliste qui s'est lancé dans cette croisade a édicté une nouvelle loi du Web : on ne harcèle pas une enfant de 11 ans, aussi insupportable et bête soit-elle. Une démarche courageuse pour qui sait à quoi il se confronte. Sans surprise : les /b/tards ont essayé d'attaquer le site de Gawker qui a tenu bon et a dénoncé toutes les attaques de 4chan.

Si la presse américaine critique souvent 4chan, on y a vu jusque-là un affrontement « grands médias traditionnels » versus « le vilain Internet ». Cette fois, avec l'affaire Jessi Slaughter, la donne est différente : ce sont deux acteurs majeurs du Web qui se sont fait la guerre. Pour autant, dans cette affaire, condamner 4chan et le diaboliser peut paraître absurde. D'abord, parce que dérapages concernent une minorité de ses utilisateurs, et ceux que sur 4chan l'on appelle les « summerfags » (les gamins qui viennent uniquement pendant les vacances d'été parce qu'ils n'ont rien d'autre à faire à part brûler leurs cahiers de vacances).

Ensuite parce que 4chan n'existe pas...

<3 ♥

Le signe « <3 » que les béotiens et les mathématiciens identifient spontanément comme un « strictement inférieur à 3 » prend une tournure beaucoup plus poétique sur Internet où il évoque un cœur.

Derrière ce « <3 », la tête penchée vers la droite et l'air pénétré, tout le monde reconnaîtra le symbole de l'amour. Sur certains sites et messageries instantanées (voir IM*), « <3 » se transforme directement en ♥, idéogramme entré dans le prestigieux *Oxford English Dictionary* en 2011. Si l'on en croit la définition adjacente, il signifie *« to heart »* et se classe donc dans la catégorie des nouveaux verbes barbares venus d'Internet au même rang que *« to google »*.

En compagnie de personnes ayant dépassé les 25 ans, il convient de l'utiliser avec prudence, car sa forme même peut recouvrir différentes interprétations.

1/ <3 peut évoquer l'amour ;
2/ <3 peut évoquer *les parties* masculines ;
3/ <3 peut évoquer une glace en cornet (deux boules) ;
4/ <3 peut évoquer le « strictement inférieur à 3 ».

RELIER LES PHRASES SUIVANTES AUX DÉFINITIONS :

A Il a visé directos dans les <3

B Je t'<3

C Tous les termes de la suites sont dans l'intervalle $]3 - r; 3 + r[$ pour un rang assez grand. Remarquons que $1-n$ à 3 donc $<3 + r$.

D J'ai bien envie d'une <3

ANNEXES

NOUVEAUX MOTS POUR NOUVELLES ÉMOTIONS

Coucournage : prendre son courage à deux mains pour initier une conversation chat avec quelqu'un que vous aimez bien mais qui, bien que connecté depuis plusieurs heures, semble vous snober royalement.

Coucouflade : émotion ressentie lorsque votre interlocuteur se déconnecte du chat deux secondes après votre « coucou ».

Fantasmi : blogueur / twittos qui ne vous connaît pas mais que vous considérez tout de même comme un ami proche parce que vous aimez bien son blog / compte twitter.

Fantasmiflade : émotion ressentie lorsque le blogueur /twittos que vous considérez comme un ami proche sans le connaître ne daigne pas répondre à vos e-mails/ commentaires/ tweets ou a déposé une main courante contre vous.

Shami : ami apparemment normal dans la vraie vie mais ridicule sur les réseaux sociaux et Internet. Le shami fait tourner les hoaxes, utilise des points d'exclamation à tout-va ou s'est déclaré fan de Nickelback sur Facebook.

Vroutade : humiliation sourde ressentie quand vous constatez que tous vos camarades de cinquième sont amis entre eux sur Facebook et que, même vingt ans plus tard, vous êtes toujours exclu du groupe car personne ne vous a requesté ni même tagué sur les photos de classe.

Stalkate : émotion ressentie quand vous ne pouvez vous empêcher de stalker quelqu'un que vous détestez.

Stalkmania : distorsion du temps qui apparaît durant l'activité de stalking.

Lagute : anxiété teintée de paranoïa ressentie quand votre interlocuteur sur un chat ou via e-mail met un temps anormal à répondre.

Fourbute : recherche informatique pour retrouver rapidos vos historiques de chat et comprendre enfin à quoi votre interlocuteur fait référence depuis une demi-heure.

Efflov : honte ressentie quand vous avez le réflexe pavlovien de faire pomme+F ou CTRL+F pour rechercher quelque chose IRL.
Surfoir : abattement ressenti après avoir surfé sur Internet des heures durant sans trop savoir quoi y faire ni pourquoi vous persistez.
Scrollute : mouvement de doigt qui consiste à cliquer ou à scroller afin de regarder un contenu malsain que vous savez potentiellement traumatisant.
Bugate : abattement teinté de rage ressenti après avoir écrit un très long mail message sur un forum et avoir été victime d'un bug informatique qui vous a fait perdre l'intégralité de votre texte que vous aurez finalement la flemme de retaper.
Clashoute : montée de honte survenue après un clash *ad hominem* vous concernant sur Internet.
Hatoute : taper un message plein de haine pour l'effacer ensuite.
Couconte : se tromper de fenêtre chat et écrire un message au mauvais destinataire.
Coucontute : se tromper de fenêtre chat et écrire un message au mauvais destinataire, message qui le concerne en des termes peu élogieux.
Graviser : actualiser sans cesse une page afin d'y voir apparaître le mail attendu ou du nouveau contenu, vous faisant oublier tout autre but dans votre vie.
Putaver : sortir dans l'espoir que l'on vous prenne en photo afin d'avoir une nouvelle photo de profil le lendemain.
Putagov : honte ressentie après avoir pris des dizaines d'autoportraits flatteurs et ne pas oser les poster parce que se prendre en photo tout seul en faisant semblant d'être beau n'est pas socialement assumable.
Coucoudiné : sentiment de délaissement quand une personne ne vous répond plus sur le chat.

BRÈVE SÉLECTION ARBITRAIRE DE SITES À LA CON

Ils ne rentrent dans aucune catégorie, ils ne servent généralement à rien mais ils méritent quand même d'être signalés. Parce qu'Internet, c'est aussi ça.

LE YOUTUBE DU PAUVRE

Sur YouTube, c'est la course à la vidéo qui fera le plus de « vues ». Mais que deviennent les perdants ? Où finissent ces vidéos orphelines qui n'ont jamais trouvé un seul visiteur, et que même leurs auteurs ont abandonnées sans leur accorder un regard ? Réponse : elles sont accueillies chaleureusement sur un site qui collecte toutes les vidéos affichant 0 vue : zeroviews.biz
À noter aussi : YooouuuTuuube.com, un site qui affiche n'importe quelle vidéo YouTube en mosaïque à l'infini. Elle est retrouvée l'Éternité.

DÉSENTENDRE

Qui n'a pas connu l'enfer de la chanson du gouffre qui reste malicieusement dans la tête pendant des heures (« le petit bonhomme en mousse, tutututu tutututu tutu »). Voilà le site qui met fin à ce calvaire : un player en mode aléatoire qui permet de zapper et d'entendre quelques tubes de plutôt bonne facture pour faire place nette dans votre cerveau. D'utilité publique. unhearit.com

FINIS LES E-MAILS BOURRÉS

Une option sur Firefox permet de passer un alcootest avant de se connecter à Facebook ou sa boîte mail. L'internaute programme le créneau horaire lors duquel il risque d'être ivre mort et, s'il tente de se connecter pendant ces heures, doit se plier à une série de test pour déterminer s'il est en état de communiquer avec ses amis. socialmediasobrietytest.com

BLOQUE TON EX

Le nom de votre ex s'affiche partout sur votre Internet ? Pas de panique : un petit programme s'emploie à faire le vide. Il suffit de rentrer le nom, les comptes Facebook, Twitter and co de l'intéressé et hop : banni de votre ordinateur. Bien fait. blockyourex.com

PSYCHANALYSE GRATOS

Vous avez un lourd secret qui pèse sur votre petit cœur et vraiment, vous trouvez que les tarifs des psys sont indécents ? Vous pouvez confier votre part d'ombre au Web mondial sur le site postsecret.com. Tenu par l'artiste Frank Warren, le principe est simple : vous écrivez votre secret jamais révélé à personne sur une carte postale, vous l'envoyez à Frank et il la met en ligne sur le site.
À noter qu'il existe également une version illustrée du concept. Vous pouvez raconter que vous détestez vos parents, votre mec, vos enfants, ou même la vie, avec un dessin bien moche réalisé sous Paint. drawsecret.com

LES ARCHIVES DU WEB

The way back machine aka « retour vers le futur avec ton clavier ». Où l'on tape l'adresse d'un site, par exemple liberation.fr, pour en retrouver toutes ses pages archivées depuis 1996 et rigoler devant le graphisme ringard. Internet n'oublie jamais. archive.org/web/web.php

CHOSES INUTILES À SAVOIR IMPÉRATIVEMENT

Les anglophones auront la chance de pouvoir consulter unkno.com. Pour ceux qui ont séché leurs cours d'anglais LV2, il existe une version française, savoir-inutile.com, dont les infos ont toutefois l'air moins certaines...
Le mieux, c'est sans doute de continuer à consulter tumourrasmoinsbete.blogspot.com, le meilleur blog BD/sciences/rigolo.

BROSSE À DENTS QUI REND FOU

Jambon à télécharger. Photo époque de Jésus. Comment manger une huître sans la faire souffrir. Autant de vraies requêtes tapées dans Google par des gens qui avaient peut-être pris du LSD et recensées sur un blog de qualité.
devenirunninjagratuitement.tumblr.com

RACCOURCIR UNE URL

Une pratique qui consiste à obtenir une nouvelle adresse Internet plus courte pour poster des liens par exemple sur Twitter (rapport à la limitation de signes). Si les sites les plus connus pour réduire les URLs sont tinyurl.com et biturl.net, pour les originaux, il existe également socuteurl.com un site qui transforme les URLs moches en URLs toutes mimi. Et son exact opposé : shady URL qui rendra vos URLs suspectes et effrayantes.

FAIRE COMME MACGYVER

MacGyver nous a jadis appris beaucoup de choses essentielles comme par exemple : comment s'évader d'un frigo cadenassé en pleine jungle quand on a à sa disposition seulement une cacahuète. Si vous avez malheureusement tout oublié avec les années, un site répertorie toutes les inventions du personnage joué par Dean Anserson, épisode par épisode. fathom.info/macrecipes/

POUR SE MOQUER DES GENS

Internet aime particulièrement compiler des photos d'inconnus pour se moquer d'eux de manière thématique :
- ugliesttattoos.failblog.org : les pires tatouages du monde.
- awkwardfamilyphotos.com : les pires photos de familles et son pendant awkwardfamilypetphotos.com, pareil avec des animaux.
- mymomloveschanel.tumblr.com : un tumblr pour se foutre de la gueule qu'on avait tous quand on était petits et que c'était maman qui nous habillait au mépris de toutes les moqueries de nos camarades de classe.
- dontjudgemyhair.com qui porte très mal son nom puisqu' il s'agit de se moquer de la coupe de cheveux de gens étrangement coiffés.
- peopleofwalmart.com réunissant des photos de gens faisant leur course dans un des hypermarchés de la chaîne. Ou l'Enfer à grands renforts de raies du cul et de coiffures improbables.
- Smile Like You're Dead Inside : un photoblog de gens qui sourient de manière bizarre au point qu'on sent tous que quand même ça va pas trop et que la vie est rude oui à qui le dis-tu. smiledead;com
- lesbianswholooklikejustinbieber.tumblr.com comme son nom l'indique…
- hatecation.tumblr.com une compilation d'affreuses photos de vacances pour vous dissuader de poser des jours de congés.
- awkwardstockphotos.com : site dédié aux photos ultracheloues des banques d'images.

Pour une compilation de photos WTF : pictureisunrelated.com
Pour se moquer des journalistes : ajustetitre.tumblr.com. Un Tumblr français qui recense les pires/meilleurs titres de la presse francophone.

DES ANIMAUX

Plutôt que d'observer le poisson rouge de l'entreprise en train de mourir à petit feu dans l'aquarium sur l'étagère, il y a toujours ce site, passionnant, qui recense des photos prises par des appareils cachés dans des réserves naturelles à travers le monde. À chaque mouvement du jour ou de la nuit, la caméra se déclenche. Résultat : des milliers de photos d'animaux sauvages au milieu de nulle part et sur le vif. siwild.si.edu/index.cfm

heavypetting.tumblr.com est un photoblog consacré aux animaux passant dans le champ de la caméra lors de prises de vues de porno amateur. Mi-drôle mi-pathétique mais quand même un peu fascinant.

Et pour la meilleure bande-son animalière du monde, il est possible d'aller jouer avec des miaulements sur meowmania.jqln.org/

SONS POUR ÉNERVER VOS COLLÈGUES

Pour ponctuer toutes ses conversations par des trompettes de fail, du trololo, du yeah des *Experts Miami* ou la ritournelle de la louse de Keyboard Cat... et finir par se faire abattre par un ami ou un collègue de bureau :
instantrimshot.com et instantsfun.es/

La boîte à rythme inspirée de Daft Punk fait, quant à elle, toujours son petit effet : najle.com/idaft

QUAND FAIRE PIPI ?

runpee.com indique à quel moment aller faire pipi au cinéma pour ne rien rater. Évidemment, il faut avoir pris ses précautions avant, en mémorisant les instructions. Au milieu de fiches plutôt drôles où on se rend compte que le pipi est un bon angle pour une critique de film, on note par exemple pour Star Trek : « Courez faire pipi à approximativement 50 minutes du film quand... Capt. Pike quitte le pont pour le vaisseau de Nero et dit « Chekov, you have the con. » GO GO GO.

POUR LES AMIS FREE-LANCE

Un site pour ne rien faire pendant deux minutes (à part écouter des vagues) : donothingfor2minutes.com.

Avant de réfléchir à l'importante question : shouldiworkforfree.com ?

GOOGLE IMPERTINENT

Le référencement sur Google Images dépend notamment de la manière dont vous avez titré votre photo avant de la mettre en ligne. Ce blog a eu l'excellente idée de confronter les premiers et les derniers résultats de Google Images et c'est absolument NSFW, parce que sur l'Internet tout finit souvent par du cul.
page1page49.tumblr.com

Et dans la catégorie Google à l'envers : therevolvinginternet.com

C'EST DRÔLE, MAIS C'EST EN ANGLAIS

Un site culte pour trouver l'inspiration et laisser des mots doux à ses voisins/colocs/collègues de bureau demain : passiveaggressivenotes.com
Un site utile pour que maman cesse d'appeler en demandant comment faire marcher l'imprimante ou envoyer une photo par e-mail : teachparentstech.org
Une page un peu oldschool, sans image et exclusivement faite de texte en anglais. Mais si vous dépassez ces barrières, vous rigolerez bien de la métaphore filée : dendurent.com/Humor/husband.htm
Comment s'amuser sans perdre sa corporate cred' : cantyouseeimbusy.com
Les pires, donc les meilleurs commentaires sur YouTube :awesomeyoutubecomments.tumblr.com
Un site avec des opérations qui résument finement les choses de la vie : morenewmath.com

LES DEUX TUMBLRS LES PLUS CULTES

selleckwaterfallsandwich.tumblr.com qui met en scène Tom Selleck, des chutes d'eau et des sandwiches.
kimjongillookingatthings.tumblr.com : un tumblr sur Kim Jong Il qui inspecte des trucs.

ARTY

Des pochettes d'albums transformées en gifs animés : animatedalbums.tumblr.com
jaimelegif.com : tous les meilleurs gifs de l'univers collectés (tout le monde peut poster le sien) sur une seule et même page. Déconseillé aux modems 56k et recommandé aux amoureux des belles choses :
jesuslovesstuff.com on peut y voir Jésus « huguer » (prendre dans ses bras) des chicken wings ou le meilleur Bisounours de la terre (le Bisounours taquin), entre autres.

BONUS :

thebestpictureontheinternet.com, où il s'agirait donc de la meilleure photo d'Internet. Pourquoi pas.
Et surtout, tous les matins, penser à visiter welcometointernet.org.

1996

There was a time when people said "World Wide Web" without a hint of sarcasm.

2011

In just 15 years, the Internet has changed in ways that very few expected.

The Internet of Yesterday & Today

"When I took office, only high energy physicists had ever heard of what is called the World Wide Web...Now even my cat has its own page."

Bill Clinton, U.S. President 1993-2001

American Internet Users

LE GRAND MÉCHANT TEST

Quel internaute êtes-vous ?

1 Vous naviguez sur Internet avec :

*a*_ Firefox ou Safari
*b*_ Internet Explorer
*c*_ Opera sous Linux
*d*_ Heu… Yahoo ?
*e*_ Une serpillière, puisque c'est une poubelle

2 Vous allez sur skyblog pour :

*a*_ Ben mettre à jour votre blog koi
*b*_ Ah oui… on vous a envoyé le lien…
*c*_ Vous détendre en vous moquant gentiment
*d*_ C'est encore un truc comme Facebook ?
e/ Assister à la mort de la langue de Voltaire

3 Vous téléchargez sur Internet :

*a*_ En cachette de vos parents, parce que c'est illégal
*b*_ Très rarement en fait, vous préférez le streaming
*c*_ En P2P en masquant votre IP ou sur Megaupload, Rapidshare et tout et tout
*d*_ Faudrait demander à vos enfants, c'est eux qui s'occupent de l'informatique
*e*_ Légalement, pour ne pas assassiner Johnny Hallyday

4 Le LOL vous l'utilisez

*a*_ Tout le temp loooool
*b*_ Pour signaler que vous faites une blague
*c*_ Au second degré et sur Internet uniquement
*d*_ Pas
*e*_ Littré, reviens !

5 Quand vous louez une maison de vacances :

*a*_ Vous restez scotché à votre téléphone
*b*_ Avant de réserver, vous vérifiez qu'il y a une connexion wifi
*c*_ Vous vous en foutez, vous avez une clé 3G
*d*_ Vous demandez si le linge de maison est fourni
*e*_ Vous exigez que le réseau internet de la maison soit coupé

6 **Pour vous, WikiLeaks c'est :**
*a*_ 1 truc tro relou
*b*_ À défendre, pour un Internet libre !
*c*_ Surévalué : les Anonymous étaient là avant
*d*_ L'objet d'un reportage intéressant sur France Inter
*e*_ La dictature de la transparence

7 **Selon vous, Frédéric Lefebvre c'est :**
*a*_ Une marque de saucisson
*b*_ Un réactionnaire
*c*_ Le meilleur sujet de blagues sur Twitter
*d*_ Encore un qui a les dents qui raclent le plancher
e/ Un visionnaire

8 **Sur les réseaux sociaux, combien avez-vous d'amis ?**
*a*_ 67
*b*_ 1000 (soit un de plus que votre meilleur ami)
*c*_ 500
*d*_ Vous n'êtes pas inscrit
*e*_ L'amitié est une vraie valeur

9 **Selon vous, qui a le plus révolutionné le monde moderne ?**
*a*_ M. Pokora
*b*_ Mark Zuckerberg
*c*_ Moot
*d*_ John Lennon
*e*_ Nicolas Sarkozy

10 **Votre mot de passe ressemble à :**
*a*_ Kevin92
*b*_ mersovent
*c*_ {QCI3W1n
*d*_ Une contraction des prénoms de vos enfants
*e*_ C'est votre secrétaire qui s'en occupe

11 **Le film qui représente le mieux Internet, c'est :**
*a*_ *Gossip Girl*
*b*_ *The Social Network*
*c*_ *Matrix*
*d*_ Un reportage d'« Envoyé Spécial »
*e*_ *Alien*

PROFILS

VOUS AVEZ UN MAXIMUM DE :

*a_* **Vous avez 14 ans.** Vous êtes un ce que l'on appelle un Kikoolol ou, plus poliment, un digital native. Vous grandissez avec Internet, comme vos ancêtres avec la télé, de façon naturelle et sans trop y réfléchir. Vous ne comprenez pas franchement les polémiques sur le sujet, vous êtes plutôt MDR devant ces prises de têtes.

*b_* **Vous êtes un newbie, un débutant passionné.** Vous vous êtes mis à Internet en même temps que tout le monde, vous trouvez que c'est un outil formidable, surtout pour discuter avec vos amis depuis votre lieu de travail.

*c_* **Vous êtes un geek, nerd ou assimilé.** En d'autres termes, un vieux de la vieille. Vous avez quasiment inventé Internet et êtes passablement agacé par l'intérêt que tout le monde porte brusquement à votre territoire privé.

*d_* **Vous êtes ma mère.** Vous entendez beaucoup parler d'Internet, notamment par vos enfants, mais tout ça reste un monde très mystérieux à vos yeux. Même si vous trouvez que c'est très pratique pour réserver des billets de train.

*e_* **Vous êtes un webophobe.** Quand vous avez vu la couverture de ce livre, vous avez eu une poussée d'urticaire et vous avez passé votre chemin.
Bon ben salut alors.

REMERCIEMENTS

MERCI À Dorothée Cunéo, Olivier Marty et Florent Guerlain.
Mais aussi à Henry Michel, Julien Gester et Pierre Lapin.

Diane dit **MERCI**
à Gysèle Savanier pour avoir jadis supporté le fil du modem 56k traversant l'appartement des jours et des nuits entières. Merci aussi à Denis Lisarelli et à Nono.

+1 MERCI
à Charly Meignan, Géraldine de Margerie, Pierre Siankowski, Tommy Hubert, Thomas Burgel, Éric de Benedictis, Guillaume Gesvret, Brice le Corre, Marc Beaugé, Ondine Benetier, Alexis Ferenczi, Arnaud Aubron, Jérémie Nuel, Christine Delaquaize.

ET M3RC1
à DAMONE, tasteinmen2055 (les deux), tambourin, cut_the_kids_inhalf, hianta, idibi, leeloo, thinkedou, crashouille, artichoke, pioupiou, abdelorama, bourdinus, haterz.

Titiou dit **MERCI**
à *Brain Magazine*, la team de BBB <3, aux slatos et aux francs-maçons du Web en général.

+ 1 MERCI
à Clumsy, Zappette, Cécile Dehesdin, Greg O, Frédéric Royer, Olivier Tesquet, Vincent Glad, David Doucet, Joël Ronez.

Et une pensée particulière pour William grâce à qui j'ai eu mon premier ordinateur et mon premier modem.

TABLE DES MATIÈRES

Animaux 7
Anonymat 11
Anonymous 14
Apple 17
ASCII Art 20
ASL ou ASV 21
Avatar 22
Blogosphère 23
Buzz 32
Captcha 32
Caramail 35
Chatroulette 35
Cheezburger Network 38
Chuck Norris 38
Cloud 40
Comic Sans MS 41
Commentaires 44
Commission de terminologie et de néologie 46
Community manager 48
Curation 49
Cyber bullying 50
David Hasselhoff 51
Doctissimo 52
Ennemis d'Internet 55
Facebook 57
Fail 67
Fake 70
Flirt 2.0 71
Food 73
Forçats du web 75
Forum 76
Frédéric Lefebvre 80
Freenet 82
Geek 83
Géolocalisation 86
Gif animé 88
Goatse 90
Godwin (Loi de) 91
Google 92
Google Bombing 96
Hadopi 98
Hipster 98
Hitler (Adolf) 100
Hoax 103
Identité numérique 104
IM 108
IRL 110
Japan (WTF) 113
Kikoolol 115
Laptop 115
Leet speak 116
Linux 119
Lipdub 120
LOL 120
Megan Meier 126
Mème 128
MER IL ET FOU 134
Mot de passe 135
MySpace 137
Navigateur web 141
Nétiquette 143
Neutralité du Net 146
Nouvelle bulle internet 148
NSFW 150
OMG 152
Pedobear 152
Peer to peer (P2P) 154
Perez Hilton 160
Photobomb 163
Photo de profil 165
Pop-up 167
Pure players 168
Q 170
Rage Comics 176
Réalité augmentée 182
Règles d'Internet 186
Rencontre (Sites de) 189
Rickroll 197
Smiley 199
Spam 202
Stalking 206
Streaming 207
TL ; DR 210
Troll 213
Twitter 218
Web 2.0 226
WikiLeaks 227
Wikipédia 229
WTF ? 232
Zone de non-droit 233
4chan 233
<3 241

CRÉDITS DES ILLUSTRATIONS

Pages 22, 27, 39, 40, 52, 56, 74, 81, 83, 85, 99, 111, 161, 191 : © Éditions Robert Laffont/IP-3
Pages 42-43, 69, 130-131, 158-159, 218, 224-225 : © Éditions Robert Laffont/Datagif
Page 8 : © knowyourmeme.com, page 10 : © memegenerator.net, page 12 : © namesake.com, page 31 : André Breton © Apic/Getty Images, page 72 : © scanwiches.com, page 87 : © Paul Armand Grether, page 94 : © googlestreetviews.com, page 113 : © wtfjapanseriously.com, page 118 : © offworlddesign.com, page 119 : © Larry Ewing, page 123 : Henri Bergson © Corbis, page 134 : © tuxboard.com, page 140 : onlineschools.org, page 151 : d'après © thinkgeek.com, page 163 : © Melissa Brandts, page 164 : © Reuters/faceswaps.org, page 166 : © Titiou Lecoq, page 172 : © knowyourmeme.com, page 185 : © Darrin Klimek/Getty Images, page 195 : © okcupid.com, page 205 : © graphjam.com, page 207 : © graphjam.com, page 212 : George Bush © Ron Sachs/CNP/Sygma/Corbis, page 214 : © graphjam.com, page 217 : © dragoart.com, page 228 : © julianassangecoloringbook.com.

Malgré les soins apportés à la rédaction des crédits des illustrations, des erreurs ou omissions ont pu apparaître. L'éditeur reste à la disposition des photographes, des illustrateurs et des personnes représentées en ce qui concerne d'éventuelles sources iconographiques non identifiées.

N° éditeur :
Dépôt légal : novembre 2011
Achever d'imprimer en France
par Pollina - n° L58510